Alfred Binder

Buddhismus

Alfred Binder

Buddhismus

Lehre und Kritik

Alibri Verlag
Aschaffenburg

2017

Alfred Binder studierte Philosophie und praktiziert seit dreißig Jahren Zen. Bei Alibri veröffentlichte er die Studie *Mythos Zen*. In der Reihe *Kritikpunkt.e* erschienen die Bände *Religion* und *Jahwe, Jesus und Allah*.

Alibri Verlag
www.alibri.de
Aschaffenburg
Mitglied in der Assoziation Linker Verlage (aLiVe)

Erste Auflage 2017

Umschlaggestaltung: Claus Sterneck
unter Verwendung einer Abbildung von © martinhosmat083 / Fotolia
Druck und Verarbeitung: Dardedze Holografija, Riga

ISBN 978-3-86569-243-6

Inhalt

Abkürzungen

Der Pali-Kanon ist in drei Teile (*piṭaka*, Korb) gegliedert, die wiederum aus mehreren Sammlungen (*nikayas*), Abteilungen und Abschnitten bestehen.

D = Dígha-Nikaya
M = Majjhima-Nikaya
A = Anguttara-Nikaya
S = Samyutta-Nikaya
Dhp = Dhammapada
Ud = Udana
J = Jataka. Buddhistische Erzählungen
It = Itivuttaka
Snp = Suttanipata
Vis = Visuddhi Magga, Der Weg zur Reinheit. Von Buddhaghosa in Sri Lanka in der ersten Hälfte des 5. Jahrhunderts verfasst.

Den Palikanon zitiere ich in der Regel nach http://palikanon.com. Die Pali- und Sanskritbegriffe sind kursiv gesetzt. Die diakritischen Zeichen habe ich bei diesen Begriffen, der besseren Lesbarkeit willen, weggelassen. Nur die uns bekannten Begriffe, wie Nirvana und Karma, gebe ich nicht kursiv wieder.

I. Buddhas Weg ist der wahre Weg

I.1 Faszination Buddhismus

Was soll ich tun, um weniger zu leiden? Beschäftigen wir uns letztlich mit einer anderen Frage? Vielleicht noch mit der: Was könnte ich tun, um überhaupt nicht zu leiden? Tatsächlich ist „weniger leiden“ vielen Menschen zu wenig, sie träumen von ewiger Leidfreiheit.

Christentum und Islam versprechen für den Glauben an den richtigen Herrn und die Befolgung seiner Gebote ewige Glückseligkeit – vielleicht. Vielleicht, weil dieser unüberbietbare Lohn, dessen einzige Alternative die unüberbietbare Strafe ewiger Folter ist, durch einem Gnadenakt des Allmächtigen gewährt wird; und dessen Willen ist bekanntlich unerforschlich.

Die Versprechen des Buddhismus sind das Thema dieses Buches. Im Gegensatz zu Christentum und Islam behauptet der Buddhismus nicht nur völlige Leidfreiheit in einem nirvanischen Jenseits, sie soll sogar schon in diesem Leben möglich sein. Wiederum im Gegensatz zu Christentum und Islam, in denen der Herr und seine Forderung nach Liebe und Gehorsam im Zentrum des Glaubens stehen, soll der Buddhismus keinen Gott, keine heilige Kriege, Dogmen, Schuldgefühle, keinen Zwang und keinen missionarischen Eifer kennen.

Vor allem aber scheint er ein therapeutisches Wissen zu besitzen, wie es sich in Breite und Tiefe in keiner anderen religiösen Tradition, Wissenschaft oder philosophischer Lebenskunst findet. Und keine andere Tradition scheint so viele wirksame Methoden zur Bewältigung des modernen Alltags bereitzustellen.

Wen wundert es also, dass sich der Buddhismus seit ungefähr 100 Jahren in den westlichen Ländern unaufgeregt verbreitet und sich stetig wachsender Beliebtheit erfreut? Für den 1933 geborenen thailändischen buddhistischen Aktivisten Sulak Sivaraska, Träger des Alternativen Nobelpreises, führt schon „allein die Anwesenheit von Buddhisten in der Gesellschaft … dazu, dass gesellschaftliche Institutionen von 'humansim, love, tolerance, and enlightenment' durchdrungen sind.“[1]

Buddhas Leidenslehre sei, so der Philosoph Gregor Paul, die wohl für seine Zeit tiefste mögliche Analyse der menschlichen Problematik.[2] Für den Psychologen Christian Kellerer war der Buddhismus mit seinem „weiträumigen Weltbild“ noch immer die undogmatischste, toleranteste und philosophischste Religion. Ein westlicher Mensch, der sich nicht mit seiner Endlichkeit abfinden kann, würde mit ihr noch am besten „über die kleine Runde seines Daseins“[3] kommen.

Warum eine solche Religion kritisieren?

---

1 Freiberger, Oliver / Kleine, Christoph: Buddhismus. Göttingen 2011, S. 431.

2 Paul, Gregor: Philosophie in Japan. München 1993, S. 65.

3 Kellerer, Christian: Die Befreiung des abendländischen Denkens. Frankfurt am Main 1996, S. 255.

I.2 Traditionelle Buddhismuskritik

„Buddhas Weg ist der wahre Weg; er enthält nichts Falsches."[4]

Zenmeister Eiheji Dogen (1200-1252)

Es mangelt nicht an Kritiken des Christentums und des Islams. Die Kritik an der ältesten noch praktizierten Weltreligion, dem Buddhismus, ist dagegen dünn gesät und sie findet sich fast nur in den Abhandlungen der Spezialisten, den professionellen Buddhismusforscher, der sogenannten Buddhologen.

Ihre Literatur lässt den Schluss zu, dass wir heute, nach über 150 Jahren westlicher Forschung und unzähligen Begegnungen mit Buddhisten der Ursprungsländer, ein relativ klares Bild vom Buddhismus zeichnen können. Klar ist auch, dass es nicht mehr möglich ist, sollten nicht neue Zeugnisse auftauchen, die ursprüngliche Lehre begründet zu rekonstruieren. Wir müssen den Buddhismus so nehmen, wie er sich jetzt bietet und das heißt vielfältig und bei vielen Sachverhalten uneindeutig.

Warum ist aber Buddhismuskritik so dünn gesät? Weil es am Buddhismus nichts zu kritisieren gibt, zumindest nichts Grundsätzliches? Schon sein Gründer, Gautama Buddha, musste den Vorwurf hören, dass seine Lehre nihilistisch sei; für eine Religion wäre das ein Widerspruch in sich selbst. Für die konfuzianischen Beamten des alten China verstieß die indische Import-Religion Buddhismus gegen die guten Sitten. Da sie die zölibatäre Lebensweise über jede andere stelle, behindere sie die Vermehrung des Volkes und das Überleben der Familien, was einer Missachtung der Eltern und der Ahnen gleichkommen würde. Nach dem Urteil dieser Beamten führten die Buddhisten „ein parasitäres, ökonomisch unproduktives Leben und verführten die Menschen durch die Verbreitung hanebüchenen Aberglaubens zur Verschwendung ihres Besitzes".[5] Für große Teile

4 Dogen Zenji: Shobogenzo. Bd. 1, Zürich 1989, S. 32.
5 Freiberger, Oliver / Kleine, Christoph: Buddhismus. Göttingen 2011, S. 453.

der japanischen Elite des 19. Jahrhunderts war der Buddhismus ein „tragendes Element der soeben überwundenen, repressiven Feudalordnung“. Er galt dieser Elite „als irrational und abergläubisch und kaum zukunftsfähig.“[6]

Der japanische Gelehrte Tominaga Nakamoto (1715-1746) veröffentlichte 1744 das Buch *Worte nach der Meditation*. Es „gilt als erste wissenschaftliche Kritik am Gebäude des kanonischen Buddhismus“, so im Klappentext der 2003 erstmalig erschienenen deutschen Übersetzung.[7] Nakamoto versuchte nachzuweisen, dass aufgrund vieler textinterner Widersprüche in den Mahayana- Sutren, der Mahayana-Buddhismus nicht die Lehre Buddhas sein konnte. Das Werk Nakomotos stieß auf heftige Ablehnung, aber auch auf große Zustimmung und als es nicht mehr erhältlich war, wurde es von vielen gesucht. Ich werde auf seine Kritik zurückkommen.

Aber der Buddhismus konnte den christlichen Religionen bisher nur wenige Schäfchen abspenstig machen, wahrscheinlich ein Grund für das Fehlen einer dezidierten und detaillierten Buddhismuskritik im Westen. Zudem wirkt seine Lehre auf den ersten Blick so fremd, dass eine kritische Auseinandersetzung deplatziert erscheint, so als wollte man Sitten und Gebräuche fremder Völker einer grundsätzlichen Kritik unterziehen.

Heute verstehen es Christen und Buddhisten sogar sich gegenseitig zu unterstützen, so veröffentlicht Herder, „Gottes eigener Verlag“, ungezählte buddhistische oder buddhistisch 'beseelte' Literatur und christliche Klöster bieten schon seit Jahrzehnten buddhistische Meditation an. Diese seltsame Symbiose, da es sich tatsächlich um fundamental unterschiedliche Weltanschauungen handelt, ist sicher dem allgemeinen Rückgang der Religion geschuldet. Frühere Konkurrenten verbünden sich gegenüber einem anscheinend größeren Feind, dem der religionsfreien Weltdeutung.

Die zahllosen christlichen Kirchen und Sekten haben alle etwas gemeinsam: Sie berufen sich auf ein- und dasselbe Buch und

6 Freiberger, Oliver / Kleine, Christoph: Buddhismus. Göttingen 2011, S. 424.

7 Radke, Rebekka: Worte nach der Meditation. Die historische Buddhismus-Kritik von Tominaga Nakamoto (1715-46), Frankfurt am Main 2003.

die meisten Kirchen und Sekten glauben, dass genau sie es richtig interpretieren. Das Gleiche gilt für Judentum und Islam. Auch im Buddhismus streiten unzählige Schulen, Sekten, Richtungen, Traditionen, wie immer man die verschiedenen buddhistischen Gruppierungen nennen mag, um die wahre Lehre, aber sie besitzen nicht nur ein Buch, sie besitzen unzählige. Das birgt Vor- und Nachteile, je nach Interesse der Beteiligten.

Üblicherweise wird der Buddhismus in zwei große Schulen unterteilt, Hinayana und Mahayana. Die meisten anderen Richtungen oder Schulen, können einer dieser zwei zugeordnet werden. Manche Buddhisten halten diese Einteilung für fragwürdig, ich verwende sie, weil sie eine grobe Orientierung im buddhistischen Schulendickicht ermöglicht.

Der Pali-Kanon, die älteste Sammlung buddhistischer Schriften, noch immer nicht vollständig in eine westliche Sprache übersetzt, umfasst bisher 48 Bücher. Pali war ein mittelindisches Idiom. Buddha sprach in der nordindischen Volkssprache Magadhi, in dieser Sprache wurden aber keine Lehren überliefert. Der Pali-Kanon gilt der Hinayana-Tradition als das authentische Buddhawort, obwohl es in ihm ausdrücklich Texte gibt, die nicht von Buddha stammen. Schon die Gültigkeit aller Texte dieses Kanons war unter den Hinayana-Sekten umstritten. Hinzu kommen eine unüberschaubare Zahl von Mahayana-Sutren mit zehntausenden von Seiten. Alle historischen Texte, die für die Mahayana-Buddhisten nach Wahrheit klingen, betrachten manche von ihnen als Buddhachana, als Buddhawort, unabhängig, ob sie vom historischen Buddha stammen.

Allein der sogenannte japanische Taisho-Kanon, eine Sammlung von ostasiatischen buddhistischen Schriften, die zwischen 1924 und 1934 zusammengestellt wurde und auf eine koreanische Sammlung von 1251 zurückgeht, umfasst 85 Bände mit 2.920 Texten und 11.970 kleineren Schriften, sogenannten Faszikeln. Wie gesagt, für die Mahayana-Buddhisten gelten alle diese Schriften als Buddhawort, für traditionelle Hinayana-Buddhisten sind sie pure Erfindung.

Jede buddhistische Gruppierung besitzt auch noch ihre eigene, mehr oder minder genaue Liste von Schriften, die sie als heilig, als unantastbar, betrachtet. Ein extremes Beispiel für eine solche Liste ist der Buchkult der japanischen Nichiren-Tradition. Sie verehrt nur ein einziges Buch, das Lotus-Sutra. Für die Nichiren-Tradition enthält allein schon der Titel dieses Buches *Verehrung dem Sutra des Lotos des guten Gesetzes* die vollständige buddhistische Lehre und wird deshalb unermüdlich rezitiert. Für diese Tradition sind alle anderen buddhistischen Lehrtexte, die sogenannten Sutren oder Suttas, überflüssig.

Für manche Buddhologen enthalten nur zwei Sutren zweifellos Worte des historischen Buddha: Seine erste Predigt, die von Benares, und das Mahaparanirvana-Sutra, das Sutra, welches von seinem Tod erzählt. Da nicht klar ist, welche Schriften wirklich die Worte des Meisters wiedergeben, welche also unabdingbar zu einem Kanon gehören sollten, können die Texte des Buddhismus nicht gezählt werden.

Hier einige Folgen der bienenfleißigen Sutren-Produktion auf die Lehren des Buddhismus: Für manche Schulen war und ist Buddha ein Mensch und auch im buddhistischen Jenseits, im sogenannten Nirvana, ist er kein Gott geworden. Für manche Schulen ist er ein Mensch, wurde aber nach seinem Tod ein Gott. Für manche ist er schon vor Äonen von Zeitaltern ein Bodhisattva, ein gottähnliches Wesen, welches die Laufbahn eines Buddha eingeschlagen hatte. Für manche heutigen Buddhisten und vor allem Buddhismusforscher war Buddha überhaupt kein religiöser Führer, sondern ein Wanderprediger vom Schlage Sokrates', in dessen Denken nicht religiöse Fragen im Mittelpunkt standen, sondern ethische, psychologische und vor allem therapeutische.

Für die Hinayana-Schulen konnten und können praktisch keine Laien, sondern nur Mönche, erlöst werden und sie können sich nur selbst erlösen, nicht durch die Hilfe von anderen Wesen. Für das Mahayana können auch Laien erlöst werden und alle Menschen, ob Buddhisten oder nicht, können die Hilfe der Bodhisattvas in Anspruch nehmen. Für manche Schulen sind Rituale und Magie sinnlos, für andere sind sie Abkürzungswege zum Heil. Für manche Buddhisten ist das richtige Wissen, für andere die Versenkung, die Meditation, für wieder andere das sittliche Leben entscheidend. Für manche alle drei, für manche nur zwei dieser Disziplinen. Den Buddhisten der Amida-Schulen genügt allein der Glaube an die Erlösungskraft des Buddha. Für viele Buddhisten, insbesondere westliche, ist der Buddhismus eine Religion der Vernunft, in der alle Lehrinhalte logisch nachvollzieh- und erfahrbar sind. Wie ich schon anführte, sahen aber schon die alten Chinesen im Buddhismus alles andere als eine Vernunftlehre.

Ist der Buddhismus überhaupt eine Religion? Für den buddhistischen Psychotherapeuten Matthias Ennenbach ist der Buddhismus „selbst Wissenschaft. Er gilt mittlerweile als eine der ältesten und am besten erprobten Wissenschaften des Geistes, die für viele westliche Geisteswissenschaften eine Quelle der Inspiration war und ist.“[8] „Wichtige buddhistische Repräsentanten aus Ost und West, wie zum Beispiel der Dalai Lama, Yongey Mingyur Rinpoche oder Jack Kornfield erklären, dass der Buddhismus von seiner Entstehung bis zur heutigen Praxis weniger eine Religion als vielmehr eine Wissenschaft des Geistes ist: eine Wissenschaft, die im Laufe vieler Jahrhunderte erprobt wurde und sowohl detaillierte und überprüfbare Erklärungen und Beschreibungen für menschliches Empfinden und Verhalten liefert als auch konkrete Übungen und Techniken zur Überwindung vieler menschlicher Konflikte und Sorgen bietet.“[9] Zudem betonen Buddhisten, dass alle Lehren des Buddha auf Erfahrungen beruhen und dass er von seinen Anhängern verlangte, an nichts zu glauben, was sie selbst nicht erfahren hätten.

Eine Wissenschaft sollte natürlich frei von Aberglauben sein, denn er ist per Definition ein unvernünftiger Glaube, einer der natürlichen und wissenschaftlichen Erklärungsmöglichkeiten widerspricht. Wie es mit der Freiheit von abergläubischen Vorstellungen und Praktiken im Buddhismus bestellt ist, werden wir uns natürlich ansehen, vielleicht sind ja die zitierten Vorwürfe nicht gerechtfertigt.

---

8 Ennenbach, Matthias: Buddhistische Psychotherapie. Oberstdorf 2011, S. 80.
9 Ebenda, S. 11.

Aus der Gliederung des Kanons lässt sich folgern, dass die Lehre des Buddha nicht die Form hatte, wie sie uns in heutigen Lehrbüchern entgegentritt. Als der Kanon zusammengestellt wurde, war anscheinend noch nicht klar, was eine zentrale Theorie war und was man als eine Erläuterung oder Vertiefung einer Theorie verstehen konnte. Die Lehrreden des Kanons, die Sutten, behandeln nacheinander die unterschiedlichsten Themen. Heute wird die gesamte Lehre oft den sogenannten Vier Edlen Wahrheiten zugeordnet. Diesem Schema folge auch ich, obwohl es inhaltlich nicht immer gerechtfertigt ist.

Im Buddhismus sind Begriffsreihen nach Zahlengruppen äußerst beliebt, so gibt es Vier Edle Wahrheiten, vier Stufen der Versenkung, fünf Gruppen, zwölf Sinnesbereiche und achtzehn Elemente. Damit die Lehre nach dem Tod des Meisters so getreu wie möglich erhalten blieb, stellte Sariputra, ein Schüler Buddhas, „alle wichtigen Lehrbegriffe in einer langen Liste zusammen und trug sie den Jüngern vor".[10] Er ordnete sie nicht inhaltlich, sondern nach dem Material, welches für einen Lehrbegriff zur Verfügung stand.

Die Ordnung nach Zahlengruppen gründete vermutlich auch in der Notwendigkeit, die Reden auswendig lernen zu müssen, da eine schriftliche Fixierung nicht möglich war. Das erschwerte natürlich auch die inhaltliche Übersicht und Klarheit.

Haben nun die unzähligen buddhistischen Schulen, Sekten, Gruppierungen so etwas wie eine gemeinsame Grundlehre? 1950 wurde die erste weltweite buddhistische Vereinigung gegründet, die *World Fellowship of Buddhists* (WFB). „Auf seinem ersten Kongress entschied man den negativ besetzten Begriff Hinayana durch Theravada zu ersetzen. … Man machte es sich zum Ziel die buddhistischen Länder nach dem Vorbild der Vereinten Nationen in einer Förderation zu vereinen, welche die Welt auf dem Weg zu Brüderlichkeit und Frieden anführen sollte. Das Ideal der Demokratie wird hier ebenso betont wie die Überzeugung, dass der Buddhismus

10 Bronkhorst, Johannes: Die buddhistische Lehre. In: Bechert, Heinz u.a. (Hrsg.): Der Buddhismus I. Der indische Buddhismus und seine Verzweigungen, Stuttgart 2000. S. 78.

die Religion sei, die Lösungen für die Probleme der modernen Welt parat hält. Bezeichnenderweise fand man die Gemeinsamkeiten aller Buddhisten lediglich in der Bezugnahme auf Sakyamuni Buddha und in doktrinären Grundlagen: den vier Edlen Wahrheiten, den drei Kennzeichen der Wirklichkeit (Unbeständigkeit, Leiden und Ichlosigkeit) sowie der Ablehnung eines Schöpfergottes."[11]

Diese „doktrinären Grundlagen", und ein paar weitere, müssen wir uns also ansehen, wenn wir untersuchen wollen, was die heutigen Buddhisten als die Essenz des Buddhismus verstehen.

11 Freiberger, Oliver / Kleine, Christoph: Buddhismus. Göttingen 2011, S. 430.

I.3 Die zwei großen Richtungen: Hinayana und Mahayana

Der Buddhismus entwickelte sich um das 5. Jahrhundert v.u.Z. im Nordosten Indiens. Die Lebensdaten des Gründers sind umstritten, es besteht aber kein Zweifel an seiner historischen Existenz. Vier Namen tauchen auf, wenn vom Gründer des Buddhismus die Rede ist: Siddhartha, Gautama, Sakyamuni und Buddha.

Siddhartha bedeutet „der, der das Ziel erreicht hat", und war der Vorname des späteren Buddha. Gautama war sein Familienname. Sakyamuni ist eine Ehrenbezeichnung mit der Bedeutung „der Weise aus dem Sakyageschlecht". Buddha ist ein Titel, wie Kaiser, Christus oder ursprünglich Mohammed und bedeutet der Erwachte (Christus der Gesalbte, Mohammed der Gesandte). Buddhisten sagen Siddhartha, wenn sie von Buddhas Lebensabschnitt vor der Erleuchtung sprechen, danach von Buddha oder dem Erwachten, Erhabenen, Meister, Vollendeten u. ä. Seine Anhänger nannten ihn Bhagavat, was Herr und Gesegneter bedeutet.

Die Legende erzählt, er sei ein Königssohn, ein Prinz, gewesen, der mit 16 Jahren verheiratet und später Vater eines Sohnes wurde. Nachdem er Alten und Kranke begegnete und Verstorbene sah, entschloss er sich, ein Asket zu werden. Mit 29 Jahren soll er seine Familie verlassen haben, in die „Hauslosigkeit" gezogen sein und ein Leben als Asket geführt haben. Das lebensgefährlich strenge Asketenleben milderte er nach einigen Jahren ab, erreichte mit 35 Jahren die vollständige Erleuchtung und war damit ein Buddha, ein Erwachter. 45 Jahren wanderte er dann, den Weg zur endgültigen Erlösung verkündend, im Nordosten Indiens umher, bis er mit seinem Tod ins jenseitige Nirvana, ins Paranirvana, einging.

In Wirklichkeit war er kein Königssohn, sein Vater war ein Landadliger der im Dienste eines Königs einen Teil dessen Reiches verwaltete. Ebenso gehört es höchstwahrscheinlich in das Reich der Legende, dass Siddhartha wegen verstörender Begegnungen mit Leid und Vergänglichkeit in die 'Hauslosigkeit' aufbrach. Solche sogenannten Anstoßlegenden wurden in der damaligen Zeit nicht nur über Buddha, sondern über viele Prinzen erzählt.[12] Man kann sich gut vorstellen, wie tröstlich solche Erzählungen für Arme und Entrechtete wirkten, konnten sie sich doch sagen, Macht und Reichtum allein machen auch nicht glücklich.

Einige Einzelheiten aus Buddhas Leben finden sich auch in dem von Jesus, der bekanntlich 500 Jahre später gelebt haben soll. Das bedeutet nur, dass schon zu Buddhas Zeiten bestimmte Motive für mehr oder minder göttliche Heilsbringer großen Anklang fanden. Nach indischer Vorstellung folgte die Lebensgeschichte eines solchen Wesens einem übergeschichtlichen Plan, der seine Lehre veranschaulichte.[13] Entsprechungen zum Leben Jesus: Auch Buddha wurde jungfräulich empfangen, da seine Mutter, wie die von Jesus, in höchstem Maße moralisch vollkommen sein sollte. Wie Jesus besuchte Buddha als Kind einen Tempel und diskutierte mit den dort Anwesenden. Auch im buddhistischen Orden gab es einen Judas, er hieß Devadatta und wollte Buddha angeblich stürzen und ermorden. Wie Jesus durch den Teufel, wurde Buddha durch Mara, dem „Herr der Sinnenwelt", den allergrößten Versuchungen ausgesetzt, natürlich vergeblich und wie Jesus den See Genezareth, so überquerte Buddha auf wundersame Weise den Ganges.[14]

Die Anhänger Buddhas spalteten sich schon bald nach seinem Tod in verschiedene Schulen oder Sekten, sogenannte *nikayas*, auf; traditionell wird von 18 gesprochen. Sie sollen sich weniger durch ihre Lehren als durch ihre Ordensregeln unterschieden haben.

Im 1. Jahrhundert v.u.Z., also ungefähr 300 Jahre nach Buddhas Tod, wurde der Kanon auf Ceylon in der Sprache Pali niedergeschrieben. Die Anhänger, die sich ausschließlich auf den Kanon berufen, nur seine Lehrreden (Pali: Suttas) als authentische Worte Buddhas anerkennen, werden heute als Theravada-Buddhisten be-

12 Fick, Richard: Die sociale Gliederung im nordöstlichen Indien zu Buddha's Zeit. Kiel 1897, S. 44.

13 Siehe Klimkeit, Hans-Joachim: Die Heilsgestalten des Buddhismus. In: Bechert, Heinz u.a. (Hrsg.): Der Buddhismus I. Der indische Buddhismus und seine Verzweigungen, Stuttgart 2000, S. 216/217.

14 Siehe ebenda, S. 222-228.

zeichnet und zur Hinayana-Richtung des Buddhismus gezählt. Ursprünglich war das Theravada aber nur eine Richtung des Hinayana. Es ist die einzige heute noch existierende Richtung der verschiedenen Hinayana-Schulen. Neben ihr waren die bekanntesten Schulen des Hinayana die nordindischen der Sarvastivadins und der Pudgalavadins. Sie besaßen eigene Kanons, die in Sanskrit (also nicht in Pali) verfasst waren und vollständig in chinesischen und tibetischen Übersetzungen erhalten sind. Ein bekannter Schulname ist auch der der Sautrantika, eine Unterschule der Sarvastivadins. Die Sarvastivadins waren wiederum eine Unterschule der Sthaviravada, *die vom alten Weg*, Pali, *theravadin.* Die Sthaviravada sollen ungefähr 150 Jahre nach Buddhas Tod entstanden sein, ebenso die Mahasanghikas, die „Große Gemeinde". Sie galten als Erneuerer und aus ihnen ging das Mahayana hervor. Alle genannten Schulen waren wichtig für die Weiterentwicklung der buddhistischen Lehre und Praxis. Die Sthaviravada und mit ihnen die anderen genannten Schulen wurden vom Mahayana mit dem Schimpfwort Hinayana, *Kleines Fahrzeug,* bedacht. Die Selbstbezeichnung Mahayana bedeutet *Großes Fahrzeug* und damit war gemeint, im Gegensatz zum Hinayana biete es auf dem Weg zur Erlösung vielen Menschen Platz. Dass *Hinayana* bewusst abwertend gebraucht wurde, erkennt man an seiner zweiten Bedeutung: „Niederes Fahrzeug".

Um den Begriffswirrwarr noch zu vergrößern, nennen viele Mahayana-Anhänger den Hinayana heute auch Sravakayana, Fahrzeug der Hörer, und statt Mahayana sagen sie Bodhissattvayana, Fahrzeug der Bodhisattvas. Ich belasse es hier bei den bekannten Begriffen Hinayana und Mahayana, nur wenn ausschließlich der *heutige* Hinayana-Buddhismus gemeint ist, spreche ich vom Theravada, da eben nur noch diese Hinayanarichtung existiert.

Wörtlich bedeutet Theravada die „Lehre der Ordensälteren". Ursprünglich wurden damit alle Mönche bezeichnet die länger als 10 Jahre Ordensmitglied waren, gleichgültig ob sie einer Hinayana- oder Mahayana-Richtung angehörten. Gegenwärtig ist der Theravada in den Ländern Süd- und Südost-Asiens verbreitet, so in Sri-Lanka (Ceylon), Myanmar (Burma), Thailand, Laos und Kambodscha.

Das Mahayana findet sich in Tibet, Nepal, Bhutan, Vietnam, Korea, Japan, Taiwan, China und der Mongolei. Wann es tatsächlich entstand, ist unter den Buddhismusforschern, umstritten. Die allermeisten sind der Ansicht, dass es sich erst einige Jahrhunderte nach Buddhas Tod entwickelte. Manche Forscher meinen, die Spaltung des Buddhismus in zwei große Richtungen setzte gleich nach dem Ableben des Stifters ein. Der polnische Buddhismusforscher Constantin Regamey war sogar davon überzeugt, dass das Mahayana älter als das Hinayana ist.

Heute tendieren manche Forscher, aber vor allem Buddhisten dazu, die Unterschiede zwischen den Richtungen zu nivellieren: alle buddhistischen Lehren fänden sich in allen großen Richtungen, deshalb sei die Frage nach dem Original sowieso uninteressant. Der Nivellierungstendenz kann auch ein missionarisches Interesse zu Grunde liegen, vielleicht will man im Wettbewerb mit anderen Religionen einfach die Kräfte bündeln. Die Unterschiede zwischen Hinayana und Mahayana sind jedoch zu groß, um sie mit Verweis auf Literaturstellen in den Schriften der einzelnen Lager hinweg zu reden. Viele Mahayana-Ideen finden sich tatsächlich im Kanon, die Frage ist, was für einen Stellenwert sie in Theorie und Praxis der jeweiligen Schulen einnahmen.

Die Lehrreden des Hinayana und des Mahayana unterscheiden sich nicht nur in dem Gewicht, das sie den einzelnen Lehren zuschreiben. Sie unterscheiden sich auch äußerlich erheblich: Die Lehrreden des Pali-Kanons, die *Suttas*, welche eine wörtliche Wiedergabe der Reden des Buddhas sein sollen, „überschreiten selten die Sprechlänge von 20 Druckseiten". Die Lehrreden des Mahayana, die *Sutras* „sind umfangreiche Bücher, ihre Sprache ist reines oder gemischtes Sanskrit, und der Buddha, der in ihnen spricht, ist nicht mehr der historisch-irdische Buddha Gautama, sondern der ins Überweltliche erhobene Buddha *Sakyamuni,* 'Der Weise aus dem Sakya-Geschlecht', dessen Hörerschaft nach Myriaden zählt." [15] Außerdem zeichnen sich die Sutren des Mahayana durch Maßlo-

15 Schumann, Hans Wolfgang: Handbuch Buddhismus. Kreuzlingen / München 2000, S. 164.

sigkeit aus, so in der Ausmalung fantastischer Lehrszenarien, in denen unzählige Wesen, einschließlich Götter, der Lehre Buddhas mit Dankbarkeit lauschen; aber auch in der gnadenlos langen Aufzählung der Namen und Titel der Beteiligten und der noch häufigeren Wiederholung der Lehrinhalte als in den Sutten des Kanons.

Wegen der genannten formalen Unterschiede zwischen den Lehrreden des Mahayana und des Kanons, dürfen wir annehmen, dass wir im letzteren die Lehre des Gründers in authentischerer Weise vorliegen haben.

Als dritte große Richtung wird in vielen Darstellungen das Tantrayana genannt. Da es sehr eng mit dem Mahayana verwoben ist, behandele ich es hier als eine Unterform des Mahayana.

II. Der Hintergrund

II.1 Die Veden

II.1.1 Entstehung und Inhalt

Wie alle Ideengebäude wurde auch der Buddhismus zum allergrößten Teil aus Steinen älterer Gebäude errichtet.

Älter als die buddhistische Religion war in Indien die vedische, aus der sich wiederum die brahmanische entwickelte. Hinduismus ist heute die Sammelbezeichnung für die nichtbuddhistischen indischen Religionen, die meist auf den Brahmanismus und damit die Veden zurückgehen. Die Veden sind die Heiligen Schriften der Hindus und die Hindus sind die Inder, die einer der Religionen angehören, welche sich auf die Veden berufen.

Veda bedeutet Wissen. Das folgende Zitat vermittelt, wie sich die alten Inder die Entstehung der Veden vorstellten, d. h. in diesem Fall, die der Religion überhaupt. Die heutigen Hindus teilen diese Vorstellungen und mit ihnen viele östlich orientierte Esoteriker. Ich entnahm das Zitat der Web-Seite des „europaweit größten gemeinnützigen Verein für Yoga", der Yoga-Schule Yoga-Vida. Auf ihr heißt es: „Die Veden sind ewige Wahrheiten, die Gott den großen alten Rishis Indiens offenbart hat. Das Wort Rishi heißt Seher und kommt von Dris, sehen. … Die Rishis sahen oder hörten die Wahrheiten. …. Der Rishi schrieb nicht. Er schuf nicht aus seinem Geist. Er sah den Gedanken, der schon da war. Er war nur der spirituelle

Entdecker des Gedankens. Er ist nicht der Erfinder der Veden. … Die Hindus empfingen ihre Religion durch Offenbarung, durch die Veden. Sie sind direkte intuitive Offenbarungen und gelten als A-Paurusheya, vollständig übermenschlich, ohne spezifischen Autor. In diesem Sinn sind die Veden ewig. Die Veden sind die Verkörperung göttlichen Wissens. … Sie sind ohne Anfang und ohne Ende. …. Alle anderen Weltreligionen führen ihre Autorität auf den Umstand zurück, daß sie bestimmten Menschen von einem bestimmten Boten Gottes enthüllt worden sind, die Veden hingegen verdanken niemandem ihre Maßgeblichkeit. Sie sind selbst die Autorität, weil sie ewig sind, und weil sie das Wissen Gottes sind. … Die Veden sind die ältesten Bücher in der Bibliothek des Menschen. Die in allen Religionen enthaltenen Wahrheiten stammen aus den Veden und sind letztlich auf die Veden zurückzuführen. Die Veden sind der Urquell von Religion. Die Veden sind die Quelle, auf die alles religiöse Wissen zurückführbar ist. Religion ist göttlichen Ursprungs.“[16]

Die Worte, die der Seher sieht oder hört, sind also göttlichen Ursprungs. Worin der Unterschied zu nichtvedischen Sehern und Propheten liegen soll, bleibt im Dunkeln. Auch die Veden wurden von bestimmten Menschen „gehört“ oder „gesehen“, nämlich von den Sehern bestimmter Priester oder Dichterfamilien. Die Namen dieser Familien werden in den vedischen Büchern sogar genannt.

Auch Buddhas Lehre, der sogenannte *Dharma*, wird als übermenschlicher Text verstanden. Die Lehre Buddhas ist also nicht seine Lehre, sie beruht nicht auf seinen intellektuellen Leistungen, sondern auf der Fähigkeit, jenseitiges Wissen wahrzunehmen.

Das Gebiet in denen das älteste Veda, das sogenannte Rig-Veda, entstand, erstreckte sich von Afghanistan, über den Panjab bis etwa in die Gegend von Dehli. Die Indoarier, welche zwischen 2000 bis 1500 von Persien kommend, dieses Gebiet erorberten, sollen nach der Rig-Veda fünf Stämme gewesen sein. In Wirklichkeit waren es viele kleinere Stämme und Clans, die ständig neue Bündnisse untereinander schlossen. Sie zogen als Vieh züchtende Halbnomaden

16 http://www.yoga-vidya.de/Yoga--Artikel/art_veden.html

mit ihren Tieren, Wagen und Waffen umher, raubten den nicht-indoarischen Ackerbauern die Ernte und bekriegten sich gegenseitig vor allem um Rinder und Pferde.

Neben der Bitte um kriegerische Siege und große Beute waren wichtige Themen des ältesten vedischen Buches der Kampf ums Wasser. „Wasser, Sonnenlicht, Kühe, Söhne, langes Leben und ein Platz im Himmel sind die vornehmlichen Wünsche der Indoarier, der Aryas, wie sie sich nannten. Sie beherrschten den größten Teil der rigvedischen Lieder“ so die Herausgeber einer neuen Übersetzung des Rig-Veda, Michael Witzel und Tohshifumi Goto.[17]

Die vedischen Texte sind in einem Zeitraum von 1.000 Jahren entstanden; der älteste Text, das Rig-Veda zwischen 1.500 bis 1.000 v.u.Z., die jüngsten Texte, die Upanischaden, zwischen 700 und 500 v.u.Z. Die indoarische Produktion heiliger Schriften endete ungefähr mit dem Beginn des Buddhismus, dessen Gründer um 560 v.u.Z. geboren sein soll.

Die Veden werden von Indologen in 3 Teile gegliedert, der älteste wird der sogenannte Mantrateil (zirka 1500–1000) genannt und fällt größtenteils mit dem Rig-Veda zusammen. Es ist eine Sammlung von Ritualformeln, Bitt- und Loblieder für verschiedene Götter und enthält nur wenige religiöse Spekulationen.

Der zweite Teil wird Brahmanasteil (zirka 1000–500) genannt und enthält vor allem „opfertheoretische Anweisungen“,[18] das heißt es wird in ihm versucht, die Opferpraxis theoretisch zu begründen. Theorie meint hier vor allem mythische Erzählungen.

Der jüngste Teil, die Upanischaden (700-200)[19], enthalten Theorien in Form von religionsphilosophischen Abhandlungen. In ihnen

---

17 Witzel, Michael / Tohshifumi Goto (Hrsg): RIG-VEDA. Das Heilige Wissen. Frankfurt am Main / Leipzig 2007, S. 433.

18 Schneider, Ulrich: Der Buddhismus. Darmstadt 1997, S. 13.

19 Die Zeitangaben für die drei Teile divergieren in der Literatur. Oft wird als Beginn der Veden (und damit des Mantrateils) 1200 oder gar erst 1000 genannt, der Brahmanasteil schon auf 1000 angesetzt und das Ende der Upanischaden erst mit 200 v.u.Z. angegeben.

findet sich auch die im Westen bekannte Gleichung, dass Atman, die Einzelseele, zugleich Brahman, die Weltseele, sei.

In den Upanischaden wird die für die gesellschaftliche Entwicklung Indiens so fatale Karma- und Wiedergeburtslehre ausgebaut und die Legitimation des Kastensystems theoretisch weiter fundiert. Viele der unbekannten Autoren der Upanischaden kamen nicht aus der Brahmanenkaste, sondern aus der Kriegerkaste, zu der auch Buddha gehörte. Erst Jahrhunderte nach ihrer Entstehung wurden 108 Upanischaden in die Veden eingereiht.

Im 6. Jahrhundert v.u.Z., wahrscheinlich früher als der Buddhismus, entstand der Jainismus, der noch heute über vier Millionen Anhänger zählt. Upanischaden und Jainismus lehrten, im Gegensatz zu den Veden, ausdrücklich die Wiedergeburt und die Suche nach Befreiung. Nach dem Indologen Johannes Bronkhorst sollen die Ideen der Wiedergeburt und Befreiung einer nicht-vedischen Tradition, der sogenannten dravidischen, angehören, die eben in den Upanischaden, dem Jainismus und dann im Buddhismus zentral wurden. [20]

Exkurs: Religionsentstehung

Der Hinduismus bzw. Brahmanismus, ist nicht die älteste Religion der Menschheit, auch nicht die älteste polytheistische Religion. Die polytheististischen, die Vielgötterreligionen der Ägypter und Sumerer sind um Tausende von Jahren älter und noch viel älter sind die Geisterreligionen Animismus und Schamanismus. Sie reichen bis in die Altsteinzeit zurück, sind also einige zehntausend Jahre alt. Aus ihnen gingen die späteren sogenannten Hoch- oder Großreligionen hervor.

Das Tier, welches durch die Entwicklung einer besonders komplexen Sprache zu vollem Selbst- und Weltbewusstsein gelangt war, nennt sich Mensch. Religion entwickelte sich als das Ergebnis intuitiver Auseinandersetzungen des unwissenden und ängstlichen Men-

20 Siehe Bronkhorst, Johannes: Die buddhistische Lehre. In: Bechert, Heinz u.a. (Hrsg.): Der Buddhismus I. Der indische Buddhismus und seine Verzweigungen, Stuttgart 2000. S. 43/44.

schen mit seiner gefährlichen Umwelt. Schmerzhaftes, Leidvolles schien ihm letztlich durch unheimliche und böswillige Wesen, Tiere, Tiergeister, später Götter, verursacht. Manche dieser überwiegend böswilligen Wesen ließen sich, so vermuteten die Menschen, durch wertvolle Geschenke, d. h. Opfer, als Freunde und Verbündete gewinnen, genauso wie Menschen. Neben materiellen Opfern versuchten die Menschen, diese Wesen mit Lobliedern, Hymnen, sprich Schmeicheleien, für sich einzunehmen. Wie Menschen auch, konnte man sie mit Bitten (Gebeten) erweichen und versuchen sie mit Worten (Mantras) zu manipulieren. Da man sich mit all diesen Methoden – opfern, loben, beten, magische Silben murmeln – selbst manipulierte, sich selbst ermutigte, halfen diese Methoden, wenn auch nur in begrenztem Maße.

Diese Methoden entwickelten sich überall auf der Welt, wo das Tier Mensch zu Selbstbewusstsein gelangte und sich damit bewusst einer undurchschaubaren gefährlichen Umwelt gegenüber fand. Sie entwickelten sich einfach deswegen, weil die Menschen keine andere Möglichkeit besaßen, als sich die Welt durch übermenschliche Kräfte und Wesen regiert zu erklären; wissenschaftliche Erklärungen standen ihnen ja nicht zur Verfügung.

Die grobe Dreigliederung der Veden zeichnet eine logische Entwicklung von Stammes- zu Großreligionen nach. Sie beginnt mit spontanen Bitt-, Opfer- und Abwehrpraktiken. Spezialisten für solche Praktiken bilden sich heraus, Hexer, Schamanen, Priester, in Indien später Brahmanen genannt. Sie fangen an, mehr oder minder plausible Theorien über ihre magischen Praktiken zu entwerfen, die auch die Notwendigkeit ihres Tuns vermitteln. Diese Theorien haben die Form von Geschichten über die Taten der übermenschlichen Wesen, die im zweiten Teil der Veden, dem Brahmanas-Teil erzählt werden.

Entwickeln sich Gesellschaften weiter, entwickeln sich auch ihre Theorien weiter und die ursprünglichen, hier Opfer- und Ritualtheorien sowie mythische Erzählungen, können selbst Opfer von Theoriebildung werden. So wird in den Upanischaden die Bedeutung des Opfers und des Rituals relativiert und kurze Zeit später, in den Asketenbewegungen und dem Buddhismus, auch der ursprünglich eine Asketenbewegung, werden Ritual und Opfer als nutzlos deklariert.

Auf religiöse Welterklärungen folgen in manchen Gesellschaften philosophische. Die indische Philosophie, die sich in den Upanischaden entwickelt, gilt als eine Reaktion auf das magische Ritualwesen.[21] An die Stelle des immer weniger befriedigenden exzessiven Ritualwesens trat in den herrschenden Schichten „das Streben nach mystischer Vereinigung".[22] Die Upanischaden kann man als ihre philosophische Begründung verstehen.

II.1.2 Kritik der Veden

Warum können wir sicher sein, dass die Veden nicht auf Einflüsterungen höherer Wesen beruhen, dass die Rishis keinen Verlautbarungen aus dem All lauschten?

Es genügt einen kurzen Blick auf ihre Inhalte zu werfen und augenblicklich ist klar, hier werden keine „ewige Wahrheiten" verkündet und schon gar kein „einfaches, großartiges und vollkommenes System von Religion und Philosophie". Der „Urquell aller Religionen" entpuppt sich als der primitive Glaube der Indoarier, dass ihnen höhere Mächte bei der Erfüllung ihrer ganz und gar weltlichen Wünsche beistehen, so auch bei Raub, Mord und Totschlag.

Hier Strophen aus einem vedischen Lied, in welchem Indra und andere Götter um Hilfe bei einem Kriegszug gebeten werden:

„Brhaspati! Durchbohre mit deinen glühenden (Geschoß)
wie mit einem Schleuderstein
die Helden des Ausura Vrkadvaras.
Wie du schon früher mutig erschlagen hast,
so erschlage unseren Feind, o Indra!

Herab wirf den Stein vom Himmel hoch,
mit dem du (soma) berauscht den Feind aufreiben wirst!

21 Schneider, Ulrich: Der Buddhismus. Darmstadt 1997, S. 58.
22 Mylius, Klaus (Hrsg.): Die Vier Edlen Wahrheiten. Texte des ursprünglichen Buddhismus. Leipzig 1988, S. 18.

Beim Gewinnen von vielfacher, fortlaufender Nachkommenschaft
hälfte dann für uns, Indra, die Kühe!

Mit unseren heldenhaften Kriegern, du Held,
führe die Heldentaten aus, die von dir zu tun sind!
Schon lange sind sie ausgeräuchert worden.
Erschlage sie und bring uns ihre Güter!"

Rig-Veda II.30, Verse 4,5 und 10[23]

Wahrlich, Worte ewiger Wahrheit und Wissens! Die ältesten göttlichen Bücher der Menschheit sind eine wilde Mischung aus Bittgebeten, Schmeichelliedern, obskuren Zaubersprüchen, einer oft menschenverachtenden Ethik und fantastischen und widersprüchlichen Spekulationen. So „wissen" die Veden, mit ihnen die Indoarier und viele andere alte Völker, dass die Erde flach ist, „ursprünglich schwankend und auf einem unterirdischen Wasser" ruht und vom Weltozean umgeben ist. Nachts durchquert diesen Ozean die Sonne vom Westen zum Osten, um dort am Morgen wieder aufzugehen (so erklärten sich auch die alten Ägypter den Wechsel von Tag und Nacht). Die Sterne sind Löcher im Himmelsgewölbe hinter denen ewiges Licht scheint.[24]

Den Ursprung dieser Texte Göttern zu unterstellen käme einer Beleidigung ihrer Intelligenz, ihrem Wissen und ihrer Moral gleich. Diese Unterstellung ist auch nicht notwendig, denn die Veden erklären sich als eine schriftlich fixierte Sammlung typischer Glaubensvorstellungen und Glaubenspraktiken archaischer Stämme. Sie bildeten im Laufe der Geschichte größere Gemeinschaften und schließlich Adelsgesellschaften. Dementsprechend veränderten sich die kulturellen Entwicklungen, zu denen auch die Religion gehört. Die Veden sind also nicht der „Urquell aller Religionen" sondern Dokumente stammesgeschichtlicher Religiosität.

Der Hinduismus, Erbe der Veden, war und ist ein grotesk abergläubisches System, welches immer noch die soziale und ökonomische Entwicklung Indiens stark behindert. Dass im heutigen Indien

23 Witzel / Tohshifumi Goto (Hrsg.): RIG-VEDA, S. 400/401.
24 Siehe ebenda, S. 461.

noch viele Menschen versuchen, Krankheiten mit Dämonenaustreibung zu heilen, mag man als harmlos ansehen. Keineswegs harmlos ist es, wenn in geheimen Riten Menschen geopfert werden;[25] denn um die zuständigen Gottheiten gnädig zu stimmen, muss Blut fließen, bevorzugt das kleiner Mädchen. Politiker wollen auf diese Weise ihre Wiederwahl fördern, Ehepaare ihre Kinderwünsche erfüllen und Bauern eine gute Ernte sichern.

Indische Wohnungseingänge schmückt oft das Bildnis der Göttin Lakshmi, der Göttin für Wohlstand und Glück. Mit den Schriftzeichen *Shubh Labh*, Guter Gewinn, an Hauswände angebracht, soll Geldsegen angelockt werden. Man fragt sich, warum Indien seit Jahrhunderten von Armut und Krankheit heimgesucht wird, wenn es so hilfreiche Götter kennt und die besten Beziehungen zu ihnen unterhält.[26]

Fatal für die gesellschaftliche Entwicklung Indiens erwies sich vor allem die inhumane, völlig mitleidslose Kastenideologie. Unter dieser Ideologie leidet bis heute die gesamte indische Gesellschaft, bis auf eine winzige Oberschicht. Bis heute legitimiert diese Ideologie extremen Hautfarbenrassismus und extreme materielle Ausbeutung.

---

25 Siehe Krack, Rainer: Kulturschock Indien. Fernwald 2007. Auch in der Frankfurter Rundschau vom 3.1.2002 wird von einem geopferten siebenjährigen Mädchen berichtet.

26 Siehe Krack, Kulturschock Indien. Hier finden sich weitere Beispiele.

II.1.3 Opfertheorie und Wiedergeburt

II.1.3.1 Wiedergeburt in den Veden

Viele westliche Menschen meinen, in Asien, zumindest in Indien, hätten die Menschen schon immer an die Wiedergeburt geglaubt. Wiedergeburtsgläubige würden sagen: Die Inder haben schon immer um die Wiedergeburt gewusst und auch bei vielen anderen Völkern habe ein solches Wissen existiert.

Aber das Rig-Veda, das älteste vedische Buch, weiß noch nichts von Wiedergeburt. Bei den vedischen Ariern gab es „zunächst auch nur die in vielen Kulturen verbreitete einfache Vorstellung, der Tote 'lebe' im Grab oder als 'Geistwesen' in der Nähe seiner Verwandten weiter und könne ihnen womöglich Schaden und Unheil zufügen. Andere frühe Vorstellungen gingen davon aus, die Toten würden entweder gänzlich zerstört oder existierten, wie im homerischen Hades, in einer düsteren Unterwelt im Schoß der Mutter Erde."[27] Grabbeigaben und Begräbnisrituale sollten in erster Linie vor den Toten schützen, unwissentlich unterstützten sie natürlich den Zusammenhalt der Gruppe.

Spätere Dichter-Priester des Rig-Veda glaubten an ein automatisches Weiterleben in einem Jenseitsrevier des Stammes und an einen „schrecklichen dunklen Ort ohne Essen und Trinken und Nachkommen"[28] an dem gefoltert wird. Diese Folterkammern drohten denen, die gegen die vedischen Normen verstießen, vor allem aber den Mördern der Priester, den späteren Brahmanen. Das Jenseitsrevier des Stammes wurde, wie bei den meisten anderen Völkern, als eine angenehmere Variante der diesseitigen Lebenswelt vorgestellt. Die Priester der Rig-Veda hegten aber schon die Hoffnung, „dass die Götter ihnen zu einer Wiedergeburt im Himmel verhelfen können".[29] Die Priester glaubten, dafür müssten bestimmte

27 Schlensog, Stephan: Der Hinduismus. München / Zürich, 2006. S. 80.

28 Witzel / Tohshifumi Goto (Hrsg.): RIG-VEDA. Das Heilige Wissen, S. 462.

29 Freiberger, Oliver / Kleine, Christoph: Buddhismus. Göttingen 2011, S. 198. Siehe auch für Folgendes ebenda.

Rituale von den Hinterbliebenen korrekt ausgeführt werden. Wurden sie falsch oder gar nicht verrichtet, gelangte man in die „Welt der Väter“. Aus ihr fiel man irgendwann hinab und wurde in der Menschenwelt wiedergeboren.

In der mittleren vedischen Periode (1.000-700 v.u.Z.) kommen nicht mehr alle Toten in das Jenseitsrevier oder an den dunklen Ort, „einige gehen anderswohin und kein Ziel scheint von Dauer zu sein“. Es entwickelt sich eine brahmanische Erlösungslehre: ein Mann, der ein besonderes Opfer bringt, „kann dadurch den Himmel gewinnen“[30], also bei den Göttern wohnen, statt bei seinem Stamm im Jenseits.

Aber erst in den Upanischaden, die um die Zeit Buddhas entstanden, entwickelten sich vollständige Erlösungstheorien, verbunden mit der Vorstellung automatischer Wiedergeburten auf Erden oder in anderen Sphären. Was begab sich da auf die Jenseitsreisen und wurde wiedergeboren?

II.1.3.2 *atman* und *brahman*

In den Upanischaden wurde das, was wiedergeboren wird, meist *atman* genannt. Es wird mit Ich, Selbst oder Seele übersetzt. Religiös verstanden ist Seele das Ding, welches den Tod überlebt. Wie kamen die Menschen überhaupt auf die Idee, dass es etwas geben könnte, welches den Tod überlebt, da Verstorbene doch offensichtlich zerfallen?

Zwei nicht fassbare Phänomene sind am Menschen wahrnehmbar, der Atem und der Schatten. Der Atem verflüchtigt sich beim Sterben, aber was geschieht mit ihm und wo geht er hin? Der Schatten scheint auf jeden Fall weiterzuleben, ihn traf man, wenn man im Traum Toten begegnete. In Trance stieg man in das Schattenreich hinab, in dem schattenhafte Verstorbene herumgeisterten. Der Atem oder die Atemseele, so spekulierten die Inder, stieg vielleicht in den

30 Siehe Gombrich, Richard: Der Theravada-Buddhismus. Stuttgart / Berlin / Köln 1997, S. 50.

Himmel auf. Die ursprüngliche Bedeutung von *atman* ist „wohl Atem“ und „Hauch“.[31]

Aber wie viele andere Völker, kannten auch die indischen mehr Seelen als die Schatten- und Atemseele. So die Denk-, Ohr- und Augenseele. Jedes Sinnesorgan sollte eine eigene Seele besitzen, die wie alle Seelen aus feinstofflicher Natur gewirkt vorgestellt wurden.

Die indische Religionsgeschichte brachte zahlreiche Wiedergeburts- und Jenseitsfantasien hervor. Eine aus den Upanischaden lautete: Der Atem und mit ihm die Atemseele, verströmt beim Tod in den Wind und steigt mit diesem zum Mond empor, der mit den vielen Atemseelen wie eine Schwangere anschwillt. Der Mond ist das Tor zur himmlischen Welt und wie bei einer irdischen Stadt verwehren Wächter zuerst einmal den Einlass. Die Atemseelen, die das Losungswort wissen, werden eingelassen (es ist also das richtige Wissen, durch welches man in den Himmel gelangt), die unwissenden Atemseelen gelangen als Regentropfen wieder auf die Erde. Die Heimat des Regens ist der Mond, wenn er abnimmt, entleert er sich von den Regentropfen. Sie verkörpern sich auf der Erde zum Menschen und zwar über die Kette „Regen-Pflanzen-Nahrung-Sperma“[32]: Der Regentropfen wird von der Pflanze aufgesaugt, diese von einem Tier oder direkt von einem Mann gegessen. In ihm geht er in das Sperma ein, welches die Frau austrägt.

Ein anderes Wort für den Atem war *prana.* In den Upanischaden verschmilzt *prana* mit *atman*, und diese wiederum werden zum „Seelenmännchen“, *purusa,* das im Innern eines jeden Menschen sitzt, vorzugsweise im Herzen. Das Seelenmännchen wandert zwischen Wachzustand, Traum und Tiefschlaf hin und her. Der Ursprung dieser Vorstellung ist, wie so oft, ein ganz einfacher. In diesem Fall das eigene Spiegelbild, das wir in den Augen eines Gegenübers sehen. Da der Mensch zwei Augen hat, kamen die alten Inder auf die Idee, in einem Auge wohne ein Mann und im anderen eine Frau, die sich im traumlosen Tiefschlaf vereinigen.

31 Schlensog, Stephan: Der Hinduismus. München / Zürich, 2006, S. 111.
32 Ebenda. S. 127.

So wie sich das Atman-Purusa-Seelenmännchen zwischen den drei Zuständen Wachbewusstsein, Traumbewusstsein und Tiefschlaf hin und her bewegen kann, so kann es sich nach dem Tod in den Jenseitswelten hin und her bewegen. Im Himmel ist das Seelenmännchen frei von allen Begierden, frei von Verlangen und Furcht. Wie „von einer geliebten Frau umschlungen", weiß es „nichts von außen und innen", leidfrei genießt es das „höchste Glück",[33] die Brahma-Welt.

Ungefähr zeitgleich mit den griechischen Denkern, versuchten auch die indischen hinter die mythischen Welterklärungen, Erklärungen mittels personifizierter Wesen, zu gelangen. Sie versuchten das erste Prinzip zu finden, aus dem die Welt entstanden war und auf dem sie vielleicht ruht. Das geschah aber wieder auf dem Umweg über Götter, Götter mit Namen wie Prajapati, Visvakarman, Purusa, Brahmanaspati und später Visnu und Siva.

Der anfangs mit menschlichen Zügen gedachte Brahmanaspati wurde immer mehr als Geist, schließlich als „reines Bewusstsein" vorgestellt, bis er sich zu der „allumfassenden und alles durchdringende 'Weltseele' Brahman" ausweitete.

Parallel mauserte sich *atman* vom flüchtigen Hauche „zum feinstofflichen, individuellen 'Selbst'",[34] zum inneren unsterblichen Lenker, zum „Seher des Sehens", „Hörer des Hörens" , „Denker des Denkens", dem „aus Erkenntnis bestehenden im Herzen innerlich leuchtende Geist". [35] Und schließlich zu Etwas über das nichts gesagt werden kann, auf den keine Aussage zutrifft, *neti, neti*, nicht so, nicht so, wie die berühmte Formel lautet.

Das *neti, neti* darf man nicht wörtlich nehmen, denn es wurde ja einiges über das *atman* behauptet und einiges aus ihm gefolgert. Bei der Suche nach dem Urgrund, dem Anfang der Welt, kam man über einige Umwege nämlich wieder zu *atman*.

---

33 Aus der BrhadaranyakaUpanisad (BAU) zit. nach Schlensog, Stephan: Der Hinduismus. München / Zürich, 2006, S. 109/110.

34 Schlensog, Stephan: Der Hinduismus. München / Zürich 2006, S. 82.

35 Ebenda, S. 113.

In manchen Upanischaden wird das Wasser als Urgrund der Welt bezeichnet, in anderen der leere Raum, in wieder anderen das Nichtsein, schließlich verfiel man auf eine geniale Lösung: So wie das Atman, die Seele, nun reines unsterbliches Bewusstsein war, so muss es auch der Anfang gewesen sein. Aus diesem Bewusstsein gingen dann der leere Raum, der Wind, das Feuer und schließlich das Wasser hervor. Damit war das individuelle Selbst, das *atman,* auch der schöpferische Urgrund. Für diesen Urgrund wurde aber auch der Begriff Brahman gebraucht und die folgenschwere Gleichung lag nahe: Atman ist Brahman, Einzelseele ist Weltseele.

Als der Buddhismus die Existenz eines *atman* zu bestreiten begann und sein Nirvana konzipierte, geschah das vor dem Hintergrund dieser Vorstellungen. Fazit: Weder gibt es *die* indische Wiedergeburtslehre, noch die Karmatheorie, sondern es gibt deren sehr viele. Gemeinsam wird ihnen, ab der Zeit der Upanischaden, dass irgendetwas in einen Kreislauf des Leidens eingespannt sein soll, in verschiedenen Leidenssphären immer wieder geboren wird, bis es einen erlösenden Weg aus diesem Kreislauf gefunden hat. Über die Erlösungswege und das, was erlöst werden soll, gingen die Vorstellungen aber auseinander.

II.2 Die Bedeutung von *Dharma*

II.2.1 Ursprüngliche Bedeutung von *Dharma*

Die oberste brahmanische Pflicht war und ist es, die *sruti*, die vedische Lehre, zu bewahren. Die ganze brahmanische Ideologie beruht auf diesem Anspruch: „Die *sruti* ist ewig wahr und unfehlbar. Sie lehrt den Menschen, was zu tun ist.“[36] Damit sind die Brahmanen die Hüter der vedischen Lehre.

Die Veden sagen den Menschen nicht nur, was sie tun müssen, sondern auch wie die Welt geordnet ist, wie sie funktioniert, von den kleinsten bis zu den größten Dingen. Diese kosmische Ordnung wurde mit dem Wort *Rta* bezeichnet und nicht, wie heute üblicherweise zu lesen ist, mit *Dharma*.[37] Mit *Dharma* war im Veda zuerst nur die rituelle Ordnung gemeint.

Jede Handlung, jede Haltung, jedes Ding schien seinen Sinn und Zweck zu haben und damit das Ganze eine große Ordnung zu bilden. So hatte das Messer den Sinn und Zweck gut zu schneiden, das Wasser den zu fließen und den Durst zu stillen, das Feuer, „Verunreinigungen zu verbrennen, Wärme zu spenden oder die Opfergaben zu den Göttern emporzutragen“.[38] *Dharma* meinte irgendwann auch diese individuelle Funktionen und Aufgaben der Dinge, ebenso Verhaltensregeln und ethischen Werte. Wurden sie nicht beachtet, ging die Gesellschaft zu Bruch, so wie Dinge zu Bruch gehen, wenn sie nicht ihrer Funktion und Aufgabe, ihrem *Dharma* gemäß, behandelt werden. Deshalb muss das *Dharma* erhalten werden „und zwar durch die Aryas [Arier, AB], denen je nach Alter und Stand verschiedene Aufgaben und Pflichten zugeschrieben“[39] wurden.

Damit, so der Indologe Wilhelm Halbfass, wurde die Kontinuität der „Tradition und Gesellschaft“ gewahrt, ebenso „die Ordnung und

36 Gombrich, Richard: Der Theravada-Buddhismus. Stuttgart / Berlin / Köln 1997, S. 42.

37 So Schlensog, Stephan: Der Hinduismus. München / Zürich 2006. S. 138.

38 Ebenda, S. 139.

39 Ebenda.

Regelhaftigkeit des Kosmos“ und der „physischen Welt“. „Es sind die heilige Tradition und das ihr entsprechende Verhalten der Arya, die für die Balance und Ordnung auch der physischen Welt wichtig sind: Insofern gehen Kosmos und Gesellschaft, Ethik und Physik in der Tat ineinander über; und in diesem Sinne ist der Dharma bzw. der ihn lehrende Veda eine tragende und erhaltende Macht von fundamentaler Bedeutung.“[40]

Dharma ist also nicht nur ein Schlüsselwort des Buddhismus, es ist eines des gesamten religiösen Denkens Indiens. Die Wurzel *dhar* bedeutet tragen, das *Dharma* ist das Tragende, das, was beachtet werden muss, damit das Haus des Seins nicht zusammenfällt. Auf die menschliche Gesellschaft bezogen kann man das Wort *Dharma* am besten mit traditioneller Ordnung wiedergeben. In diesem Sinne wird es auch Buddha im Kanon manchmal in den Mund gelegt. Die Wendung, „dem Dharma gemäß leben“, bedeutete ursprünglich, der traditionellen Ordnung, den traditionellen Regeln gemäß leben.

Diese Bedeutung von *Dharma* entspricht ziemlich genau der frühen Bedeutung des *Dao* in der altchinesischen Kultur, welche ebenfalls die vorgegebene Ordnung, den vorgegebenen Weg meinte, der gegangen werden muss, damit Gesellschaft und Welt reibungslos funktionieren und nicht in Chaos versinken.

Die Vorstellung, es gibt eine uralte, von übernatürlichen Mächten, Göttern und / oder Ahnen vorgegebene Ordnung, die erhalten werden muss, damit die Gemeinschaft, Gesellschaft oder der Staat nicht zu Grunde geht, findet sich wahrscheinlich bei allen alten Völkern. Veränderungen bedeuten ja immer ein Risiko, besonders für die Menschen, die von den bestehenden Verhältnissen profitieren.

40 Zit. nach Schlensog, Stephan: Der Hinduismus. München / Zürich 2006, S. 139.

II.2.2 Die Bedeutung von *Dharma* im Buddhismus

Im Buddhismus wird das Sanskritwort *Dharma*, Pali *Dhamma*, unter anderen mit folgenden Bedeutungen gebraucht: für die *Lehre* Buddhas, für *Wahrheit,* für *Gesetz,* für die *Gesamtheit aller Phänomene,* für die *tragenden Gegebenheiten* der Welt, für die *kleinsten Bestandteile des Universums*.

Im Frühbuddhismus verstand man unter *dharmas* (kleingeschrieben) die tragenden Gegebenheiten der Welt und das in einem durchaus materiellen Sinn. So galten die Elemente Feuer, Wasser, Erde und Wind als *dharmas*, ebenso der Raum und die Gedanken. Die Elemente Feuer, Wasser, Erde, manchmal Holz und Wind wurden, auch von anderen antiken Naturphilosophien, namentlich den griechischen und chinesischen, als die „tragenden" Elemente des Universums betrachtet.

Das *Buddhadharma,* die Lehre des Buddha (Bedeutung 1), zu bewahren, sehen Buddhisten als ihre vornehmste Aufgabe. Die Buddhisten unterscheiden sich hierin also nicht von den Brahmanen, deren vornehmste Aufgabe ebenfalls in der Bewahrung der Lehre besteht.

Ein wirklicher Buddhist zu sein heißt, gemäß dem *Buddhadharma,* der Lehre Buddhas, zu leben. Die Lehre Buddhas ist sowohl beschreibend, wie vorschreibend: Sie sagt, wie es ist und was zu tun ist (wenn man das Leiden überwinden will). Dort, wo sie die Welt beschreibt, ist sie die *Wahrheit*, dort, wo sie sagt, was zu tun ist, ist sie *Gesetz.*[41]

Wie die vedische Lehre existiert auch der *Buddhadharma*, die buddhistische Lehre, seit ewigen Zeiten. Er existiert unabhängig von Menschen und Göttern, unabhängig davon, ob er von jemandem gehört wird.[42]

Weder die vedische Lehre, noch die Buddhas sind also von Menschen geschaffen, sie sind irgendwie und irgendwo da und müssen

41 Siehe Gombrich, Richard: Der Buddhismus als Weltreligion, in: Bechert, Heinz / Gombrich, Richard (Hrsg.): Der Buddhismus. München 1984, S. 24.

42 Siehe ebenda, S. 42

nur gehört und / oder gesehen werden. Deshalb konnte Buddha auch sagen: „Wer mich sieht, sieht den Dhamma, und wer den Dhamma sieht, sieht mich.“[43] Eigentlich müssten also die Veden und Buddha das Gleiche lehren. Sie tun es aber, wie wir noch sehen werden, in vielen Hinsichten nicht.

Die Aufgabe der Brahmanen, die Bewahrung der Lehre, übernahmen im Buddhismus die Mönche, die „Söhne des Sakyamuni“. Und wie im Brahmanismus nur die Brahmanen erlöst werden konnten, konnten es im Buddhismus faktisch nur die Mönche. Mönch war, wer Zuflucht genommen hatte zu Buddha, der Lehre und dem Sangha, das heißt, wer dem buddhistischen Orden angehörte. Und nur die Mönche hatten Zugang zur erlösenden Lehre, dem *Dharma*. In der Praxis kannten auch im Mahayana nur die Mönche den *Dharma*, denn die wenigsten Laien hörten ihn oder konnten ihn gar lesen. Erst im 19. Jahrhundert, mit der Einführung westlicher Schulen und Drucktechniken in buddhistischen Ländern, wurde auch größeren Laienkreisen der *Dharma* zugänglich.

Naturgesetze kann man nicht ändern, soziale Verhältnisse schon. Versteht man die sozialen Verhältnisse aber quasi als Naturgesetze, als Teil des *Dharma*, wie es die Brahmanen taten, dann läuft das auf die Konservierung der sozialen Verhältnisse hinaus. Sehen wir uns die sozialen Verhältnisse zurzeit Buddhas an.

43 Zitiert nach Gombrich, Richard: Der Theravada-Buddhismus. Stuttgart / Berlin / Köln, 1997 [1. Ausg. London 1988], S. 20.

II.3 Die sozialen und politischen Verhältnisse zur Zeit Buddhas

Alles was uns über die sozialen Verhältnisse und über historische Ereignisse zur Zeit Buddhas bekannt ist, wissen wir aus der buddhistischen Literatur und diese entstand ein paar Hundert Jahre nach dem Ableben des Meisters. Mit anderen Worten, die ältesten schriftlichen Zeugnisse über die indische Geschichte sind, neben wenigen griechischen, buddhistische Zeugnisse; die 'hinduistischen' Veden sind zwar früher als die buddhistischen Sutren entstanden, wurden aber erst später schriftlich fixiert.

Das Wirkungsgebiet Buddhas, der Nordosten Indiens, war im 7. Jahrhundert v.u.Z., ein Gebilde von sogenannten Stammeskönigstümern, manche nicht größer als ein deutscher Landkreis, die sich allmählich zu territorialen Großstammestümern zusammenschlossen. Die Macht eines Stammeskönigs oder Fürsten beschränkte sich auf das eigene Stammesgebiet. Gemeinsam unternahmen sie Kriegs- und Beutezüge und beteiligten sich an der Hofhaltung des Großkönigs. Buddhas Vater, Suddhona, war ein solcher Stammesfürst, der seinen Stamm für den Großkönig verwaltete. Die Städte waren nicht alt und für unsere Verhältnisse nicht groß, sie entstanden zu Beginn des 6. Jahrhundert, vermutlich wenige Jahrzehnte vor Buddhas Geburt. Um diese Zeit wurden die ersten normierten Münzen geprägt und hochwertige Keramik, ein begehrtes Handelsobjekt, gebrannt.[44]

Der Brahmanismus, eine Religion des Dorfes, musste sich den städtischen Bedingungen anpassen. Die Dorfbrahmanen lebten nicht nur von ihrer Priestertätigkeit, sie waren auch immer so etwas wie Nebenerwerbslandwirte. Die ersten Anhänger Buddhas kamen überwiegend aus den durch die Stadtgründungen entstandenen neuen sozialen Schichten, vor allem der ökonomisch immer wichtiger werdenden Schicht der Kaufleute. Auch eine Schicht städtischer Brahmanen, die verschiedenen, oft mehreren Berufen nachgingen, hatte sich zur Zeit Buddhas herausgebildet.

44 Siehe Schlensog, Stephan: Der Hinduismus. München / Zürich, 2006. S. 91.

In der frühen vedischen Gesellschaft (1500-1000 v.u.Z.) gab es vermutlich vier soziale Hauptklassen: Herrscher (Krieger), Priester (Brahmanen), gewöhnliche Freie und Sklaven.

Ein Mythos, der sich schon im Rigveda (10,90; 11:12) findet, erzählt vom Urriesen Purusha, aus dessen Körperteilen die ersten Menschen entstanden sein sollen: Aus dem Kopf die Brahmanen, den Armen die Krieger, den Schenkeln die Freien und aus den Füßen die Sudras, die Diener der oberen drei. Dieser Mythos sollte nicht nur den Ursprung der Kastengesellschaft erklären, sondern die Brahmanen über die Krieger stellen, welche eigentlich die oberste, weil mächtigste Kaste bildeten.

Die Vierteilung wurde von den Brahmanen idealisiert und über die Jahrtausende fortgeschrieben. Diese Gliederung ist noch heute gebräuchlich. *Varna,* das Sanskritwort für Kaste, bedeutet so viel wie Klasse und Farbe. Kaste ist ein Wort lateinischer und portugiesischer Herkunft, und meint Reinheit und Rasse. Es trifft aber die Sache sehr gut, denn tatsächlich waren die sozialen Unterschiede mit einem Hautfarbenrassismus verbunden, worauf *Farbe* als eine Bedeutung für *Varna* hinweist. Jeder *Varna* wurde eine Farbe zugeordnet und bis heute gilt in Indien: Je heller die Hautfarbe, desto höher der soziale Status. Brahmanen gebührt selbstverständlich die 'reinste' Farbe, Weiß.

Die Brahmanen studierten die Veden und legten sie aus. Sie waren damit auch die Intellektuellen der Gesellschaft. Vor allem aber brachten sie für sich und andere Opfer an die Götter dar, nur die Brahmanen wussten um die richtige Art und Weise der Opferriten. Wie zeitgleich im alten Israel war der Priesterberuf bestimmten Familien vorbehalten.

Zu den *Ksatriyas*, den sogenannten Kriegern, gehörten nicht die einfachen Soldaten, sondern nur der herrschende Adel, Könige, Fürsten und die Beamten, die meist mit den Herrscherhäusern verwandt waren. Die Ksatriyas besaßen die politische Macht und sahen sich zurzeit Buddhas auch über den Brahmanen stehend.[45] Aus der

45 Siehe Fick, Richard: Die sociale Gliederung im nordöstlichen Indien zu Buddha's Zeit. Kiel 1897, S. 55.

Sicht der Brahmanen war es ihre Aufgabe, das Volk zu beschützen und Almosen zu geben. In Wirklichkeit beraubten und beuteten sie das Volk gnadenlos aus.[46] Der Indologe Klaus Mylius spricht von „monarchischem Despotismus".[47] Auch die Kriegerkaste studierte die Veden, und ungefähr ab der Zeit Buddhas trug es zur Ausgestaltung der damals entstehenden Upanischaden bei.

Die *Vaisyas,* die dritte Kaste, waren Bauern mit Grundbesitz, Kaufleute und Händler. Wie die Krieger mussten sie Almosen geben, opfern und durften die Veden studieren.

Die Brahmanen, Ksatriyas und Vaisyas bildeten die drei oberen Kasten (Varnas). Sie „galten als zweimalgeboren, weil sie in der Jugend eine als 'zweite Geburt' verstandene Initiation durchliefen",[48] die im Studium der Veden bestand.

Die vierte Kaste, die *Sudras*, waren Handwerker, Pachtbauern und Tagelöhner. Für die Brahmanen hatten sie „nur den einen Beruf, nämlich den andern drei Kasten zu dienen."[49] Das Studium der Veden war ihnen verboten.

Innerhalb der verschiedenen Kasten gab und gibt es Untergruppen, die Jatis, sie sind und waren meist mit einem Familienclan identisch. Unterhalb der Varnas gab (und gibt es) noch zahlreiche andere Berufsgruppen, die aber nicht als Kasten galten. Wer in keiner Kaste war, gehört(e) zur Statusgruppe der *Unberührbaren,* der *Parias,* im Palikanon *Candala* genannt. Sie übten „unreine" Berufe aus, wie Schlächter, Henker, Bestatter; schon der Beruf des Barbier galt als unrein. Ungefähr 25% der indischen Bevölkerung zählen heute zu

46 Siehe Fick, Richard: Die sociale Gliederung im nordöstlichen Indien zu Buddha's Zeit. Kiel 1897, Kap. 4.

47 Mylius, Klaus (Hrsg.): Die Vier Edlen Wahrheiten. Texte des ursprünglichen Buddhismus. Leipzig 1988, S. 17.

48 Freiberger, Oliver: Der Askesediskurs in der Religionsgeschichte. Eine vergleichende Untersuchung brahmanischer und frühchristlicher Texte. Wiesbaden 2009, S. 47.

49 Fick, Richard: Die sociale Gliederung im nordöstlichen Indien zu Buddha's Zeit. Kiel 1897, S. 8.

den Unreinen oder Unberührbaren. Menstruierende Frauen gelten im Brahmanismus bis heute als unrein, im Buddhismus nicht.[50]

Was unterscheidet eine Kaste von den Ständen in anderen feudalen Gesellschaften?

Im wesentlichen zwei Eigenschaften: 1. In anderen feudalen Gesellschaften, wie etwa im antiken Griechenland, war es verpönt, nicht standesgemäß zu heiraten, in der indischen Kastengesellschaft war es verboten. 2. Viel stärker als in anderen Feudalgesellschaften, waren die Angehörigen der oberen Kasten darauf bedacht, nicht in körperlichen Kontakt mit Angehörigen der Parias, der Unreinen zu kommen, vor allem nicht mit Speisen, die von diesen berührt wurden.

Ein Grund für diese strenge Kastenseparierung und Tabuisierung der Unterkasten könnte nicht nur ein ausgeprägter Standesdünkel gewesen sein, sondern, so meine Spekulation, die besonders große Gefahr mit tödlichen Krankheiten angesteckt zu werden, die durch die im Norden verbreiteten Sumpfgebiete ausging. Menschen mit Berufen die mit Toten oder Tötung zu tun hatten, mit Nahrungsherstellung, mit solchen bei denen Menschen berührt werden mussten, wie Hebamme und Barbier, waren wahrscheinlich von solchen Krankheiten besonders häufig betroffen. Vielleicht bildeten die Erfahrungen mit ansteckenden Krankheiten sogar den Ursprung der Blutideologie, der Vorstellung, in den oberen Kasten flösse reineres Blut.

Die Einteilung der Gesellschaft in vier Großgruppen war schon zur Zeit Buddhas illusorisch und ist es heute erst recht. Sie diente vor allem der Legitimierung und Zementierung der angestrebten höchsten sozialen Position der Brahmanen, die in Wirklichkeit der Kriegeradel inne hatte. Allein schon aus der brahmanischen Aufzählung hätte es fünf Großgruppen geben können. In Wirklichkeit gab es viel mehr.

50 Gombrich, Richard: Der Theravada-Buddhismus. Stuttgart / Berlin / Köln 1997 [1. Ausg. London 1988], S. 48.

Auch wenn die Vierkastentheorie nicht die soziale Realität abbildete, langfristig wirkte diese Theorie doch auf sie ein. Die Gesellschaft näherte sich der Theorie zumindest in dem Sinne an, dass sie sich als viergeteilt begriff und die brahmanische Kaste als höchste betrachtete.[51] Im Nordosten Indiens, der Heimatregion Buddhas, bei den „Völkerschaften der Kasi, Kosala, Videha und Magadha“,[52] war der Einfluss der Brahmanen allerdings geringer als in anderen Regionen.

In einem als zuverlässig geltenden Text, aus dem 5. Jahrhundert u.Z., waren um die Zeit Buddhas, von 328 Mönchen und Nonnen 40% Brahmanen, 30% Vaisyas, 23% Ksatriyas, 3% Sudras und 3% (=10 Personen) standen außerhalb dieser vier traditionellen Kasten.[53] „Wenn diese Zahlen irgendwie fundiert sind, zeigen sie, daß der Buddhismus, wenn er auch jeden in den Sangha aufnahm, nicht in erster Linie die Religion der Unterdrückten war“.[54] Allerdings ist es nicht korrekt, dass jeder in die Sangha aufgenommen wurde, so wurden Schwerkranke, Verbrecher und Soldaten nicht aufgenommen und aus verständlichen Gründen auch keine Schuldner.

Die brahmanischen Anhänger Buddhas waren keine Dorfpriester, sondern „eher Stadtbewohner der Oberschicht“. Buddha wird häufig von *gahapatis* eingeladen, damit sind „Haushalter“, Oberhäupter von Haushalten gemeint. Die Haushalte umfassten Verwandte, „Diener und andere Abhängige“. Haushalter gehörten zu den Vaisyas, zur dritten Kaste. Die meisten der Haushalter besaßen Land und Arbeiter, waren also Gutsherren. Viele betätigten sich auch als Kaufleute.

---

51 Siehe Fick, Richard: Die sociale Gliederung im nordöstlichen Indien zu Buddha’s Zeit. Kiel 1897, S. 8.

52 Ebenda.

53 Siehe Gombrich, Richard: Der Theravada-Buddhismus. Stuttgart / Berlin / Köln 1997, S. 64.

54 Ebenda.

Der Buddhismus betrachtete zwar die Kastenzugehörigkeit für die Erlösung als unwichtig, er kritisierte aber nicht die sozialen Verhältnisse, er wies nur das Erlösungsmonopol der Brahmanen zurück.

Schon zu Buddhas Zeiten gab es Aussteiger, das waren in kleinen Gruppen lebende Asketen, die als umherziehende Bettler oder, auf sich selbst gestellt, in den Wäldern Erlösung suchten. Nach Richard Fick war die Praxis der Weltentsagung auf die Länder des Ostens Indiens beschränkt, aber durchaus üblich. Warum diese Praxis aufkam, ist unbekannt, möglicherweise waren die Aussteiger ursprünglich Ausgestoßene nichtarischer Stämme. Zur Zeit Buddhas scheinen sie immer Zweimalgeborene gewesen zu sein, stammten also aus den oberen drei Kasten. Neben Brahmanen gingen vor allem Angehörige der Kriegerkaste, wie auch Buddha einer war, in die „Hauslosigkeit“.[55]

Über die Ursachen der asketischen Bewegung lässt sich nur spekulieren, auf jeden Fall zeigt dieses Phänomen, dass es eine große Unzufriedenheit mit dem Brahmanismus gegeben haben muss und vermutlich auch eine mit den sozialen Verhältnissen. Viele Brahmanen fanden kein Auskommen mehr und viele Krieger scheinen ihren Status gefährdet gesehen zu haben.

Aber alle Verweise auf historische Situationen, soziale und psychologische Motive, die sich hinter den indischen, speziell buddhistischen Lehren verbergen, können nur mehr oder minder plausible Spekulationen sein. Sie können nur auf mögliche Entstehungsgründe hinweisen. Letztlich geht es mir hier um die Wahrheit der Lehre und die Richtigkeit der Praxis des Buddhismus. Sie sind für jemanden, der sich für den Buddhismus aus persönlichen Gründen interessiert, ja auch das Wichtigste.

55 Siehe Fick, Richard: Die sociale Gliederung im nordöstlichen Indien zu Buddha’s Zeit. Kiel 1897, S. 48 u. 52.

III. Die Kernlehren

III.1 Die Schwere des Leidens

„Ihr Mönche, denkt nicht Gedanken, wie sie der weltlich Gesinnte denkt: die Welt ist ewig, oder die Welt ist nicht ewig, die Welt ist endlich, oder die Welt ist unendlich. S 33
...nur eines lehre ich: Das Leiden und die Aufhebung des Leidens." M 22[56]

Buddhismus und Christentum sind zu Recht als Leidensreligionen bezeichnet worden. Die Botschaft beider Religionen lautet, diese Welt ist ein Jammertal, aber wir wissen den Weg aus ihm. Die Wege, die sie vorgeben zu wissen, könnten aber unterschiedlicher nicht sein.

Für einen Buddhisten lehrte Buddha auf eine vernünftige und nachvollziehbare Weise die Ursache des Leidens und die Möglichkeit seiner Überwindung. „Der Dhamma wendet sich ausschließlich an die eigene Erfahrung und Erkenntnis des Menschen, ist also keine, einen voraussetzungslosen Glauben verlangende Offenbarungs-Religion. Er bietet eine erhabene, doch wirklichkeitsnahe Sittenlehre, eine tiefgründige Analyse der Wirklichkeit, sowie praktische Methoden der Geistesschulung und Meditation, – kurz, er bietet um-

56 Zit. nach http://www.palikanon.com/buddhbib/05heilslehre/heilslehre5a.htm.

fassende, klare und verlässliche Führung auf dem gesamten Wege der Leid-Befreiung."[57] So der erste deutsche buddhistische Mönch Nyanatiloka (1878-1957), in der Einführung zu seinem *Wort des Buddha*, erschienen 1906.

Die Leidensbetonung findet sich nicht in animistisch-schamanistischen Religionen und auch nicht in der vedischen und brahmanischen Phase der indischen Religionsgeschichte. Was dafür spricht, dass die Leidensbetonung eine Reaktion auf besonders leidvolle gesellschaftliche Verhältnisse war.

Priester und Ärzte waren und sind von Berufs wegen für Leid zuständig, Buddha wurde gerne mit einem Arzt verglichen. Wie ein solcher soll er die Krankheit Leid diagnostiziert, ihre Ursache bestimmt, Heilung versichert und die Behandlungsmethode gezeigt haben. Mit dieser ärztlichen Vorgehensweise haben wir die Gliederung der Kernlehre der Kernlehren skizziert: die Vier Edlen Wahrheiten. Die anderen Kernlehren lauten: die Drei Kennzeichen der Wirklichkeit, die Lehre vom Abhängigen Entstehen, die Lehre von den Daseinsgruppen, die Lehre von der 12-gliedrigen Wiedergeburtskette und die Lehre vom Karma, der Wiedergeburt und vom Nirvana.

Seinen kürzesten Ausdruck findet die Leidenslehre in den Vier Edlen Wahrheiten, Pali *ariya-sacca.* Buddha soll sie in seiner ersten Rede nach seiner Erleuchtung, der Rede von Benares, verkündet haben. Diese Rede enthielt auch das berühmte „Konzept des Mittleren Weges".

57 http://www.palikanon.com/buddhbib/01wrtbuddhas/01wortbuddhas.htm.

III.1.1 Die Erste Edle Wahrheit

Der wahrscheinlich bekannteste Satz des Buddhismus lautet: Alles Leben ist Leiden.

Mit diesen Worten wird oft die erste der Vier Wahrheiten zusammengefasst, obwohl diese nicht in ihr vorkommen. Wörtlich lautet, „der in den Sutten immer wiederkehrende stereotype Text“[58]

> „Was aber, ihr Mönche, ist die edle Wahrheit vom Leiden? Geburt ist Leiden, Altern ist Leiden, Krankheit ist Leiden, Sterben ist Leiden, Kummer, Jammer, Schmerz, Trübsal und Verzweiflung sind Leiden; das Nichterlangen dessen, was man begehrt, ist Leiden; kurz gesagt: die 5 mit Anhaften verbundenen Gruppen des Daseins (khandha) sind Leiden.“[59]

Wir finden in dieser Wahrheit keine Definition des Leidens, sie zählt nur Beispiele für leidvolle Ereignisse auf. Schon der Indologe Hermann Oldenberg weist, in seiner 1881 erstmals erschienenen Darstellung der Buddhalehre darauf hin, dass sie, mit meinen Worten gesagt, definitionsfaul und klassifikationssüchtig ist. Allerdings sei das, so Oldenberg, typisch für das damalige indische Philosophieren gewesen. Wie oben schon gesagt, liebten die Autoren des Kanons klassifikatorische Listen, am beliebtesten sind Dreier-Listen, selten aber finden sich Definitionen. Bei Listen kann man immer fragen, warum soll ein Phänomen genau so viele Unterphänomene beinhalten, wie gerade aufgezählt, warum nicht mehr, warum nicht weniger? Diese Fragen stellen sich gerade dann, wenn die Definition des Phänomens fehlt, dann ist ja nicht ganz klar, um was für ein Phänomen es sich handelt. Soll zum Beispiel die Aufzählung von Leidensphänomenen in der 1. Wahrheit erschöpfend sein? Gibt es nicht mehr? Sind zum Beispiel nicht auch Unruhe, Neid, Eifersucht oder Scham leidvoll?

58 http://www.palikanon.com/wtb/sacca.html.

59 http://www.palikanon.com/wtb/sacca.html. Wenn nicht anders vermerkt, zitiere ich den Kanon nach www.palikanon.com.

Eigentlich werden in der 1. Wahrheit Leidensursachen und Leiden, ein Gefühl, miteinander vermischt. Geburt, Altern, Krankheit, Sterben sind Ursachen für leidvolle Gefühle. Kummer, Jammer, Schmerz, Trübsal und Verzweiflung sind leidvolle Gefühle. Am Ende werden die Beispiele mit dem Satz zusammengefasst: die fünf mit Anhaften verbundenen Gruppen des Daseins sind Leiden. Sind sie Leiden oder Ursachen von Leiden? Schauen wir, was mit den Daseinsgruppen gemeint ist.

III.1.2 Die Teile des Menschen

Nach damals gängiger indischer Lehre setzt sich der Mensch aus fünf größeren unterscheidbaren Teilen zusammen. Sie werden u. a. mit Formationen, Daseinsgruppen und Haftungsgruppen übersetzt, Pali *khandas,* Sanskrit *skhandas*. Buddha übernimmt diese Lehre. Die Teile sind: 1. Körper, *rupa*, 2. Gefühle, 3. Wahrnehmungen, 4. Wille, *sankhara*, und 5. Bewusstsein, *vinnana*.

Die Körper-Gruppe wird in Pali *rupa* genannt, bei den vier anderen Gruppen handelt es sich um psychische Gruppen die *nama* genannt werden. *Rupa* meint alles, was an einer Person materiell ist. Das Materielle setzte sich für die Inder aus vier Elementen zusammen: Erde, Wasser, Feuer und Wind. Unklar ist, auf was sich die *khandas* beziehen, nur auf menschliche Personen oder auf alle Lebewesen, einschließlich Pflanzen und Tieren. Ich habe in der Literatur keine eindeutige Aussage gefunden. Da in der indischen Philosophie im Allgemeinen zwischen Menschen und Tieren nicht unterschieden wird, oft wird nur von fühlenden Wesen gesprochen, vermute ich, dass sich die *khandas* auf beide beziehen.

Nach Essler / Mamat soll Buddha Pflanzen Empfinden, Erkennen und Bewusstsein abgesprochen haben.[60] Da Pflanzen Nerven fehlen, können sie, nach allgemeinem Verständnis, auch kein Empfinden haben, deshalb auch nicht leiden. Tiere scheinen aber für den

60 Siehe Essler Wilhelm K. / Mamat, Ulrich: Die Philosophie des Buddhismus. Darmstadt 2006, S. 73.

Buddhismus alle fünf Daseinsgruppen zu besitzen. Da stellt sich die Frage, ob alle Tiere, von der Eintagsfliege bis zu den Primaten, ein Bewusstsein haben und ob dieses ein Karma würdiges ist, das heißt, ob alle Tiere für ihr Tun und damit für ihre Wiedergeburten verantwortlich sein können.

Auf jeden Fall bedeutet der Satz, „die 5 mit Anhaften verbundenen Gruppen des Daseins (*khandha*) sind Leiden", überall wo Körper, Gefühle, Wahrnehmung, Wille und Bewusstsein sind, ist Leiden. Manchmal oder immer?

III.1.3 Was ist Leiden und wie schwer wiegt es?

Psychologie und Umgangssprache unterscheiden meist zwischen Leiden und Schmerzen. In der Regel bezeichnen wir mit Schmerzen unangenehme Gefühlsreaktionen auf körperliche Beeinträchtigungen, wie beispielsweise Zahnschmerzen. So auch im Kanon, in DN 22 heißt es: „Was da körperlich schmerzhaft und unangenehm ist, durch Körpereindrücke bedingt an schmerzlichem und unangenehmem Gefühl besteht: Das, ihr Mönche, nennt man Schmerz."[61]

Dagegen meinen wir mit Leiden in der Regel unangenehme Gefühlsreaktionen auf nichtkörperliche Beeinträchtigungen, wie etwa Trauer bei Verlust eines nahen Angehörigen oder Wut bei Verwehrung eines Wunsches. Leid ist also ein unangenehmes Gefühl, welches meist *nichtkörperliche* Ursachen hat. Die Grenzen zwischen Schmerzen und Leiden sind aber fließend, da körperliche Schmerzen oft psychische Leiden nach sich ziehen und umgekehrt.

Nun behauptet der Buddhismus, alles Dasein soll elend, unbefriedigend und dem Leiden unterworfen sein: manchmal, häufig, überwiegend oder immer?

Der Kanon zählt „3 Arten des Leidens" auf:

1. *dukkha-dukkhata*. Eine sehr unklare Leidensart. Nach Nyanatiloka soll damit „das körperlich oder geistig wirklich empfundene

61 Zit. nach: http://www.palikanon.com/buddhbib/08wegerlos/weg_erlos01.htm.

Leidensgefühl“[62] gemeint sein. Gibt es ein nichtempfundenes und nichtwirkliches Leiden? Nach Interpretation von Essler/Mamat soll es „das Leiden am Leiden“[63] meinen. Das klingt nach wörtlicher Übersetzung, aber was sollen wir uns unter dem Leiden am Leiden vorstellen? Ein allgemeines Leiden, angesichts der häufigen Leidensvorkommnisse? Eine Art Metaleiden?

2. *sankhara-dukkhata,* das Bedrücktsein „durch das immerwährende Entstehen und Vergehen“, das Leiden also, welches die Vergänglichkeit auslöst.

3. *viparinama-dukkhata,* das Bedrücktsein durch das Wissen, dass „alle angenehmen und glücklichen Gefühle infolge ihrer Vergänglichkeit den Keim des Leidens in sich tragen“.[64] Sie soll das „das umfassende Leid“ sein, welches in allen Daseinsformen „gleichermaßen vorhanden“ ist, „und zwar in einer sehr feinen und tiefgründigen Weise“. Es ist immer „vorhanden, ob wir das Leid der Schmerzen oder Glück oder aber keines von beiden erleben“. So Lama Gonsar Tulku, der in der Tradition der Gelugpa-Schule lehrt, einer der vier großen Schulen des tibetischen Buddhismus.

Die Ursache des umfassenden Leids, so Gonsar Tulku, ist unsere „grundsätzliche Unfreiheit“, keiner von uns habe die Freiheit „über den Vorgang der Geburt, des Alterns, des Erkrankens und des Sterbens“ selber zu entscheiden, auch nicht wann, wie, bei wem und „in welcher Umgebung“ wir wiedergeboren werden.[65] Außerdem widerfährt uns im Leben „unfreiwilligerweise viel Unerwünschtes: Wir werden etwa wütend, obwohl wir eigentlich gar nicht wütend sein wollen; wir werden krank oder erleben anderes körperliches Leid, ohne dass wir dieses erleben wollen; und wir erleben geistiges Leid, ohne dass wir mit diesem Bekanntschaft haben machen

62 http://www.palikanon.com/wtb/dukkhata.html.

63 Essler Wilhelm K., Mamat Ulrich: Die Philosophie des Buddhismus. Darmstadt 2006, S. 39.

64 Siehe: http://www.palikanon.com/wtb/dukkhata.html.

65 Gonsar Tulku: Philosophische Grundlagen des Buddhismus 1. Die Vier Edlen Wahrheiten, Karman-Klesa-Avidya. Vorlesungen am Institut für Philosophie der Universität Frankfurt. Frankfurt am Main 2006, S. 11.

wollen." Wir leiden also, ohne dass wir es wollen. Und wir haben „keine Kontrolle über unseren Geist; wir haben keine Freiheit darüber, in welchen Zustand er fällt". Auch die „Tiere und überhaupt alle Wesen im Bedingten Bestehen" haben alle „keine Freiheit über Geburt und Tod; und sie haben insbesondere keine Freiheit über den Zustand ihres Geistes".[66]

Ob diese Deutung der ursprünglichen Bedeutung von *viparinama-dukkhata* tatsächlich entspricht, sei dahingestellt, sie zeichnet sich auf jeden Fall durch einen außerordentlichen Anspruch aus, den Gonsar Tulku sagt nichts anderes als: wir leiden, weil wir nicht allmächtig sind.

Aber sind diese drei Leidensarten wirklich Leidensarten? Es handelt sich doch hier um verschiedene Leidensgründe: 1. Schmerz oder Leid als Leidensgrund 2. Vergänglichkeit als Leidensgrund und 3. Unfreiheit als Leidensgrund. Auch hier stellt sich die Frage, gibt es nicht noch mehr Leidensgründe und damit vielleicht Leidensarten? Als Reaktion auf die genannten drei Leidensgründe sind beispielsweise die leidvollen Gefühle der Angst, Trauer oder der Wut möglich. Wäre es nicht sinnvoller, die verschiedenen unangenehmen Gefühle, wie Angst, Unruhe, Sorge, Scham und Trauer, als Leidensarten zu bezeichnen?

Die Frage aber war hier: Begleiten uns unentwegt leidvolle Gefühle und beherrschen sie uns so stark, dass wir dieses Universum um jeden Preis verlassen wollen oder verlassen wollen sollten?

Bei diesen Fragen haben wir das Leiden eines (fiktiven) Durchschnittsmenschen vor Augen, denn natürlich leiden die Menschen unterschiedlich stark, abhängig von vielen Faktoren.

Für Nyanatiloka bezieht sich die Erste Edle Wahrheit „durchaus nicht etwa bloß auf Leiden als Gefühl, sondern lehrt, daß infolge des universalen Gesetzes der Vergänglichkeit alle Daseinsphänomene, selbst die höchsten Glückszustände, dem Wechsel und Untergang unterworfen, also elend und unzulänglich sind und ohne Ausnahme

---

66 Ebenda, S. 12.

den Keim des Leidens in sich tragen".[67] Die Erste Edle Wahrheit gibt also auch den Grund für das Leiden an, nämlich Wechsel und Vergänglichkeit? Das stimmt aber nicht, man kann es höchstens hineinlesen.

Aber wenn alles wechselt, tragen dann nicht auch die leidvollsten Zustände den Keim des Glücks in sich?

Im Kanon lehrt Buddha drei Empfindungen: „Freude, Leid, und was weder Freude noch Leid ist. ... Und wiederum habe ich gelehrt: Was immer empfunden wird, gehört dem Leiden an." [68] Genaugenommen eine widersprüchliche Behauptung, denn Freude ist ja das Gegenteil von Leid, aber Buddha und der Buddhismus wollen uns anscheinend sagen, dass trotz der angenehmen Gefühle, gleichgültig wie viele und wie intensiv, ist der Grundbass unseres Daseins Leiden, nur oberflächlich betrachtet sind wir glücklich und freuen uns.

Tatsächlich sind unsere Gefühle meist eine Mischung aus angenehm und unangenehm. Im Hintergrund von Freude, Glück oder Zufriedenheit finden wir oft auch Sorge, Angst und / oder Trauer. Und umgekehrt, Leid ist oft durchmischt mit Hoffnung, Freude und sogar Zufriedenheit, kurz: Das Leben schmeckt überwiegend bittersüß.

Überwiegend heißt aber nicht immer. Aber auch wenn das Leid überwiegt, warum nicht auch Freude, Glück oder Zufriedenheit zu herausragenden Merkmalen des Daseins zählen? Analog dem halbvollen Glas könnte man argumentieren: Weil auch unangenehme Gefühle immer vergehen, ist das Leben letztlich ein schönes. Und das trotz der von Gonsar Tulku beklagten Machtlosigkeit, nicht über unsere Wiedergeburten und psychischen Befindlichkeiten bestimmen zu können.

Spricht für diese Deutungsrichtung nicht, dass die meisten Menschen an ihrem Leben hängen, am liebsten ewig leben wollen? Woody Allen brachte dieses Paradox sinngemäß mit den Worten auf den Punkt: das Leben ist schrecklich, ein Albtraum und viel zu kurz.

---

67 http://www.palikanon.com/wtb/sacca.html.

68 Zitiert nach Oldenberg, Hermann: Buddha. München 1961 [1881], S. 202.

Ein buddhistische Argument für das Übergewicht des Leidens im (durchschnittlichen) Leben lautet: Da es sicher mit etwas Leidhaftem endet, nämlich dem Tod, gilt: gleichgültig wie viel angenehmes es enthielt, das Leiden triumphiert und gewinnt damit das Übergewicht. So verstand unter anderen der Theravada-Buddhist Georg Grimm (1868-1945) Buddhas Leidensphilosophie.[69] Das ist nun überhaupt nicht überzeugend. Warum soll ein negatives Ereignis die positiven überwiegen, nur weil es an letzter Stelle steht? Außerdem: Das Sterben kann leidvoll sein, aber ich kann mir sicher sein, es geht vorbei, wie alles andere auch.

Aber wie schwerwiegend wir das Leiden auch einschätzen, für Buddha steht merkwürdigerweise fest: Nur ein vollkommen leidfreies Leben ist ein lebenswertes Leben. Vollkommene Leidfreiheit muss zwar nicht identisch sein mit absoluter Glückseligkeit, aber trotzdem, ist das nicht ein bisschen kindisch? Ist ein solches Leben überhaupt wünschenswert?

Mit dem Wunsch nach absoluter Leidfreiheit stand Buddha damals allerdings nicht allein und viele Religionen versprechen sie bis heute und noch mehr, nämlich ewige und höchste Glückseligkeit.

Die Gründe für die Leidensbetonung in den feudalen Gesellschaften liegen auf der Hand: Es waren und sind Gesellschaften der Knechtschaft, Sklaverei, der Fronarbeit, der Ausbeutung, des Ausgeliefertseins an die Willkür der Herrschenden und an die Natur.

Zusammenfassung

Die Erste Edle Wahrheit sagt uns nicht, was Leiden ist, sondern gibt uns nur Beispiele für Leiden. In diesen wird nicht zwischen Leidensursachen und dem Leiden selbst, dem jeweiligen leidvollen Gefühl, unterschieden. Ob damit alle Leidensursachen und alle leidvollen Gefühle genannt sein sollen, ist nicht klar.

Die drei Leidensarten, die im Kanon genannt werden, sind Leidensursachen.

---

69 Siehe Grimm, Georg: Die Lehre des Buddho. Freiburg 1988 [1915], S. 32,33.

Es ist auch unklar, ob der Buddhismus behauptet, die Wesen leiden manchmal, häufig, meistens oder vielleicht immer, wenn auch unterschwellig. Auf jeden Fall scheint Leiden für Buddha die Grundbefindlichkeit unserer Existenz zu sein, die so quälend ist, dass sie uns nötigen sollte, diese Existenzform verlassen zu wollen.

Der Wunsch der allermeisten Menschen, dieses Leben möge viel länger, am besten ewig dauern, spricht gegen das Gewicht, das der Buddhismus dem Leiden gibt. Es spricht auch nichts dagegen, schöne Gefühle, wie Freude, Liebe und Glück zu herausragenden Existenzmerkmalen zu zählen.

Trotz dieser Unklarheiten in Bezug auf Definition und Gewicht des Leidens, kann man der Meinung sein, viel wichtiger ist, ob der Buddhismus wirklich weiß, wie wir das Leiden überwinden können. Dafür kann es auf jeden Fall nicht falsch sein, die Ursache des Leidens zu kennen. Diese wird uns in der Zweiten der Vier Edlen Wahrheiten mitgeteilt. Oder haben wir sie schon erfahren, ist es nicht die Vergänglichkeit?

III.2 Die Ursachen des Leidens

III.2.1 Die Zweite Edle Wahrheit

> „Was aber, ihr Mönche, ist die edle Wahrheit von der Leidensentstehung? Es ist jenes Wiederdasein erzeugende, von Lust und Gier begleitete, bald hier bald dort sich ergötzende Begehren *(tanhā)*, nämlich das Sinnliche Begehren, das Daseinsbegehren, das Selbstvernichtungsbegehren."[70]

Mit zeitgemäßer formulierten Texten des Kanons stellte die japanische *Gesellschaft zur Förderung des Buddhismus*, *Bukkyo Dendo Kyokai*, eine buddhistische Bibel zusammen, die kostenlos in Hotels verteilt wird. In ihr erfahren wir genauer, was mit Begehren gemeint ist: „Die Ursache des menschlichen Leidens liegt zweifellos in den irdischen Leidenschaften. Wer nach [der] Wurzel aller Leidenschaften sucht, findet sie in dem Begehren nach Befriedigung lebensnotwendiger [! A.B.] Triebe. Triebhafte Wünsche, die von einem starken Lebenswillen gespeist werden, richten sich auf alles, was begehrenswert erscheint. Mancher Wunsch beinhaltet selbst den Tod. All dies wird die Wahrheit der Leidensursache genannt."[71]

III.2.2 Begehren

Das scheint eindeutig: Die Ursache des Leidens und der Wiedergeburt ist nicht die Vergänglichkeit, es ist das Begehren, die Begierde, die Gier, in manchen Übersetzungen auch Durst, Pali *tanha*, Sanskrit *trsna*. Und dieser Durst tritt in drei Formen auf, als Sinnes-, Daseins- und Selbstvernichtungsdurst.

In der Gier sahen auch andere indische Religionen und alle bekannten damaligen asketischen Sekten die eigentliche Leidensur-

70 Zit. nach http://www.palikanon.comn /wtb/tanha.html.

71 Bukkyo Dendo Kyokai (Gesellschaft zur Förderung des Buddhismus): Die Lehre Buddhas. Tokyo 1984, S. 38. Alle Aussagen dieser buddhistischen Bibel werden mit Stellen aus dem Palikanon belegt.

sache, deshalb war der Hauptzweck der Askese „die Überwindung jeder Form von Gier, von der sexuellen Gier bis zum Haben-Wollen, und bemerkenswerterweise schließt dies sogar das Verlangen nach dem Tode ein“.[72]

III.2.2.1 Begehren, Begierde, Trieb und Gier

Der Kanon unterscheidet zwischen Begehren, *tanha,* Begierde, *ragha,* Trieb, *asava,* und Gier, *lobha.*

Begehren gilt als fundamental, es soll das Haben- und Loshabenwollen umfassen. Begierde und Gier meinen nur das Habenwollen. Das ist eine eigenwillige Unterscheidung, warum soll ich nicht auch danach gieren, etwas los zu werden?

Gier wird definiert als „jedes ‘Hingezogenwerden’ zu einem Objekte vom leisesten Hauche eigensüchtiger Wünsche bis zum krassesten Egoismus“. Hass, *dosa*, wird definiert als „jedes ‘Abgestoßenwerden’ davon, von leichtester Verstimmung bis zu äußerstem Zorne und Übelwollen“.[73] Auch das sind eigenwillige Definitionen, jedes Hingezogenwerden zu einem Objekt als Gier und schon die leichteste Verstimmung als Hass zu bezeichnen, entspricht zumindest nicht unserem üblichen Verständnis dieser Begriffe.

Gier würden wir als eine extreme Form des Verlangens oder Begehrens bezeichnen, Hass als eine extreme Form des Abgestoßenwerdens. Für den Buddhismus scheint aber schon das kleinste Verlangen und die leichteste Abneigung eine befreiungshemmende Gier zu bedeuten. Wenn wir der Frage nachgehen, ob es möglich ist, die Gier vollständig zum Erlöschen zu bringen, müssen wir also nicht zwischen einem natürlichen Begehren und einer eventuell unnatürlichen Gier unterscheiden.

Gier soll „durch unweises Nachdenken über ein anziehendes Objekt“ entstehen und „Haß durch unweises Nachdenken über ein

72 Klimkeit, Hans-Joachim: Die Heilsgestalten des Buddhismus. In: Bechert, Heinz u.a. (Hrsg.): Der Buddhismus I. Der indische Buddhismus und seine Verzweigungen, Stuttgart 2000. S. 233.

73 http://www.palikanon.com/wtb/mula.html.

abstoßendes Objekt".[74] Auch hier müssen wir widersprechen: Gier und Hass entstehen nicht immer durch Nachdenken, sie sind oft spontane, manchmal biologisch programmierte Reaktionen, deren Ursachen wir uns erst durch Nachdenken bewusst werden.

Aber nicht nur die Gier, auch die Triebe, *asava,* gelten als „eine fundamentale Kategorie" und ihre „restlose Vernichtung" ist, wie die Vernichtung der Gier, „identisch" mit der „Erleuchtung oder Befreiung".[75]

Die vier Grundtriebe sollen sein: der Sinnlichkeits-, Daseins-, Ansichts- und Unwissenheitstrieb.[76]

An Begehren gibt es, laut 2. Wahrheit: das Sinnlichkeits-, das Daseinsbegehren und das Selbstvernichtungsbegehren. Sinnlichkeits- und Daseinstrieb entsprechen dem Sinnlichkeits- und Daseinsbegehren der 2. Wahrheit. Warum es aber dann keinen Vernichtungstrieb, dafür einen Unwissenheitstrieb und Ansichtstrieb gibt, erfahren wir nicht.

Die hier genannten Unterscheidungen zwischen Begehren, Begierden, Gier scheinen mir der Listen- oder Klassifikationssucht des indischen Denkens entsprungen zu sein. Sie werden in den Texten auch nicht beachtet, was nicht tragisch ist, weil es sich tatsächlich nur um graduelle Unterschiede handelt.

Sehen wir uns die drei Formen des Begehrens, die in der Zweiten Edlen Wahrheit genannt werden, genauer an.

1. Das sinnliche Begehren (*kama-tanha*)
Mit ihm ist das Begehren nach allen Objekten gemeint, die wir mit unseren Sinnen, also Augen, Ohren usw. wahrnehmen.

2. Das Daseinsbegehren (*bhava-tanha*)
Mit ihm ist nicht nur der Wunsch nach Selbsterhaltung, der Lebenswille gemeint, sondern auch der nach ewigem Leben. Der Buddhismus ist davon überzeugt, dass wir auch oder vor allem deshalb leiden, weil wir fälschlicherweise an ein ewiges Ich glauben. Buddha

74 http://www.palikanon.com/wtb/mula.html.
75 http://www.palikanon.com/majjhima/zumwinkel/m000b.html.
76 http://www.palikanon.com/wtb/asava.html.

meinte, dieser Glaube wird für den, „der an ihm festhält, Kummer, Klagen, Leiden, Qual und Verzweiflung verursachen“[77] (M I, 137-8). Warum? Weil uns dieser Glaube ewig an den Wiedergeburtskreislauf bindet. Müsste es dann nicht genügen, nur diesen Glauben zu überwinden?

Wie so vieles im Kanon unterteilt sich auch das Daseinsbegehren in drei Arten: Das Begehren, in unserer Fünfsinnenwelt zu leben. Das Begehren nach einem feinkörperlichen Dasein in einer übersinnlichen, feinkörperlichen Himmelswelt und das Begehren nach einem unkörperlichen Dasein in einer unkörperlichen Himmelswelt.[78]

Die letzten zwei Welten, keine von ihnen ist das Nirvana, kann höchstens ein Wesen begehren, welche von diesen Welten gehört hat und an ihre Existenz glaubt, es kann kein angeborenes Begehren sein. Angeboren ist vermutlich so etwas wie ein Lebenswille, sonst würden sich die Wesen nicht so sehr gegen ihren Tod stemmen.

Das Daseinsbegehren verursacht Leid, aber nicht, weil wir unbedingt in einem Jenseits ewig leben wollen, sondern weil wir in diesem leidvollen Universum so lange wie möglich leben wollen. Die Angst, das Leben zu verlieren, ist das Leid, welches der Lebenswille verursacht. Den Wunsch, so lange zu leben wie möglich, können wir als Lebenstrieb bezeichnen, auch er scheint in unsere Biologie einprogrammiert zu sein.

3. Das Selbstvernichtungsbegehren (*vibhava-tanha)*

Mit dem Selbstvernichtungsbegehren ist der Wunsch gemeint, dass es kein jenseitiges Leben gibt, dass mit dem Tod das Dasein endgültig erlischt.

Der Wunsch, dieses Leben möge das einzige sein, schafft aus buddhistischer Sicht deshalb Leid, weil er nicht erfüllt werden kann, es geht nach dem Tod weiter, ob wir wollen oder nicht. Da auch

---

77 Lamotte, Etienne: Der Buddha, Seine Lehre und Seine Gemeinde, in: Bechert, Heinz / Gombrich, Richard (Hrsg.): Der Buddhismus. München 1984, S. 49.

78 Siehe http://www.palikanon.com/wtb/bhava.html.

das Daseinsbegehren Leid schafft, kann man sagen, egal, was wir wollen, Dasein oder Nicht-Mehr-Sein, es ist falsch, es schafft Leid.

Buddha wendet sich mit der Behauptung, das Todesbegehren sei leidbringend, gegen die zwei Ansichten, die, wenn sie wahr wären, sein ganzes Unternehmen überflüssig machen würden: den Vernichtungsglauben und den Nihilismus.

Die Anhänger des Vernichtungsglaubens sollen, nach buddhistischem Zeugnis, die Ansicht vertreten haben, dass es ein Ich gibt, dieses aber von den *skandhas,* also von Körper und Psyche, abhängig sei und mit diesen auch zerstört wird. Der Buddhismus behauptet zwar nicht, dass ein Ich den Tod überdauert, denn das Ich ist nur eine Illusion, aber etwas anderes überlebe den Tod.

Der Nihilismus lehrte, ebenfalls nach buddhistischem Zeugnis, der Glaube „an gute Taten und ihre Wirkung sei ein Wahn. Kein Weiterleben gebe es nach dem Tode, sondern der Mensch löse sich beim Tode in die Elemente auf.“ [79] Der Nihilismus lief also auf dasselbe hinaus wie der Vernichtungsglaube.

In den Augen Buddhas führt der „Vernichtungsglaube“ zu einem „moralischen Nihilismus“[80]. Buddha teilte also die irrige Vorstellung, Menschen, welche an keine nachtodliche Existenz glauben, hätten keinen Grund, moralisch zu handeln. Es wäre sicher übertrieben zu behaupten, allein um den moralischen Nihilismus zu vermeiden, behauptete Buddha die Wiedergeburt oder gar die Möglichkeit ewiger Erlösung. Aber selbst wenn blanke Unmoral die Konsequenz des Nihilismus wäre, sie ist kein Argument gegen seine Behauptung, dass der Tod das letzte Wort ist.

Der Buddhismus platzierte sich sozusagen zwischen zwei Positionen in Bezug auf die Frage der Unsterblichkeit, so dass, bis heute, drei Parteien um die Wahrheit in dieser Angelegenheit streiten: 1. Die Materialisten. Für sie beruht der Seelenglaube auf purem Wunschdenken. Zu ihnen gehörten die Nihilisten und die Vernichtungsgläubigen. 2. Die Seelengläubigen. Für sie besitzt der Mensch

79 http://www.palikanon.com/wtb/ditthi.html.

80 Scheel, Theodor: Das Nicht-Selbst. Stammbach/Herrnschrot o.J., S. 66.

einen unzerstörbaren Kern, der sich eventuell ewig in einem paradiesischen Garten verlustieren kann. 3. Die Buddhisten. Sie behaupten eine schwer verständliche „mittlere" Position, keine Seele, aber auch kein Nichts nach dem Tod.

Zum Schluss dieses Abschnitts noch ein Wort zu den Trieben. Der Triebbegriff ist heute in den Wissenschaften umstritten. In der Psychologie versteht man unter Trieb meist eine Begierde, welche durch biologische Programme ausgelöst wird. Als fundamental gelten ihr der Selbsterhaltungs- und der Sexualtrieb.

Gier kann die Folge eines Triebes sein, aber nicht jede Gier wird durch einen Trieb ausgelöst. Gier kann sich durch biologische Programme, durch äußere Reize, aber auch durch (innere) Vorstellungen entwickeln. Dass es einen Trieb zu Unwissenheit und Ansichten gibt, wie der Kanon behauptet, ist mehr als fraglich. Hier sollte man eher von einer psychischen Neigung sprechen, die Neigung, unangenehme Wahrheiten nicht hören zu wollen.

Mit dem „Unwissenheitstrieb" ist auch nur die Unwissenheit über die Vier Edlen Wahrheiten gemeint. Die Postulierung eines solchen Unwissenheitstriebes würde bedeuten, wir hätten einen Trieb in uns, gerade die Lehre Buddhas nicht zur Kenntnis nehmen zu wollen und ebenso einen Trieb falsche Lehren, die anderer Lehrer, zu goutieren, denn nichts anderes ist mit Ansichtstrieb gemeint.

Als weitere Leidensursachen werden in der buddhistischen Literatur das Anhaften und der Hass genannt.

III.2.2.2 Anhaften

Anhaften, *upadana*, ist sicher eine Leidensursache. Nach dem buddhistischen Wörterbuch ist es „ein starker Grad des Begehrens, *tanha*" und wird umschrieben mit „Klammern, Ergreifen: Dummerweise an etwas festhalten, das heißt, es als 'Ich' oder 'Mein' zu betrachten; Dinge persönlich nehmen."[81]

81 http://www.palikanon.com/wtb/upadana.html.

Im Kanon werden vier Formen von Anhaften unterschieden:

1. Sinnliches Anhaften, 2. Anhaften an Ansichten, 3. Anhaften an Regeln und Riten 4. Anhaften am Persönlichkeitsglauben.[82]

1. Das sinnliches Anhaften ist einfach eine zeitliche Verlängerung des sinnlichen Begehrens, ein nicht Loslassen können von dem Haben- oder Besitzenwollen eines Objekts.
2. Das Anhaften an Ansichten meint eine zeitliche Verlängerung des Ansichtstriebs, also das Haften an den für den Buddhismus als falsch geltende Ansichten, etwa die, dass Almosengeben wertlos sei, dass es keine Saat böser und guter Werke gebe, dass die Welt keine Vollendeten kenne.[83]
3. Mit dem Anhaften an Regeln und Riten ist die falsche Ansicht gemeint, *nur* durch die Befolgung von Sittenregeln und die Ausführung von Ritualen werde man erlöst.[84]
4. Eine weitere falsche Ansicht ist der Glaube, es gebe ein Ich. Weder soll es eines geben, das ewig existiert, noch eines, das vernichtet wird, es soll überhaupt keines geben.[85] Der Kanon kennt sogar 20 verschiedene falsche Ich- oder Selbstansichten, an denen man haften kann. So die: Ein Selbst, Ich, eine Seele, schließt den Körper, das Gefühl, die Wahrnehmung usw. ein oder umgekehrt, ein Körper oder Gefühl oder die Wahrnehmung schließt ein Selbst ein. [86]

Wer also nicht die Ansichten des Buddhismus teilt, leidet an einem Ansichtstrieb. Ein Vertreter gegenteiliger Ansichten kann den Buddhisten natürlich genau dasselbe vorwerfen, entweder Ansichten überzeugen oder sie überzeugen nicht.

82 Siehe http://www.palikanon.com/wtb/upadana.html.

83 Siehe http://www.palikanon.com/majjhima/m117n.htm.

84 Siehe http://www.palikanon.com/wtb/upadana.html.

85 Siehe http://www.palikanon.com/wtb/ditthi.html.

86 Sie werden aufgezählt in puthujjano, siehe Nr. 9. Siehe http://www.palikanon.com/abhidham/puggalap/pp118-143.html#pp141t143.

III.2.2.3 Hass

Bei der Nennung der Leidensursachen in buddhistischen Texten findet sich häufig das Trio Gier, Hass und Verblendung, für letztere liest man auch Unwissenheit oder Nichtwissen. Die Drei werden als Geistesgifte oder Wurzeln des Unheilsamen bezeichnet. Hass und Unwissenheit tauchen im Kanon aber erst später auf als die Gier.[87]

Hass ist eigentlich auch nur die negative Seite der Gier. Dinge oder Menschen zu hassen, bedeutet nach Verhältnissen ohne das Gehasste zu gieren. Bin ich gierig nach Reichtum, hasse ich die Armut.

Hass soll „jegliches Festhalten am Persönlichkeitsglauben … durch Abgrenzung. Übelwollen, Abneigung“[88] umfassen. Müsste es dann nicht genügen, den Glauben an ein ewiges Ich – das versteht der Buddhismus unter Persönlichkeitsglauben – zu verlieren? Müssten dann nicht die Anhänger des Vernichtungsglaubens und die Nihilisten frei von Hass gewesen sein?

Aber um den Persönlichjkeitsglauben, und damit Hass und Gier zu überwinden, ist es notwendig, die *Lehre von den Drei Daseinsmerkmalen* oder den *Drei Kennzeichen des Seins* nicht nur zu kennen, sondern tief zu verinnerlichen.

III.2.3 Die Drei Kennzeichen des Seins

> „Ob Vollendete in der Welt auftreten oder nicht, so bleibt es dennoch wahr und unumstößliche Bedingung des Daseins: daß alle Gebilde (sankharas) vergänglich (anicca) sind, daß alle Gebilde (sankharas) leidvoll (dukkha) sind, daß alle Dinge (dhammas) nichtselbst (anatta)sind“ (AN III,137).[89]

So lautet die kanonische Formulierung der sogenannten Lehre von den Drei Daseinsmerkmalen, Pali *ti lakkhana*. Es heißt, diese Lehre

87 Siehe Klimkeit, Hans-Joachim: Die Heilsgestalten des Buddhismus. In: Bechert, Heinz u.a. (Hrsg.): Der Buddhismus I. Der indische Buddhismus und seine Verzweigungen. Stuttgart 2000, S. 234.

88 http://www.palikanon.com/majjhima/zumwinkel/m000b.html.

89 http://www.palikanon.com/angutt/a03_134-146.html#a_iii137.

enthalte die buddhistische Leidens- und Erlösungslehre wie in einer Nussschale. Die ersten zwei Merkmale, Vergänglichkeit und Leidhaftigkeit, sollen sich auch in anderen religiös-philosophischen Weltbildern des alten Indiens finden. Neu ist die Dritte und für eine Religion bis heute einzigartige Behauptung, dass es kein Selbst, keine Seele, kein Ich gibt, denn das, so nach gängigem Verständnis, soll der Begriff *anatta* meinen. Er wird oft auch mit Leere wiedergegeben, wörtlich heißt *anatta* Nichtselbst oder Nichtich. Warum soll diese Lehre nicht nur die Leidens- sondern auch die Erlösungslehre enthalten? Zumindest im Mahayna wird behauptet, das Fehlen des Selbst biete erst die Möglichkeit der Erlösung, denn wo ein Selbst wäre, müsste auch immer Begehren und damit Leid sein. Ein Mahayanaphilosoph meint sogar, wenn es so etwas wie ein Selbst geben würde, könnte es keine Bewegung geben.

III.2.3.1 Was sind *sankharas*?

In einem Satz formuliert heißen die drei Daseinsmerkmale: Alle Gebilde, *sankhara,* sind vergänglich und leidvoll, kein Ding, *dhamma,* hat ein Selbst. Was unterscheidet Gebilde von Dingen? Ob die zitierte Stelle behauptet, dass *alles,* was existiert, vergeht und leidvoll ist, hängt davon ab, was mit Gebilde, *sankhara*, gemeint ist, denn nur ihnen wird Vergänglichkeit und Leidhaftigkeit zugesprochen.

Das Wort *sankhara* haben wir schon kennengelernt, es bezeichnet die vierte der fünf Daseinsgruppen, den Willen. *Sankhara* ist ein etwas unklarer Begriff, manchmal liest man für diese Gruppe das nebulöse Wort Geistesformationen oder Geistesbegleiterscheinungen. Es handelt sich bei *sankhara* in erster Linie um Wünsche, Interessen, Sehnsüchten, Begierden. Antony Fernando schlägt als Übersetzung „emotionale Reaktionen“ vor. Volker Zotz übersetzt es mit Strebungen, Hans Wolfgang Schumann mit Tatabsichten.

Laut Buddhistischem Wörterbuch kann *sankhara* auch gebraucht werden „im Sinne von ‘Gestaltetem’ *(sankhata)*, oder Gebilde“ und damit „alle entstandenen Daseinsgebilde überhaupt umfassen“.[90] Ist

90 http://www.palikanon.com/wtb/sankhara.html.

sankhara in diesem Sinne bei der Lehre von den Drei Daseinsmerkmalen gemeint, würde das bedeuten, alle Dinge, Gebilde, Phänomene unserer Welt sind vergänglich und leiden.

In der buddhistischen Sekundärliteratur bleibt es meist im Dunklen, auf was sich die drei Daseinsmerkmale beziehen. Manche Erläuterungen kann man so verstehen, dass mit ihnen nur fühlende Wesen oder sogar nur Menschen gemeint sind, viele Erläuterungen vermitteln aber auch den Eindruck, dass alles Existierende, Seiende gemeint ist, so der entsprechende Wikipedia-Artikel, in dem es heißt: „Alles ist vergänglich und nichts von ewigem Bestand. … Alles ist dem Wandel unterworfen. … Alles ist dem Leiden unterworfen. … Alle Dinge und Phänomene existieren ohne einen unveränderlichen Wesenskern. Es gibt kein getrenntes, permanentes 'Ich' und keine ewige Seele."

Die Wikipedia-Interpretation der Drei Daseinsmerkmale ist stark kontraintuitiv, wäre sie richtig, müssten auch Berge, Bäume und Wolken leiden. Diese Behauptung irritierte schon Zen-Meister. Plausibler ist es, wenn *sankhara* bei den Drei Daseinsmerkmalen dasselbe wie bei den Daseinsgruppen bedeuten würde, also nur so etwas wie Triebe, Wille, Strebungen, also nur Psychisches.

III.2.3.2 Vergänglichkeit

Vergänglichkeit ist ein zentraler Begriff des Buddhismus. „Ohne tiefen Hellblick in die Vergänglichkeit und Nichtigkeit aller Daseinsgebilde gibt es keinen Eintritt in den Pfad und keine Erreichung der Erlösung. Die zum Stromeintritt führende Einsicht wird häufig als Einblick in die Vergänglichkeit beschrieben".[91]

Vergänglichkeit ist nicht nur das erste der Drei Daseinsmerkmale. „In vielen Texten (z. B. M.22) werden sogar „die beiden anderen Merkmale, Leidhaftigkeit und Unpersönlichkeit," von der Vergänglichkeit, „abgeleitet".[92] Alles vergeht, weil der Mensch aber Dauer wünscht, „für sich selbst und die Objekte seiner Begierde … kommt

91 http://www.palikanon.com/wtb/anicca.html.
92 Ebenda.

es zum Leiden",[93] so der buddhistische Philosoph Volker Zotz. Auch Zotz leitet damit das Leiden von der Vergänglichkeit ab.

Für Oldenberg bedarf für Buddhisten der Satz, „daß das Heil nur da sein kann, wohin Werden und Vergehen sich nicht erstreckt", keines Beweises, der Buddhist setzt die Begriffe Veränderlichkeit und Leiden gleich. Die Vergänglichkeitsbetrachtung dient deshalb als häufiges Mittel zur Begehrensüberwindung. Oldenberg zitiert S 12.66.: „Ob in der Vergangenheit, Gegenwart oder Zukunft, wer auch immer von den Mönchen und Asketen das Liebliche und Angenehme in der Welt als vergänglich, dem Leiden unterworfen und unpersönlich betrachtet, als Unheil und Schrecken, ein solcher überwindet das Begehren."[94]

Was genau aber ist mit Vergänglichkeit gemeint? Dass sich alles in nichts auflöst oder das sich alles verwandelt? „Als Vergänglichkeit gilt der Dinge Entstehen, Vergehen und Anderswerden, oder das Schwinden der gewordenen, entstandenen Dinge. Der Sinn ist der, daß diese Dinge nie in derselben Weise verharren, sondern zergehen, indem sie sich von Augenblick zu Augenblick auflösen",[95] so Nyanatiloka. Anderswerden oder auflösen? Setzen sich Tische aus kleinen unteilbaren Dingen zusammen oder solchen, die sich in nichts auflösen? Eine völlig unwichtige, eine rein akademische Frage? Wie enorm wichtig sie für den Buddhismus ist, wird sich noch zeigen.

Unabhängig von der Frage, ob das Universum aus letztlich unteilbaren Einheiten besteht, die Behauptung, Vergänglichkeit sei die Letztursache des Leidens, ist einfach falsch, die Vergänglichkeit ist in dieser Beziehung in einem gewissen Sinn neutral.

Erinnern uns wir an den Kommentar Nyanatilokas zur Ersten Edlen Wahrheit, er meinte, sie beinhalte, „daß infolge des universalen Gesetzes der Vergänglichkeit alle Daseinsphänomene, selbst die höchsten Glückszustände, dem Wechsel und Untergang unterwor-

93 Zotz, Volker: Geschichte der buddhistischen Philosophie. Hamburg 1996, S. 47.

94 Oldenberg, Hermann: Buddha. München 1961 (1881), S. 202.

95 http://www.palikanon.com/wtb/anicca.html. Als Belegstelle gibt er an Vis. VIII.3, IV(13).

fen, also elend und unzulänglich sind und ohne Ausnahme den Keim des Leidens in sich tragen".[96] Das „also" ist hier nicht gerechtfertigt, denn weil etwas vergeht, ist es nicht automatisch elend, unzulänglich und leidbringend, denken wir nur an die Vergänglichkeit der unangenehmen Dinge.

Aber die Logik, die sich in vielen Aussagen des Kanons finden, lautet tatsächlich: Weil schöne Zeiten vergehen, sind sie nicht wirklich schön, weil leidfreies vergeht, ist es nicht wirklich leidfrei. Dass meine Bergwanderung mit einem besonders mühevollen Aufstieg endet, macht die vorherigen Passagen jedoch nicht hässlich. Die besondere Mühe wird vielleicht sogar mit einem besonders schönen Ausblick belohnt.

Gelingt es mir allerdings nicht, eine schöne Stunde wirklich zu genießen, weil ich immer ihr Ende im Blick habe, bin ich unfähig, in der Gegenwart zu leben, hafte ich an Zukünftigem. Trauere ich später um die schöne Stunde, hafte ich an Vergangenem. Hier ist also nicht die Vergänglichkeit Ursache des Leidens, sondern das Haften an Zukünftigem oder Vergangenem.

III.2.3.3 Leidhaftigkeit

Dass alle Gebilde, *shankaras,* leiden, wenn mit ihnen nur psychische Gebilde gemeint sind, ist trivial. Nicht trivial wäre es, wenn wir erfahren würden, in welchem Maße sie leiden, ob manchmal, überwiegend, immer oder letztlich. Von der „Leidensmasse", wie es im Buddhismus gerne heißt, hängt es ja ab, ob wir dieses Leben ganz und gar verwerfen, uns vielleicht nur noch auf die absolute Leidbefreiung konzentrieren oder ob wir es grundsätzlich in Ordnung finden, vielleicht nur ein bisschen weniger zu leiden wünschen.

96 http://www.palikanon.com/wtb/sacca.html.

III.2.3.4 Ichlosigkeit

Der Begriff der Ichlosigkeit, des Nichtselbst, *anatman,* ist, neben denen des Leidens und der Vergänglichkeit, der dritte der zentralen buddhistischen Begriffe. Für Oldenberg zählt zu den „Grundaxiomen" der Buddhisten „die Überzeugung, daß des Menschen Selbst – dieses Selbst, welches die alte Spekulation als identisch mit dem absoluten Selbst, dem Brahman vorgestellt hatte – nicht der Welt des Geschehens angehören kann".[97] Eine interessante Formulierung, weil sie nicht bedeutet, dass es kein Selbst gibt.

Selbst oder Ich ist hier im Sinne einer ewigen Seele gemeint, eines Dinges, das den Tod überlebt und Träger unseres Ich-Bewusstseins ist. Die Behauptung, ein solches Ding existiere nicht, wird neben der Frage, was das Nirvana sein soll, für den Buddhismus das größte und hartnäckigste Problem. Die Nichtich-, Nichtselbst- oder Nichtseelen-Behauptung zog deshalb einige merkwürdige Lehren nach sich.

Bis heute gibt es Buddhisten, welche die Nichtselbst-Behauptung ablehnen und meinen, sie beruhe auf einer Fehlinterpretation diesbezüglicher Begriffe. Der bekannteste deutsche Buddhist in dieser Hinsicht war Georg Grimm (1868-1945).[98] Der bekannteste englische Buddhist dürfte der Mahayanaforscher Edward Conze (1904-1979) gewesen sein. Auch für die Buddhismusforscher Constantin Regamey und Erich Frauwallner (1898-1974) leugnete Buddha nicht das Selbst. Die Befürworter der Nichtselbst-Lehre wenden u. a. ein, es sei unerklärbar, wie es zu einem solchen Missverständnis gekommen sein soll und sich dieses über Jahrhunderte habe halten können.

Zwei vielzitierte Textstücke im Zusammenhang mit der Nichtselbst-Lehre lauten:

> „Aber ist das, was vergänglich ist, Leiden oder Glück?"
> „Leiden, Herr."

97 Oldenberg, Hermann: Buddha. Sein Leben. Seine Lehre. Seine Gemeinde. München 1961 [1881], S. 202.

98 Siehe Grimm, Georg: Die Lehre des Buddho. Freiburg 1988 [1915].

„Wenn dies berücksichtigt wird, kann dann von dem was vergänglich ist, was leidvoll und der Veränderung unterworfen ist, gesagt werden: Das gehört mir, das bin ich, das ist mein Selbst?“

„Nein, Herr.“ (M I, 138-9; S II, 244; M III, 271-3[99])

Buddha definiert hier das Selbst indirekt so, dass es etwas sein muss, das nicht vergänglich ist, nur dann kann ich es als mein Eigentum oder meine Existenz betrachten. Das stimmt natürlich nicht: Habe ich mein Auto rechtmäßig erworben, ist es mein Eigentum, auch wenn ich weiß, dass es irgendwann auf dem Schrottplatz landen wird. Die zeitliche Beschränkung eines Besitzes macht ihn nicht zum Nichtbesitz und ihn auch nicht grundsätzlich leidvoll. So kann es sein, dass ich froh bin, mein altes Auto loszuwerden, weil ich mir schon längst ein besseres und schöneres wünsche. Wichtiger ist aber hier, der Text behauptet nicht, dass es kein Selbst gibt.

Ein weiterer vielzitierter Text argumentiert analog dem eben angeführten. In ihm werden die Teile des Menschens, die Daseinsgruppen, aufgezählt und zu jedem Teil – Körper, Gefühl, Wahrnehmung, Wille, Bewusstsein – sagt der Jünger, der „der Edlen Lehre kundig“ ist: „Der gehört mir nicht, das bin ich nicht, das ist nicht mein Selbst.“ Am Ende sagt er sogar noch, „und auch den Glaubenssatz, welcher da lehrt: ‘Das ist die Welt, das ist die Seele, das werde ich nach meinem Tode werden, unvergänglich, beharrend, ewig, unwandelbar, ewig gleich, ja, werde ich so verbleiben’, auch davon hält er: ‘Das gehört mir nicht, das bin ich nicht, das ist nicht mein Selbst.’ Also die Dinge betrachtend kennt er kein unverständiges Zittern.“[100]

Die letzte Passage ist gegen die Gleichung der Upanischaden Atman ist Brahman, Einzelseele ist Weltseele, gerichtet.

In diesen Texten wird nicht behauptet, dass es keine Seele gibt, sondern nur, dass sie in den Teilen des Menschen nicht zu finden ist und auch nicht nach dem Tode mit der Weltseele eins sein wird. Mir

99 Zitiert nach Lamotte, Etienne: Der Buddha, Seine Lehre und Seine Gemeinde, in: Bechert, Heinz / Gombrich, Richard (Hrsg.): Der Buddhismus. München 1984, S. 46.

100 http://www.palikanon.com/majjhima/m022n.htm.

ist keine kanonische Stelle bekannt, in welcher schlicht und einfach gesagt wird, es gibt kein Selbst, keine Seele, kein Ich.

Nach Bronkhorst soll der historische Hintergrund der seltsamen Rede über das Selbst sein, dass auch nichtbuddhistsche Schulen das Selbst als ein beständiges, nicht dem Wechsel unterworfenes und freudvolles Ding verstanden. Buddha soll diese Zuschreibungen benutzt haben, um zu zeigen, dass es nicht in den Teilen, aus welchen sich ein Mensch zusammensetzt, zu finden ist.

Die nichtbuddhistischen Erlösungsschulen, wie die der Waldasketen, Jainas und der Mystiker der Upanischaden, lehrten, wie der Buddhismus, die Karmatheorie, die Wiedergeburt und eben die befreiende Erlösung aus dem Wiedergeburtskreislauf. Bei ihrer Erlösung befreite sich das Selbst entweder durch Unterdrückung des Karmas, der guten und schlechten Werke, mittels strenger Aseke oder das Selbst erkannte sein Einssein mit dem Weltselbst. Beide Wege lehnte Buddha ab. Was aber nicht heißen muss, dass er die Existenz des Selbst leugnete.[101]

Man kann auch fragen: Woher sollte Buddha wissen, dass es keine Seele gibt? Wenn in den fünf Teilen des Menschen keine zu finden sind, heißt das noch nicht, dass keine existiert. Außerdem müssten wir wissen, wie gründlich er gesucht hat. Warum sollte sie nicht etwas unsichtbares sein, vergleichbar dem Atem?

Der buddhistische Philosoph Volker Zotz meint, dass schon früh alle *dhammas*, nicht nur solche die den Menschen konstituieren, als *anatman* bezeichnet wurden, deshalb würden Übersetzungen für *anatman,* wie Nicht-Ich, Nicht-Selbst, Ichlosigkeit und ähnliche zu kurz greifen. Schon für den Frühbuddhismus seien „die letzten Träger der Wirklichkeit“ „relativ“, also voneinander abhängig. *Anatta* oder *anatman* sei deshalb treffender mit „Nichtsubstantialität“[102] zu übersetzen.

---

101 Siehe Bronkhorst, Johannes: Die buddhistische Lehre. In: Bechert, Heinz u.a. (Hrsg.): Der Buddhismus I. Der indische Buddhismus und seine Verzweigungen, Stuttgart 2000, S. 45-50.

102 Zotz, Volker: Geschichte der buddhistischen Philosophie. Hamburg 1996, S. 46, 47.

Unklar lässt Zotz, was er mit Nichtsubstantialität meint, gibt es keine unabhängige und vielleicht unteilbare Substanz oder gar keine Substanz? Letzteres wäre die wörtliche Bedeutung von Nichtsubstantialität, aber wenn es gar keine Substanz gibt, gibt es gar nichts, weder Seele noch Geist. Dazu später.

III.2.3.5 Was sind *dhammas*?

Alle Dinge, *dhammas*, sollen Nichtselbst sein, also kein ewiges Ich sein oder haben. Was ist hier mit *dhammas* gemeint? Wie schon gesagt, hat das Sanskritwort *dharma*, Pali *dhamma*, im Buddhismus verschiedene Bedeutungen. Hier kommen drei gleichzeitig in Frage: *Dhammas* sind die *Gesamtheit aller Phänomene,* die *tragenden Gegebenheiten* der Welt und die *kleinsten Bestandteile des Universums*.

Nach Zotz sollten die *dhamma*-Theorien des indischen Denkens „alles Existierende auf letzte Prinzipien zurückführen", „auf ‘tragende’ Gegebenheiten".[103] Sie mussten aber etwas Anschauliches sein, wie die Elemente Feuer, Wasser, Holz und Erde, da sich für Buddha „unüberprüfbare Behauptungen" verboten. „Wer zum Beispiel in Vereinigung mit Brahma die Erlösung erhoffte, wurde von Gautama mit einem Blinden verglichen, sah doch keiner je diese Gottheit."[104] Als tragende Elemente galten solche, die der Wahrnehmung „als nicht weiter zerlegbar zurückbleiben", deshalb sind Lebewesen keine *dhammas*, sondern *dhamma*-Bündel. Spekulative Zerlegungen, Zerlegungen, die über das Wahrnehmbare hinausgingen, sollte man sich enthalten.

Dieses Fixierung auf das Wahrnehmbare führte zu merkwürdigen Entitäten, so gibt es auch die *dhammas* Entstehen und Vergehen, weil man ja Entstehen und Vergehen von Dingen wahrnimmt. Und Emotionen, wie Gier und Hass, ebenso das Bewusstsein, schienen nicht weiter zerlegbar, deshalb waren auch sie *dhammas*.[105]

---

103 Zotz, Volker: Geschichte der buddhistischen Philosophie. Hamburg 1996, S. 43.

104 Ebenda.

105 Siehe ebenda.

Nach dem Buddhologen Johannes Bronkhorst bedeutete *dhamma* „in vielen Passagen (vielleicht gerade in den ältesten) ohne Zweifel so etwas wie psychische Eigenschaft“, deshalb sind auch Gier, Missfallen, Zorn und Bosheit *dhammas,* wenn auch unheilsame. *Dhammas* können auch „Objekte des Denkens (*manas*)“,[106] vermutlich also Gedanken, sein.

Man sieht, das ist eine ziemlich krude Theorie und ich bezweifle, ob sie nur Abendländern als solche erscheint. Deshalb wundert es auch nicht, dass die späteren buddhistischen Schulen verschieden lange *dhamma*-Listen erstellten.

Wenn *dhammas* psychische Gebilde miteinschließen, müsste die Lehre von den Drei Daseinsmerkmalen einfach heißen: Alle Dinge vergehen, fühlende Wesen leiden und sie haben keine ewige Seele. Vielleicht ist die Lehre auch so gemeint. Auf jeden Fall klingt sie so plausibel, aber für heutige Ohren auch ziemlich trivial. Der Wikipedia-Eintrag und ähnliche Kommentare, welche die Lehre von den Drei Daseinsmerkmalen auf alles Existierende ausweiten wollen, sind schlicht und einfach falsch, weil einfach nicht alles leidet.

Sind die Ausführungen Zotz' über den *dhamma*-Begriff im frühen Buddhismus richtig, führt von ihm erst recht kein Weg zur Nichtseelenlehre. Mit der Behauptung, in den Daseinsgruppen sei keine Seele zu finden, unterzog Buddha, nach Zotz Ausführungen, nur das Sichtbare einer Analyse, denn die Daseinsgruppen, *khandas*, sind Anhäufungen von *dhammas* und sie sollen ja nur die sichtbaren tragenden Säulen der Wirklichkeit sein. Aber warum soll die Seele etwas für das bloße Auge Sichtbares sein? Wie wir heute wissen, können wir nicht einmal die kleinen Bestandteile der Materie mit bloßen Augen sehen, warum sollten wir so etwas wie die Seele sehen können?

Vom Sichtbaren und seiner Vergänglichkeit oder Verwandlung auf die Nichtexistenz einer Seele bzw. einer Nichtsubtantialität des

106 Bronkhorst, Johannes: Die buddhistische Lehre. In: Bechert, Heinz u.a. (Hrsg.): Der Buddhismus I. Der indische Buddhismus und seine Verzweigungen, Stuttgart 2000, S. 84.

Seienden zu schließen, wäre genau das, was Buddha angeblich ablehnte, nämlich vollkommen spekulativ.

Für den Buddhismus als Religion ist es allerdings zweitrangig, ob *dhamma* nur sichtbare, nicht weiter zerlegbare Elemente oder so etwas wie Atome meint, ebenso ist es zweitrangig, ob *anatman* von Anfang an Nichtsubstantialiät oder „nur“ Nichtselbst, Ichlosigkeit, Nichtseele bedeutete. *Anatman* war und bleibt eines der größten Probleme des Buddhismus.

Sehen wir uns jetzt noch eine Kandidatin für den Ursprung des Leidens an, die schon erwähnte Unwissenheit.

III.2.4 Unwissenheit

Unwissenheit, *avijja,* Nichtwissen oder Verblendung, *moha*, „gilt als die Grundwurzel alles Übels in der Welt, da sie eben den Erkenntnisblick der Wesen verschleiert und sie die wahre Natur der Dinge nicht erkennen läßt“. Die Verblendung täuscht den Wesen vor, das Dasein sei unvergänglich und Glück bringend und sie würden eine unsterbliche Seele besitzen, in Wirklichkeit ist aber das Gegenteil der Fall, ist das Dasein nämlich vergänglich, elend und „unpersönlich“. Die Unwissenheit ist auch „die Grundlage alles Begehrens und Hassens, alles Übels und Leidens“. „Darum wird sie in der Formel von der ‘Bedingten Entstehung’ als Erstes genannt; und da sie, wenn auch nur in ganz feinem Grade, noch bis zur Erreichung der Arahatschaft (vollkommenen Heiligkeit) besteht, darum wird sie unter den an das Dasein kettenden 10 Fesseln als letzte genannt. Insofern aber alle Gier und aller Haß in der Verblendung wurzelt und mit allem unheilsamen Bewußtsein untrennbar verbunden ist, darum wird sie, unter dem Namen *moha*, Verblendung, als die verwerflichste von den 3 Wurzeln des Bösen bezeichnet.“[107] So das Buddhistische Wörterbuch. Die drei Wurzeln des Bösen, des Leidens sind demnach Unwissenheit, Gier und Hass / Zorn.

---

107 http://www.palikanon.com/wtb/avijja.html.

Die Unwissenheit, nicht die Gier oder Vergänglichkeit, scheint also die Erst- oder Letztursache des Leidens zu sein und zwar die Unwissenheit über die Leidenslehre Buddhas. Das steht zwar eindeutig im Widerspruch zu der Aussage in der 2. Edlen Wahrheit und den Kommentaren zu diesen, aber verfolgen wir diese Spur weiter. Hilfreich ist es dafür, uns die Lehre vom Bedingten oder Abhängigen Entstehen anzusehen.

III.2.5 Das Bedingte Entstehen

Die sogenannte Lehre vom Bedingten Entstehen, Pali *paticca-samuppāda*, soll Fragen beantworten, die in den Vier Edlen Wahrheiten nur ungenügend, bzw. gar nicht beantwortet werden: die Fragen nach der Leidensursache und dem Leidenskreislauf. Dieser Kreislauf unterteilt sich in 12 Stationen oder Glieder und beruht auf dem Prinzip des bedingten oder abhängigen Entstehens. Es soll für alle Erscheinungen dieser Welt gelten und lautet, jedes Ding, jeder Sachverhalt ist bedingt oder abhängig von anderen, nichts kann für sich alleine existieren. Auch das klingt nach keiner aufregenden Erkenntnis, sie gehört aber zum Fundament der buddhistischen Philosophie. Das Prinzip des Bedingten Entstehens schließt ein ewiges sich Verändern, neu Bilden, ein unaufhörliches Werden und Vergehen mit ein. Wenn es gültig ist, soll es die Existenz ewiger materieller Substanzen und Seelen ausschließen, wie sie andere indische Philosophien, etwa die der Jainas, behaupteten.

Für Helmuth von Glasenapp ist das Prinzip des Bedingten Entstehens nicht im üblichen Sinne einer Kausalverursachung gemeint, nicht so, dass ein Ding oder Ereignis ein anderes verursacht, anstößt oder hervorbringt, sondern in dem Sinne, dass kein Ding alleine auftritt, sondern mit seinem Auftreten zwangsläufig andere Dinge auftreten. So tritt da, wo Armut ist, auch Diebstahl auf, aber nicht, weil Armut Diebstahl verursacht, sondern weil diese Dinge einfach zusammen auftreten, sozusagen gemäß der ursprünglichen Ordnung, dem *Dharma*. Jedes *dharma* oder *dharma*-Bündel, wie es die Armut ist, gilt als „ein separater Faktor“ der mit anderen *dharmas* „nicht in unmittelbarer Verbindung“ steht, ein *dharma* oder *dharma*-Bündel „geht nicht aus der Substanz eines anderen hervor“, noch können sie andere „direkt beeinflussen“. „Die Wechselbeziehungen zwischen verschiedenen Dhammas beruhen lediglich auf einer weltgesetzlich bedingten Koordination: ‘wenn dieses ist, tritt jenes ein’.“[108] *Wenn dies, dann dies,* so bringt Buddha an vielen Stellen im Kanon das Prinzip des bedingten Entstehens auf eine prägnante Formel.

Für diese seltsam klingende Koordinationstheoric, wonach Ereignisse nicht durch Ursache-Wirkungs-Verhältnisse bedingt sind, sondern durch Dharmagesetze festgelegte notwendige Abhängigkeiten, vermutet Glasenapp einen sehr alten Vorläufer: Die ganz frühen Vorstellungen der Menschen über die Eigenschaften von Dingen: Die Menschen sollen sich die Eigenschaften von Dingen oder Wesen, etwa grün, länglich und giftig zu sein, selbst als Wesen vorgestellt haben. Ein Wesen, etwa eine Schlange, bildet demnach ein Bündel aus den Wesen Grün, Länglich und Giftig. Diese Dinge oder Wesen werden im Buddhismus zu *dhammas* und folglich ist eine Person, ein *dhamma*-Bündel, ursprünglich ein Bündel aus verschiedenen belebten Wesen.

Im Palikanon werden 24 Bedingungs- oder Abhängigkeitsformen unterschieden, so eine Wurzel-, eine Vorherrschaft-, Unmittelbarkeit-, Zusammenentstehung- und Karmabedingung.[109] Dass beispielsweise ein Gefühl *bedingt* ist, bedeutet, dass es Zusammensetzungs-Voraussetzungen hat, wie einen Körper, Sinne und das Objekte auf diese einwirkten.

Wir wissen nun, was es bedeuten soll, dass sich die Daseinsgruppen, die *skhandas,* gegenseitig bedingen: Sie sind voneinander abhängig, kein Teil kann für sich alleine existieren. Wir wissen nicht, ob immer alle fünf zusammen auftreten müssen oder schon weniger miteinander auftreten treten können. Wenn ja, wer tritt mit wem auf? Können beispielsweise die psychischen *skhandas* (Gefühle, Wahrnehmungen, Wille und Bewusstsein) ohne Körper auftreten? Wenn

108 Siehe Glasenapp, Helmuth von: Nachwort, in: Oldenberg, Hermann: Buddha. München 1961 [1881], S. 442

109 http://www.palikanon.com/wtb/paccaya.html.

ja, können diese vier nur zusammen oder können sogar weniger zusammen auftreten? Diese Fragen sind wichtig für die Wiedergeburtstheorien.

Wichtig ist auch: Bedingt zu sein bedeutet, jeder einzelne Teil ist vergänglich, leidvoll und leer, es findet sich in keinem ein Selbst. Das zu zeigen, war der Zweck der *skandha*-Theorie.

Aber wie gesagt, auch wenn sich in ihnen kein Selbst findet, es beweist nicht, dass es keines gibt.

III.2.6 Die Wiedergeburtskette

III.2.6.1 Die Kette

Nachdem Siddharta das Asketenleben aufgegeben hatte, weil er zu der Einsicht gelangt war, es führe nicht zur Erlösung, soll er sich mit dem Entschluss unter einem Feigenbaum gesetzt haben, erst wieder aufzustehen, wenn er vollständig erwacht ist. Nach sieben Tagen und vier Versenkungsstufen soll er schließlich die vollkommene Erleuchtung erlangt haben. In diesen Tagen sei ihm auch der Wiedergeburtskreislauf aufgegangen, vor seinem inneren Auge habe er gesehen, wie er und viele andere Wesen vor ihm, Geburt, Leben, Tod und Wiedergeburten durchlaufen haben. Dieser Kreislauf wird, ebenso wie das Prinzip des Bedingten Entstehens, in Pali *paticcasamuppāda* genannt. Übersetzungen lauten *Lehre von der gegenseitigen Abhängigkeit* oder *12-Gliedrige Wiedergeburtsketten-Lehre,* ich nenne sie einfach Wiedergeburtskette.

Die 12 Stationen der Wiedergeburtskette werden bis zur endgültigen Befreiung unentwegt durchlaufen. Die Stationen beschreiben also den Zyklus von Leben und Tod in den Welten des Leids, des *samsara*, wie die Buddhisten diese Welten nennen.

Wenn es heißt, diese Station *bedingt* jene Station, so kann man das, wie viele Interpreten, im Sinne einer Kausalursache verstehen oder im Sinne einer Koordinationsursache, wenn sich dieses einstellt, dann stellt sich jenes ein. Die

1. Station ist die Unwissenheit, *avijja*. Sie bedingt

2. die Karmaformationen, d. h. die emotionalen Reaktionen, *sankharas,* die heilsam, schädlich oder neutral sein können. Diese bedingen
3. das Bewusstsein, *vinnana,* was zu neuen Anhaftungen führt und
4. das Körperliche, *rupa* und das Geistige, *nama*, bedingen. *Nama-rupa* ist eine ganze Person. Damit soll eine Wiedergeburt abeschlossen sein. (Folgendes ist unlogisch, wenn man die Kette als Darstellung aufeinanderfolgender Ereignisse versteht, weil die folgenden Teile schon in einer Person vorhanden sind.) *Nama-rupa* bedingt
5. die sechs Sinnestore, Augen, Nase, Ohren, Zunge, Körper, Geist. Sie bedingen
6. den Bewusstseinseindruck, den Kontakt zwischen Sinnesorgan und Sinnesobjekt, z. B. Nase und Geruch. Der Kontakt führt zu
7. Empfindung, Gefühl, *vedana*, mit den drei Gefühlsmodi angenehm, unangenehm, neutral. Sie bedingen
8. das Begehren, *tanha,* dieses führt wiederum zum
9. Anhaften, Ergreifen, Identifizieren, *uppadana*, was
10. den (karmischen) Werdeprozess, *bhava*, in Gang setzt. Durch den karmischen Werdeprozess kommt es
11. zu einer neuen Wiedergeburt in Form einer Handlung oder eines neuen Leben. Was zu
12. Alter, Leid, Betrübnis und Tod führt.

An die 12. Station schließt sich die erste wieder an. Buddha beendet die Aufzählung dieser Stationen in MN 38, 19 mit den Worten: „bedingt durch Geburt sind Altern und Tod, Sorge, Klagen, Schmerz, Trauer und Verzweiflung. So ist der Ursprung dieser ganzen Masse von Leiden."[110]

Nach traditionellem Verständnis enthält die Reihe zwei Wiedergeburten, nämlich zwischen 3-4 und 9-10, und damit drei Lebenszyklen. Sie wird aber auch so interpretiert, dass sich die ersten drei Stationen auf das Leben vor der Geburt beziehen, die Stationen 3 bis

110 http://www.palikanon.com/majjhima/zumwinkel/m038z.html.

9 auf dieses Leben, die Station 10 bis 12 auf das Sterben. Das wären dann ein jenseitiges Leben und ein Leben einschließlich Sterben.

Direkt als Leid bewirkend gelten die vier Glieder Unwissenheit (1), Karmaformationen, *sankhara* (2), Begehren / Durst (8) und Anhaften (9). Die anderen Glieder sollen in Bezug auf das Leid neutral sein, aber notwendig, um den Prozess des Lebens und damit auch den der Wiedergeburt in Gang zu halten.

Diese Lehre, für Traditionalisten ein Herzstück des Buddhismus, ist auch eine der umstrittensten. Die Urteile über die seltsame Reihe schwanken von Essenz des Buddhismus bis, forsch gesagt, blanker Unsinn, auf den man keine ernsthaften Gedanken verschwenden sollte. Selbst der dem Buddhismus sehr wohlgesonnene Hans Wolfgang Schumann meint, diese Lehre sei „gewiß kein luzides Werk“.[111]

Manche Forscher vermuten, diese Kette wurde aus verschiedenen kursierenden Wiedergeburtslisten zusammengestellt und stamme auf keinen Fall von Buddha. Auch gibt es keine Einigkeit darüber, ob die Kette eine zeitliche Abfolge von Wiedergeburten schildert oder Parallelereignisse.

III.2.6.2 Listenklitterung

Für Hans Wolfgang Schumann wurde die Kette nach Buddhas Tod aus drei Listen zusammengestellt, welche denselben Vorgang aus verschiedenen Perspektiven darstellen. Die Liste beeindruckte die Mönche so stark, dass sie sie Buddha unterschoben. Andere Forscher glauben, die Wiedergeburtskette war ursprünglich länger, Teile von ihr seien aber verloren gegangen. Dass die Kette aus verschiedenen kursierenden vorbuddhistischen Wiedergeburtslisten zusammengestellt wurde, zeigt sich für Ulrich Schneider unter anderem daran, dass eine Wiedergeburt genügt hätte, um den Kreislauf zu verstehen. Für Schneider orientierten sich die Schöpfer der 12-Gliedrigen Reihe am 8-Gliedrigen Pfad und setzten sie aus Ele-

111 Schumann, Hans Wolfgang: Der historische Buddha. München 1995, S. 167.

menten der Vier Edlen Wahrheiten, der *skhanda*-Theorie und der Unwissenheit, als neues Element, zusammen.[112]

III.2.6.3 Paralleltheorie

Der Theravada-Anhänger Kay Zumwinkel, Mettiko Bhikkhu, fasst das traditionelle Verständnis der Wiedergeburtskette so zusammen: „Wegen unwissender Handlungen im letzten Leben haben wir in diesem Leben einen Körper und Geist, dessen Wahrnehmungsprozess von Begehren und Anhaftung geprägt ist. Das ist der Grund, warum wir im nächsten Leben Geburt, Altern und Tod, kurzum Dukkha erfahren werden.“[113] Sehe man aber genauer hin, erkenne man, dass diese Lehre voller Ungereimtheiten stecke.

Für Zumwinkel liegt der Fehler darin, dass in das Prinzip des Bedingten Entstehens das Prinzip von Ursache und Wirkung, das Kammagesetz, hinein gedeutet wurde. Das Prinzip des Bedingten Entstehens sage aber nur, „wenn dieses ist, ist / wird dieses. Mit dem Entstehen von diesem entsteht dieses. ... Also handelt es sich um eine strukturelle gleichzeitige Bedingtheit.“ Die 3 Lebenstheorie bedeute aber: „Nachdem dieses aufgehört hat, wird jenes entstehen.“[114]

Auch für den Theravada-Anhänger Wolfgang Greger, der den Palikanon und Klassiker der deutschen buddhistischen Literatur ins Internet stellte, schildert die Wiedergeburtskette keine „zeitliche Abfolge von Kamma und seiner Frucht“, sondern sei wohl „eine Darstellung der selbsterhaltenden Struktur von Unwissenheit, Begehren und Dukkha“, zeige „eigentlich nur verschiedene Aspekte“[115] dieser Struktur. Ebenso war für einen Grandseigneur des deutschen Buddhismus, auch Übersetzer des Kanons, Paul Dahlke (1865-1928) die Wiedergeburtskette eine Darstellung von gleichzeitigen Vorgängen.

112 Näheres dazu siehe Schneider, Ulrich: Der Buddhismus. Darmstadt 1997, S. 97-109.

113 Zumwinkel, Kay (Mettiko Bhikkhu): „Ich weiß nicht, dass ich nicht weiß! Unerleuchtete Gedanken zur bedingten Entstehung.“ pdf-Datei.

114 Ebenda.

115 http://www.palikanon.com/majjhima/zumwinkel/m038z.html.

Zumwinkel meint, „die 3 Lebenstheorie zieht einen ganzen Rattenschwanz von Zurechtbiegungen nach sich – darüber könnte man ein ganzes Buch schreiben.“ Ihre Beliebtheit erklärt er sich mit der „Degeneration der Dhammapraxis“ und dem Überhandnehmen des buddhistischen Gelehrtentums, der „wissenschaftlichen Herangehensweise“, die alles erklären und in eine Schublade stecken wollte.[116]

Die Paralleltheorien werden aber von Nyanatiloka scharf kritisiert, der an der 3 Lebenstheorie festhält. „Mit Beziehung auf die unzutreffende Auffassung von dem Paticcasamuppāda (Lehre vom Bedingten Entstehen) als ‘einem einzigen karmischen Momente’ und der Gleichzeitigkeit der 12 Glieder (Dr. Dahlke), möchte ich besonders hervorheben, daß die hier gegebene Auffassung von der Verteilung der Paticcasamuppāda-Formel auf 3 Leben nicht nur von alters her ausnahmslos von allen Schulen des Buddhismus und allen Kommentaren gelehrt wurde, sondern daß sie sich auch durchaus mit den in den Sutten gegebenen Erklärungen deckt.“[117]

Für die 3 Lebenstheorie scheint mir zu sprechen, dass die Anhänger der Parallelversion meinen müssen, jedes Glied bestehe aus dem Komplex der fünf Daseinsgruppen, den *skandhas,* beziehungsweise den 12 Gliedern, sie werden nur unterschiedlich gewichtet. Jedes Glied sei deshalb vergänglich, leidvoll und leer von einem Selbst. Aber das würde bedeuten, dass auch die Wesen in den Jenseitswelten aus allen fünf Daseinsgruppen bestehen müssten, also einen materiellen Körper haben, und nicht, wie die Wiedergeburtslehre behauptet, ohne diesen auskommen. Wie die körperlosen Wesen in den Jenseitswelten allerdings ohne Sinnesorgane wahrnehmen, wird nicht erläutert.

Für den „großen thailändischen Kritiker von Degenerationserscheinungen im Buddhismus“, Ajahn Buddhadasa ist diese Lehre mit dem Makel „von einem „Selbst“, das die drei verschiedenen Le-

116 Siehe Zumwinkel, Kay (Mettiko Bhikkhu): „Ich weiß nicht, dass ich nicht weiß! Unerleuchtete Gedanken zur bedingten Entstehung.“ pdf-Datei.

117 http://www.palikanon.com/wtb/paticcasamuppada.html.

ben durchwandert, behaftet"[118] und stehe damit im Widerspruch zur Nicht-Ich-Lehre. Ein erstaunlicher Einwand von einem Buddhisten.

Ulrich Schneider meint, die Lehre von der Wiedergeburtskette sei genauso ein theoretisches Lehrstück wie die *skandha*-Theorie, beide musste man ursprünglich eigentlich nicht kennen, um erlöst zu werden, dafür war ausschließlich die Befolgung des 8-spurigen Pfades notwendig. Dass sich in den ältesten Buddhalegenden die Lehre vom Bedingten Entstehen nicht findet, ist für Schneider ein weiterer Beleg für ein Entstehungsdatum nach Buddhas Tod.

Die Wiedergeburtskette entstand für ihn im argumentativen Wettstreit mit den anderen Religionen, „die schlichte Behauptung, ... 'Durst' führe zum 'Ergreifen' und dieses dann zum (Immer-wieder-) 'Werden' .... ist zu einfach, läßt zuviel offen und ist daher nicht werbewirksam. Ihr fehlt eine Begründung." Eine solche sollte die Wiedergeburtskette liefern. Ihr Mangel an Klarheit konnte als „Tiefsinn" interpretiert werden und lieferte „Stoff und Grundlage für endlose Diskussionen".[119]

III.2.6.4 Noch einmal: Unwissenheit

Beantwortet nun die Wiedergeburtskette die Frage nach dem Grund des Dursts und damit des Leidens? Für manche Buddhisten schon, für andere ist diese Frage unsinnig, da es sich um ein multifaktorielles Phänomen handeln soll. Tatsächlich werden nur Faktoren genannt, die gegeben sein müssen, damit das Begehren auftritt und sie folgen dem Prinzip „wenn dies ist, ist jenes".

Aber, so können wir immer noch fragen, warum ist dieses und jenes, warum existieren leidbringenden Faktoren? Wegen der Unwissenheit? Die Unwissenheit kann nicht die „Grundwurzel alles Übels der Welt" sein. Durchquere ich aus Unwissenheit einen Wald, in dem Räuber Wanderer überfallen, dann ist die Existenz der Räuber ursächlicher für mein Leiden als meine Unwissenheit. Unwissenheit kann höchstens die Ursache dafür sein, dass ich Leiden nicht

118 http://www.palikanon.com/majjhima/zumwinkel/m038z.html.
119 Schneider, Ulrich: Der Buddhismus. Darmstadt 1997, S. 110/111.

verhindere oder dass ich nicht die richtige Medizin nehme, aber sie kann nicht die Wurzel der Krankheit sein. Zum Beispiel muss die Gier tiefer als die Unwissenheit liegen, denn würde ich keine Gier kennen, müsste ich nichts über sie wissen.

Fragen wir nach der Ursache des Leidens in der Welt, dann wollen wir wissen, warum sie überhaupt Leidfaktoren enthält. Oldenberg stellte fest, dass der Kanon für Unwissenheit keinen Grund weiß, dass er also nicht weiß, warum es Unwissenheit überhaupt gibt.[120] Aber stellen wir uns vor, es gäbe das Wissen über die Vier Edlen Wahrheiten von Anfang an und bei allen Wesen: Damit diese Wahrheiten einen Sinn und Zweck hätten, müsste es aber schon Leiden gegeben haben. Ohne Leiden hätten sie nicht nur keinen Zweck, die Wesen würden sie nicht einmal verstehen, weil sie von Gefühlen handeln, die sie nicht erlebt haben. Also muss auch deswegen Leiden eine andere Ursache als Unwissenheit haben.

In der Predigt von Benares, der ersten nach Buddhas Erleuchtung, wird nur die Gier, der Durst, *tanha*, als Leidensursache genannt, obwohl Buddha die Predigt gehalten haben soll, nachdem er die Wiedergeburtskette wahrgenommen hatte, in der die Unwissenheit an der erste Stelle steht. In vielen Varianten dieser Kette soll die Unwissenheit allerdings fehlen.[121]

Ein Grund, warum die Unwissenheit an die Stelle der alten „Gier" tritt, war vielleicht tatsächlich, wie Schneider meint, das weltliche Engagement des Buddhismus, sein Hineinwachsen in eine Massenreligion. Damit war er gezwungen zu beweisen, dass es „nützlich, ja unerläßlich ... ist, sich die Lehre des Buddha anzueignen, also Buddhist zu werden".[122]

Neben Unwissenheit, Vergänglichkeit, Begehren, Anhaften und Hass werden in der buddhistischen Literatur auch noch das Unter-

---

120 Siehe Oldenberg, Hermann: Buddha. Sein Leben. Seine Lehre. Seine Gemeinde. München 1961 [1881], S. 227.

121 Siehe Bronkhorst, Johannes: Die buddhistische Lehre. In: Bechert, Heinz u.a. (Hrsg.): Der Buddhismus I. Der indische Buddhismus und seine Verzweigungen, Stuttgart 2000, S. 58.

122 Schneider, Ulrich: Der Buddhismus. Darmstadt 1997, S. 173.

scheiden und Bewerten als Leidensursachen genannt. Ich behandle sie im Mahayana-Kapitel.

III.2.7 Kritik der Leidensursachen

Wenn wir Gier und Unwissenheit zusammendenken, können wir den Buddhismus des Kanons auf diesen Nenner bringen: Es gibt Begehrendes und Begehrenswertes. Das Subjekt des Begehrens weiß nicht, dass das Begehren langfristig nur Leiden schafft, weil das Begehren nach jeder Befriedigung, nach jedem Erlöschen, wieder aufflammt und damit in den Welten des Auf und Ab von Freud und Leid gefangen bleibt. Nur in einer Welt ohne Begehren kann es Leidfreiheit geben.

Wer das Subjekt des Begehrens ist, wollen wir hier außer Acht lassen, es ist für den Buddhismus auf jeden Fall kein ewiges Ich. Wir mogeln an dieser Stelle und sagen ganz einfach und ganz unbestimmt, der Mensch der nicht die Lehre des Buddha kennt, weiß nicht, dass das Begehren in der Welt des Leidens gefangen hält.

Viele Stellen im Kanon deuten aber darauf hin, dass für Buddha die Vergänglichkeit der letzte Grund, der sozusagen ontologische Grund des Leidens ist. Das meint, Leiden gründet in der Beschaffenheit des Seins, dessen grundlegende Eigenschaft eben die Vergänglichkeit ist, deshalb ist kein Glück von Dauer. Wir könnten also die Begierde den psychologisch tiefsten Grund des Leidens und die Vergänglichkeit den ontologisch tiefsten Grund nennen.

Dagegen lässt sich sagen: Die Vergänglichkeit ist zwar eine Bedingung für Leid, aber sie ist nicht hinreichend und vor allem ist sie in Bezug auf das Leid auch wieder in einem gewissen Sinn neutral, denn die Vergänglichkeit ist auch Bedingung für Freude, Glück und Zufriedenheit.

Begehren ist das Gefühl des Verlangens, das auf einen Mangel, eine Bedürftigkeit hindeutet. Dieses Verlangen kann ein sehr unangenehmer, aber auch ein sehr angenehmer Zustand sein. So weiß der Volksmund: Vorfreude ist die schönste Freude.

Begehren wird zu einem unangenehmen Zustand, wenn es lange oder gar nicht befriedigt wird. Genaugenommen ist also nicht das Begehren die Ursache des Leidens, sondern das Ausbleiben der Befriedigung. Sie erzeugt eine spezifische Form des Leidens, die Enttäuschung, Frustration. Dass das Ausbleiben der Befriedigung eigentlich erst Leid schafft, wird im Kanon zwar erwähnt, aber durchweg wird das Begehren selbst als die Ursache des Leidens genannt. Ohne Begehren gäbe es natürlich keine Enttäuschungen und damit kein Leid, aber ohne Begehren würden wir auch viele Freuden nicht erleben und oft gilt, je größer das Begehren, desto größer die Befriedigung. Auch von diesem Phänomen weiß der Volksmund, wenn er feststellt: Hunger ist der beste Koch.

Wir sind in den meisten Fällen auch nicht enttäuscht, weil das Begehren wieder auftaucht, im Gegenteil, meist wünschen wir, dass es sich wieder meldet, dass wir wieder gierig werden, weil die Befriedigung des Verlangens ja eine besondere Lust bereitet. Es ist also falsch, wenn buddhistische Theorie Begehren als grundsätzlich leidbringend betrachtet, weil Befriedigung vergeht. Andauernde Begierde- und Wunschlosigkeit macht uns sogar traurig, wie wir an der Appetitlosigkeit sehen können. Sollten wir nicht dankbar sein, dass es Begehren, Durst und Gier gibt? Ohne Begehren wäre das Leben doch trostlos und ruhig wie ein Friedhof.

Für das Begehren gilt also das Gleiche wie für die Vergänglichkeit: Es ist zwar eine Bedingung für Leid, aber es ist nicht hinreichend, es ist in Bezug auf das Leid neutral, denn auch das Begehren ist Bedingung für Freude, Glück und Zufriedenheit.

Schlicht und einfach ist es so: Der Buddhismus weiß nicht, was die letzte Ursache des Leidens ist. Deshalb wundert es auch nicht, dass Lehren auftauchen, die offen zugeben, die Ursache des Leidens sei nicht zu ergründen oder mit dem gewöhnichen Denken nicht zu erfassen. Im Zen-Buddhismus wird die Frage nach der Ursache des Leidens zu einer zentralen und paradoxen Meditationsaufgabe. Einerseits sei *alles* strahlende, völlig leidfreie Buddhanatur, andererseits gibt es zweifellos schlimmstes Leiden. Wie ist das möglich? Antwort: Erfahre, was Buddhanatur ist und dieses Paradox löst sich auf! Aber um die Ursache des Leidens zu ergründen, müssen wir sie nicht mystifizieren, wir können sie heute relativ einfach erschließen. Dazu später.

Dass die Behauptungen in den ersten zwei edlen Wahrheiten, die über das Maß und die Ursache des Leidens, zumindest sehr ungenau sind, bedeutet, dass das theoretische Fundament des Buddhismus ein schwaches ist.

Auf das Bild vom Arzt übertragen: Der Arzt weiß, der Patient ist krank, leidet. Aber er kennt nicht so richtig den Umfang und die Art der Krankheit und er stellt nicht sehr plaubsible Vermutungen über deren Ursache an. Trotzdem könnte er eine hilfreiche Medizin verschreiben. Ähnlich wie ein Schamane bestimmte Krankheiten heilen kann, obwohl seine Anamnese und Diagnose, besessen von einem bösen Geist, falsch ist. Seine Kräuter und Beschwörungen helfen manchmal trotzdem.

III.3. Die Möglichkeit der Leiderlöschung

III.3.1 Die Dritte Edle Wahrheit

Die Dritte der Vier Edlen Wahrheiten, die Wahrheit von der Leidenserlöschung, erschließt sich logisch aus der zweiten: Die Vernichtung der Ursache des Übels beseitigt auch das Übel. Durch Erlöschung des Begehrens muss es notwendigerweise zur Erlöschung des Leidens kommen.

> „Was aber, ihr Mönche, ist die edle Wahrheit von der Leidenserlöschung? Es ist eben dieses Begehrens restloses Erlöschen, Aufgeben, Loslassen, Befreiung und Loslösung davon."[123]

In der buddhistischen Bibel der japanischen Gesellschaft *Bukkyo Dendo Kyokai*, lesen wir: „Wenn die Wurzel jeder menschlichen Leidenschaft entfernt wird und man von aller Begierde frei ist, dann wird alles menschliche Leiden ein Ende haben. Dies wird die Wahrheit der Leidenserlöschung genannt."[124]

Auch in der Dritten Edlen Wahrheit wird das Begehren in den Mittelpunkt gerückt und nicht etwa Unwissenheit oder Vergänglichkeit.

In S 22.99 erfahren wir, dass es mit Begehren keine Rettung für die Wesen gibt, auch wenn „diese gewaltige Erde vom Feuer verzehrt wird, zugrunde geht und nicht mehr ist". Mit anderen Worten, ohne restlose Überwindung der Sinnenlust und aller anderen Lüste müssen die Wesen unendlich lang leiden. Das erinnert an die Höllendrohung der katholischen Kirche im Mittelalter, mit der sie sich, via Ablasshandel, unter anderem den Bau des Peterdoms finanzierte. Auch die Buddhisten werden ihre Leidens- und Höllendrohungen äußerst gewinnbringend einsetzen. Nach den indischen Lehren müssen besonders gierige Wesen zwar nicht ewige Höllenqualen erdulden, aber locker Abermillionen Jahre.

123 http://www.palikanon.com/wtb/sacca.html

124 Bukkyo Dendo Kyokai (Gesellschaft zur Förderung des Buddhismus): Die Lehre Buddhas. Tokyo 1984, S. 39/40.

In S 12.42 wird folgende „Erlöschenslinie" gezeichnet: „Durch das restlose Abwenden und Erlöschen des 'Begehrens' erlischt das Anhaften, durch Erlöschen des Anhaftens der 'Werdeprozeß', durch Erlöschen des (karmischen) Werdeprozesses die 'Wiedergeburt'; durch Erlöschen der Wiedergeburt aber erlöschen 'Altern und Sterben', Sorge, Jammer, Schmerz, Trübsal und Verzweiflung. So kommt es zum Erlöschen dieser ganzen Leidensfülle." Das Leiden beenden heißt also Sterben und Wiedergeboren zu beenden, die „Todlosigkeit" gefunden zu haben. Nach traditioneller Sicht des Hinayana und Mahayana müssen die allermeisten Menschen unzählige Tode und Wiedergeburten erleiden, bis sie das Begehren restlos getilgt haben. Brahmanische Vorstellungen des Wiedergeburtsvorgangs haben wir schon kennengelernt. Wie stellt sich aber eine Religion die Wiedergeburt vor, die ein Selbst leugnet, welches die Welten durchwandern könnte? Was schultert da das Karma?

III.3.2 Karma und Wiedergeburt

„Die Lehre von der Wiederkehr ist zweifelhaften Sinns.
Es fragt sich sehr, ob man nachher noch sagen kann:
Ich bin's."

Wilhelm Busch[125]

Eine Religion steht und fällt mit der Behauptung, dass es mehr zwischen Himmel und Erde gibt, als es sich unsere Schulweisheit träumen lässt, sprich, dass es geistige Welten oder Sphären gibt, in welchen der Mensch und andere Wesen nach ihrem irdischen Tod weiterleben. Es gab Religionen ohne dieses Versprechen, sie zählten nicht zu den attraktivsten. Der Buddhismus ist insofern eine merkwürdige Religion, weil er wahrscheinlich die unklarste Position aller Religionen zu der Frage eines Überlebens des Todes bezieht. Das fiel schon Buddhas Zeitgenossen auf, weshalb sich der „Erhabene" gegen den Vorwurf des Nihilismus verteidigen musste. Er stellte da-

125 Zit. nach Schneider, Ulrich: Der Buddhismus. Darmstadt 1997, S. 103.

bei den Glauben an ein unsterbliches Selbst und den Glauben, dass der Tod das endgültige Aus bedeutet, auf die gleiche Stufe, jede dieser Ansichten war ein schädlicher Irrglaube.

Die Lehre vom Bedingten Entstehen sollte den „Mechanismus des Wandels" erklären, der den der Wiedergeburt miteinschließt. Die Karmalehre sollte zeigen, wie der Wiedergeburtsmechanismus genau funktioniert, was, wie und warum wiedergeboren wird.

Bekanntlich entscheidet für die indischen Religionen das Karma über unsere zukünftige Wiedergeburt. Dieser Begriff ging inzwischen in den westlichen Wortschatz ein und er meint dort dasselbe wie im indischen, nämlich dass unser Schicksal, einschließlich unseres Charakters, die Frucht unserer Taten in vorherigen Leben ist. Wörtlich bedeutet *Karma* (Sanskrit), bzw. *kamma* (Pali), Wirken oder Tat.

III.3.2.1 Wie sich der Karmaglaube entwickelte: Karma der Tat

Wie sollte es anders sein: Alle Ritualhandlungen der vedischen Priester zielten auf gute Wirkungen ab. Karma nannten sie die Ritualhandlung, die eine besonders gute Wirkung erzielen sollte, nämlich die, einen Platz im Himmel zu sichern. Im Laufe der religiösen Ideenentwicklung entstand die Ansicht, nicht nur Ritualhandlungen beeinflussen das Schicksal des Menschen, sondern jede Art von Handlung. Gute Wirkungen zeitigt jede Handlung die im Einklang mit dem Dharma, der Ordnung, steht. Eine Handlung im Widerspruch zum Dharma zeitigt schlechte, unangenehme Wirkungen.

Karma wurde sozusagen physikalisch verstanden, als Ursache-Wirkungs-Geschehen, auch wenn sich dieses auf geheimnisvolle Weise vollzog. Allmählich wandelte sich das Karma-Konzept zu einem moralischen: Nur gute Handlungen im moralischen Sinn zeitigen gute Folgen, ein besseres nächstes Leben, eine Wiedergeburt in einer höheren Seinssphäre.

Träger der Wirkungen, der Taten, sind die Seelen. Das waren, wie schon dargelegt, ursprünglich viele, wie die Atemseele, Schattenseele, Sehseele und Denkseele. Um die Zeit Buddhas kristallisierte sich in den Upanischaden der Glaube an eine unsterbliche Seele, *atman*, heraus. Diese sollte es sein, welche den Wiedergeburtskreislauf, die Welt des *samsara,* durchwandert. Da Leben aber letztlich Leiden heißt, egal in welcher Wiedergeburtssphäre, ist es auch in den Upanischaden das letzte Ziel, den Kreislauf zu verlassen und ewige Glückseligkeit, Moksha, außerhalb von ihm zu erreichen. Das erforderte die Erfahrung, dass *atman* mit *brahman* identisch ist. Um von den Brahmanwächtern eingelassen zu werden, war kein Losungswort mehr notwendig, Wichtig war jetzt der sittliche Lebenswandel, das genaue Wissen um die Wiedergeburtsvorgänge und die völlige Reinigung der Psyche mittels Askese, *tapas.* So heißt es in der Brahdaranyaka Upanisad, wer frei von allen Befleckungen und von jeder Begierde, „nicht gehen dessen Lebenskräfte heraus, ganz Brahman seiend geht er ins Brahman ein".[126]

Wer sich aber nicht vollkommen reinigt und nicht das nötige Wissen erwirbt, wird über die schon genannte Kette „Regen-Pflanzen-Nahrung-Sperma-Mensch" wiedergeboren. Ein guter Lebenswandel wird mit einem „erfreulichen Mutterschoß" belohnt, mit dem der Frau eines Brahmanen, Fürsten oder Hausherrn. Ein „übelstinkender Wandel" wird mit einem „übelstinkenden Mutterschoß" belohnt, mit dem eines Hundes, eines Ebers oder einer „Unberührbaren (*candala*)". [127] So weiß es die Chandogya Upanisad. Und alle, die nicht zur arischen Religionsgemeinschaft gehören, alle Ungläubigen, „werden zu irgendwelchen Kleinstlebewesen – Würmer, Schmetterlinge, Motten oder Insekten".[128]

Wer schon in diesem Leben endgültige Erlösung erreichen wollte, schloss sich asketischen Gruppen an, die mit den verschiedensten Formen der Kasteiung jedes Begehren zu vernichten suchten. So mit lebenslangem Schweigen, extremen körperlichen Verrenkungen, vollständigem Verzicht auf körperliche Reinigung, Selbstverstümmelung, Kastration und Fasten bis zum bewussten Verhungern.

---

126 Brahdaranyaka Upanisad zit. nach Schlensog, Stephan: Der Hinduismus. München / Zürich 2006, S. 123.

127 Zit. nach ebenda, S. 128.

128 Ebenda, S. 128.

Der Glaube an Karma, Wiedergeburt und die Möglichkeit einer endgültigen Erlösung fand allmählich Eingang in alle indischen Religionen, auch wenn sich ihre „Vorstellungen über das Wesen des Menschen und über den Weg zur Befreiung“[129] unterschieden.

III.3.2.2 Die buddhistische Karmatheorie: Karma des Willens

Einen entscheidenden Unterschied zu den Upanischaden zieht Buddha durch die Verlagerung des Karmabewertung: Nicht mehr die äußere moralische Handlung ist entscheidend, sondern die innere, der Willensakt. Jemanden töten zu wollen, ist karmisch genauso schlecht, wie ihn wirklich zu töten. Handlungen, die aus Begehren erfolgen, sind karmisch schlecht, auch wenn sie nach außen als gute Taten erscheinen. Für Buddha ist der Wille eine Tat.

Weil in den anderen indischen Religionen vor allem physische Handlungen karmische Folgen nach sich ziehen, sollen sie mehr äußerliche Praktiken betonen, wie die von strenger Askese, Ritualen und der Unterlassung von Handlungen, so Gombrich. Er meint, man könne „leicht die Kühnheit, ja den Wagemut“ der Neubewertung des *kamma*-Begriffs durch Buddha „übersehen“, denn mit ihr „stürzt die brahmanische kastengebundene Moral um“. Man könne nämlich „von der Absicht eines Brahmanen nicht plausibel behaupten, daß sie ethisch von der Absicht eines Niedrigkastigen ganz verschieden wäre. Absicht kann nur tugendhaft oder böse sein.“[130]

Durch die Lehre, die Absicht, der Wille sei *kamma*-entscheidend wurde dem Ritual die reinigende Wirkung abgesprochen und der Brahmane überflüssig. Reinigen kann nur die mentale Handlung. Ein guter Wille ist eine gute Tat und reinigt deshalb den Geisteszustand. Deshalb, so Gombrich, habe die Meditation einen so hohen Stellenwert bekommen, denn mit ihr formte der Adept seinen Willen und reinigte sich von schlechtem *karma*. Die Meditation war damit selbst ein reinigendes Ritual; der Adept kam mit mentaler Reinheit,

---

129 Freiberger, Oliver / Kleine, Christoph: Buddhismus. Göttingen 2011, S. 199.

130 Gombrich, Richard: Der Theravada-Buddhismus. Stuttgart / Berlin / Köln 1997 [1988], S. 75/76.

dem Freier-Werden von Gier, Hass und Verblendung „der Erfahrung des *nibbana* immer näher“.[131]

III.3.2.3 Der karmische Wille und seine Folge: Ausgleichende Gerechtigkeit

Nach buddhistischer Lehre beeinflusst nicht jeder Wille unsere Wiedergeburt, sondern nur der karmische, *kamma-cetana*, der welcher durch Gier, Hass und Verblendung gekennzeichnet ist oder durch die gegenteiligen Eigenschaften. Der karmische Wille kann deshalb heilsam oder unheilsam sein. Besonders schlimme Willenstaten zeitigen besonders schlimme Folgen: „Töten ... Stehlen ... Geschlechtsvergehen ... Lüge ... Zwischenträgerei ... rohe Rede ... törichtes Plappern, ausgeübt, gepflegt und häufig betrieben, führt zur Hölle, zum Tierschoße, oder zum Gespensterreiche“ (A VIII.40). Demgegenüber äußerst sich ein heilsamer Wille in „Gierlosigkeit, Haßlosigkeit (Güte), Unverblendung (Einsicht)“. Er bewirkt eine Wiedergeburt in der Menschen- und Himmelswelt. Der Kanon weiß es noch genauer: „Wer tötet und grausam ist, gelangt entweder zur Hölle oder wird, wenn als Mensch wiedergeboren, kurzlebig sein; wer quält, wird mit Krankheit behaftet sein, der Zornige wird hässlich sein, der Neidische ohne Einfluss, der Geizige arm, der Störrige von niedriger Abstammung, der Nachlässige ohne Einsicht. Im umgekehrten Falle wird man im Himmel wiedergeboren; oder als Mensch wiedergeboren wird man langlebig sein, mit Gesundheit, Anmut, Einfluß, Reichtum, vornehmer Abstammung und Einsicht ausgestattet (vgl. M 135)“.[132] So fasst Nyanatiloka die diesbezüglichen Aussagen im Kanon zusammen.

In M 135; 3,4 antwortet Buddha auf die Frage eines brahmanischen Studenten, was die Ursache dafür sei, „dass man unter den menschlichen Wesen schlechtergestellte und bessergestellte sieht“: Die Wesen seien „die Eigentümer ihrer Handlungen, Erben ihrer

131 Gombrich, Richard: Der Theravada-Buddhismus. Stuttgart / Berlin / Köln 1997 [1988], S. 76.

132 http://www.palikanon.com/wtb/karma.html.

Handlungen; …. Es ist die Handlung, die die Wesen in schlechtergestellte und bessergestellte unterscheidet.“[133] Mit Wesen sind in buddhistischen Texten die verschiedenen fühlenden Lebewesen gemeint, Tiere, Gespenster, Menschen oder Götter. Nach A IV.197 hat eine hässliche Frau ihr Aussehen ausdrücklich den Eigenschaften Wut, Groll, Misstrauen und Zorn in einem vorhergehenden Leben zu verdanken. „Ferner wird sie arm und dürftig sein. Ohne Macht und Vermögen wird sie sein.“[134]„Und schon die allergeringste Wirkung des Umbringens von Lebewesen bringt dem Menschen kurzes Leben.“ [135]

Für den Buddha des Kanons gilt also, was wir sind und wie wir sind, haben wir uns selbst zuzuschreiben, weil in früheren Leben verdient. Der Reiche ist zu Recht reich, der Arme zu Recht arm, der Kranke zu Recht krank, der Hässliche zu Recht hässlich usw. usf. Wie die brahmanische Karmatheorie, eignet sich auch die buddhistische hervorragend zur Rechtfertigung jeder Art von Ungerechtigkeit und, je nachdem, zur Gewissenserleichterung oder -beschwernis.

Die Methode, mithilfe von Jenseitsdrohungen Anhänger zu willenlosen Gefolgsleuten zu formen, finden wir in vielen Religionen, nicht zuletzt in den monotheistischen. Auch der Buddhismus weiß, dass nur sehr wenige Wesen nicht in die „niedrigen und qualvollen Reiche der Gespensterwelt, der Tierwelt, der Hölle hinab“ sinken werden. Genauso wie alle religiösen Gesellschaften, in denen Folter zur Tagesordnung gehört, wird den Gläubigen mit der Fortsetzung dieser Praxis im Jenseits gedroht. Ob im Abend- oder Morgenland, hier wie dort, schmieden die „Höllenwächter … den Übeltäter mit glühenden Eisen an; sie stürzen ihn in heiße Seen von Blut oder peinigen ihn auf Bergen brennender Kohlen; seine Qualen finden kein Ende, bis der letzte Rest seiner Verschuldungen abgebüßt ist.“[136] Selbst wenn der Aufenthalt in den buddhistischen Höllen nicht ewig

133 http://www.palikanon.com/majjhima/zumwinkel/m135z.html.

134 Nyanatiloka: Weg zur Erlösung. In http://www.palikanon.com/buddhbib/08wegerlos/weg_erlos03.htm.

135 Ebenda.

136 Oldenberg, Hermann: Buddha. München 1961 [1881], S. 209.

währt, auch in ihm „herrschen dieselben Mächte der leidenvollen Vergänglichkeit, denen das Menschenleben untertan ist und die durch alle Höllen reichen. Wohl ist den Göttern ein unvergleichlich längeres, freudenreicheres Dasein gewährt als den irdischen Menschen, aber unsterblich sind auch sie nicht. 'Die Dreiunddreißig Götter und die Yamagötter, die Freudenreichen Gottheiten, die Götter, die des Schaffens sich freuen, und die Gebietenden Götter, mit der Fessel des Begehrens gebunden, kehren sie in Maras Gewalt zurück. Die ganze Welt wird von Flammen verzehrt, die ganze Welt ist von Rauch umwölkt, die ganze Welt steht in Brand, die ganze Welt erbebt' Samyutta-Nikaya I, 133.“[137] So fasste Oldenberg das Drohszenario des Buddhismus zusammen.

Wer hat mit diesen Jenseitsbehauptungen wohl Recht: Buddha, von dem es im Kanon heißt, er sei allwissend gewesen oder Jesus und Mohammed, für welche die Folter ewig währt? Oder diejenigen, für die Himmel und Hölle nur Wunsch- und Angstfantasien sind, Fantasien einer Menschheit im Kindheits- und Jugendstadium?

Zuerst einmal besticht die indische Karmalogik durch das Prinzip der ausgleichenden Gerechtigkeit. Die Vermutung liegt nahe, dass es ersonnen wurde, um Ungerechtigkeiten zu rechtfertigen und das Aufbegehren gegen sie zu verhindern. Nicht zufällig wird der Aufsässige, der „Störrische“ laut Kanon, mit einer niedrigen Wiedergeburt bestraft. Die Unterdrückung der Störrischen gelang nicht immer, in den buddhistischen Jakatha-Erzählungen wird von einigen Aufständen gegen allzu gierige Machthaber berichtet.

III.3.2.4 Ungereimtheiten der Karmalehre

Nach der Karmalogik der ausgleichenden Gerechtigkeit, die allen indischen Religionen gemeinsam ist, müssten alle Mächtigen, Reichen, Schönen und Gesunden moralisch gute Menschen in ihrem vorherigen Leben gewesen sein, zumindest wesentlich bessere als der Rest der Menschheit. Dann fragt es sich, warum sich die Mäch-

137 Oldenberg, Hermann: Buddha. München 1961 [1881], S. 209.

tigen, Reichen, Schönen und Gesunden in diesem Leben nicht auf einem höheren moralischen Niveau bewegen, als der große Rest? Zumindest kenne ich keine Untersuchung, welche diesen Schluss nahelegt. Bei den Mächtigen und Reichen scheint eher das Gegenteil der Fall zu sein, sie pflegen, gelinde gesagt, einen laxeren Umgang mit moralischen Geboten als die weniger Mächtigen und Reichen, was sogar der Kanon beklagt. Aus ihm wissen wir, dass sich die Herrschenden zur Zeit Buddhas extrem rücksichtslos und unmoralisch verhielten. Es finden sich in ihm zahlreiche Klagen über ihre Willkürherrschaft und die erbarmungslose Auspressung der Bevölkerung. So heißt es von einem alten König, dass er „seine Unterthanen durch Strafen, Steuern, durch Foltern und Räubereien quält und presst, wie man den Zucker in der Zuckermühle presst, der ihnen verhasst ist, wie ein ins Auge gefallenes Staubkorn, wie eine Scherbe im Reiskuchen, wie ein Dorn, der in die Hand gedrungen ist" (JI240).[138] Mitgefühl scheint den meisten Herrschenden eine völlig fremde Tugend gewesen zu sein.

Die Reichen und Mächtigen verdanken ihren Reichtum und ihre Position ja sehr häufig ausgeprägt unmoralischem, rücksichtslosem Verhalten, aber nach der Wiedergeburtslogik müssten sie von Haus aus besonders hochmoralische Menschen sein. Natürlich wäre es möglich, dass sie die angeborenen höheren moralischen Qualitäten im Laufe ihrer Sozialisation verloren haben, aber fast ausnahmslos? Welchen Sinn haben dann moralische Willensbemühungen?

Müsste nicht auch die Menschheit im Laufe der Jahrhunderttausende hinsichtlich ihrer moralischen Entwicklung, ihrer Willensabsichten und vieler ihrer anderen Charaktereigenschaften immer besser und besser geworden sein? Die meisten Menschen bemühen sich ja, ein im moralischen und religiösen Sinn gutes Leben zu führen. Taugen die Menschen nichts oder die Religionen? Sollte es nicht wenigstens viel mehr Heilige, Arhats, geben als zu Buddhas Zeiten, da doch seitdem unzählige Anhänger seinem Weg ernsthaft gefolgt

138 Zitiert nach Fick, Richard: Die sociale Gliederung im nordöstlichen Indien zu Buddha's Zeit. Kiel 1897, S. 66/67. Siehe zum Thema Ausbeutung denselben Kap. 5.

sind? Schon wenige Jahrzehnte nach Buddhas Tod beklagen aber die Buddhisten, die immer geringer werdende Zahl an Arhats. Tendenziell müsste ihre Zahl, zumindest die der moralisch Besseren, doch steigen.

Ein schon angedeutetes Problem der Karmatheorie: Menschen, die sich besonders unmoralisch verhalten, können als Tiere wiedergeboren werden, sogar als Wurm im After eines Hundes, wie ein indisches Sprichwort weiß. Solche armen Wesen brauchen dann ungezählte Wiedergeburten, um wieder das Level Mensch zu erreichen. Wie können Tiere aber überhaupt ihrer Tiersphäre entkommen, wenn moralische Absichten dafür entscheidend sind? Tiere handeln, zumindest nach unserem Verständnis, jenseits von Gut und Böse, sie handeln nämlich instinktiv, das heißt einzig und allein gemäß ihrer biologischen Programme, nicht gemäß eines moralisch guten oder bösen Willens. Deshalb zerren wir keine Tiere vor Gericht.

III.3.2.5 Taten ohne Täter

Aber vielleicht habe ich die Karmalehre noch nicht richtig verstanden. Denn „ein wahres Verständnis der buddhistischen Karmalehre ist nur dem möglich, der einen tiefen Einblick in die Unpersönlichkeit und Bedingtheit aller Daseinsphänomene getan hat", so Nyanatiloka. Einem wirklich Einsichtigen zeigt sich nämlich überall das bloße Gesetz von Ursache und Wirkung, in körperlichen wie in geistigen Vorgängen. Es zeigt sich ihm auch, dass „die Weisen sich nur einer bloßen konventionellen Bezeichnung bedienen, wenn sie mit Hinsicht auf das Stattfinden einer Tat von einem 'Täter' und beim Eintritt ihrer Wirkung von einem die karmische Wirkung 'Erfahrenden' sprechen". Darum sagen eben die alten Meister:

> „Nicht findet man der Taten 'Täter',
> Kein 'Wesen', das die Wirkung trifft
> Nur leere Dinge zieh'n vorüber:
> Wer so erkennt, hat rechten Blick." (Vis XIX)[139]

139 http://www.palikanon.com/wtb/karma.html.

Wie stimmen aber diese Aussagen mit den von Buddha zitierten Worten überein, wonach die Wesen „Verursacher, Eigentümer und Erben der Handlungen“ sein sollen? Sind die Wesen keine Täter, sind sie nur willenlose Rädchen in einer Maschine, die sich nach dem Gesetz des Bedingten Entstehens dreht? Dann wäre es ungerecht, wenn sie für „ihre“ Taten durch schlechte Wiedergeburten bestraft werden, so ungerecht, wie wenn Roboter oder Computer wegen Programmierfehler bestraft würden. Wer soll überhaupt bestraft werden, wenn es kein Opfer gibt, niemanden, den die Wirkungen treffen? Laufen dann nicht alle Anstrengungen, Belohnungen und Strafen ins Leere? Kein Täter, kein Opfer, kein Wesen, welches die Wiedergeburten durchwandert: diese Reden sind die Konsequenz der Nicht-Ich-Lehre.

Häufig liest man, der Buddhismus sei eben frei von Kategorien wie Schuld, Sühne, Gut und Böse, das Karmagesetz sei wie ein Naturgesetz, bestimmte Ursachen haben bestimmte Wirkungen, unabhängig von moralischen Kategorien.

Buddhas Ethik ist eine Willensethik und eine solche ist in moralischer Hinsicht sogar eine noch strengere als eine Tatethik. Schon ein böser Wille, einer mit dem ich anderen Schaden zufügen will, nicht erst die böse Tat, bewirkt eine Bestrafung. Ich kann statt Bestrafung auch negative Folge sagen, trotzdem bleibt das Ganze ein moralischer Vorgang, weil der Wille nach seiner Gut- bzw. Bösartigkeit beurteilt wird.

Auch Nyanatiloka widerspricht der moralfreien, sozusagen rein physikalischen Deutung der Karmatheorie, sie sei im Abendland durch die theosophische Vermittlung des Buddhismus populär geworden: „Trotz aller Theosophie und der vielen dadurch irregeleiteten Abendländer – Karma (habe) niemals etwas anderes bezeichnet als eben moralisches oder immoralisches Wirken“.[140] Das moralische Handeln bestimme über die Güte der Wiedergeburt. Damit sei auch die buddhistische Karmatheorie eine Vergeltungstheorie. Moralisch gutes Handeln wird mit einer guten, moralisch schlechtes

140 http://www.palikanon.com/wtb/paticcasamuppada.html.

mir einer schlechten Wiedergeburt vergolten. Diese Worte stehen allerdings im Widerspruch zu den von ihm vorher zitierten, in denen die Täterlosigkeit bzw. Unpersönlichkeit, des Karma- und Wiedergeburtsprozess betont wird.
Ist der Karmaprozess unpersönlich, gibt es keine Kontinuität einer Person beim Wiedergeburtsprozess, dann müssen wir mit Zotz fragen: „Warum sollte ein Mensch sich Wissen aneignen, ethisch disziplinieren und meditieren, wenn nicht er selbst die Frucht seiner Bemühungen erntete?“[141] Zotz geht mit diesem Problem so um, wie der Buddhist Zumwinkel mit seinen Problemen mit der Wiedergeburtskette, Christen mit dem Theodizee-Problem und viele andere religiöse Menschen, welche beängstigende Ungereimtheiten und Widersprüche ihres Weltbildes bemerken: Sie reden sich ein, wenn sie der Erleuchtung oder Gnade zuteilwerden, werden sich alle Ungereimtheiten und Widersprüche auflösen. Mit dieser Einstellung haben sie aber nur der Beliebigkeit Tür und Tor geöffnet, sie könnten die Religion wechseln wie das morgendliche Handtuch, heute Scientologen werden, morgen Anhänger des Ku-Klux-Klan und übermorgen Mitglieder der Flat-Earth-Society, die Ungereimtheiten und Widersprüche werden sich ja sicher irgendwann auflösen.

Zur Klarstellung: In der Wirklichkeit gibt es keine Widersprüche, sie gibt es nur in unserem Verständnis der Wirklichkeit. Wenn ich Widersprüche in meinem Verständnis der Wirklichkeit bemerke, heißt das, mit diesem Verständnis stimmt etwas nicht, an ihm ist irgendetwas falsch, ich habe nicht korrekt über die Welt nachgedacht.

III.3.2.6 Der Wiedergeburtsprozess

Nach Glasenapp gehen die Meinungen über den Vorgang der Wiedergeburt unter den Buddhisten auseinander, manche würden „einfach von einem überspringenden Bewusstsein sprechen, aber nicht erläutern, wie dieser Vorgang zu denken sei, weil der Erhabene ge-

141 Zotz, Volker: Geschichte der buddhistischen Philosophie. Hamburg 1996, S. 66.

sagt hat, das Karma sei ein vom Menschen nicht zu enträtselndes Geheimnis". [142]

Die bekannteste Wiedergeburtstheorie ist die Zwischenwesen-Lehre. Nach ihr überleben das Bewusstsein, *vinnana*, und Strebungen, *sankharas*, den Sterbeprozess. Das Bewusstsein fungiert dabei als Träger der Strebungen, also der Triebe und des Willens. *Vinnana* und *sankhara* bilden ein geistiges Zwischenwesen (*gandhabba*), das sich bis zu seiner Wiederverkörperung in jenseitigen Sphären tummelt, von wo aus es irdische Zeugungsvorgänge beobachtet und den Mutterschoß auswählt, der ihren „eigenen kammischen Qualitäten entspricht. Ein kammisch gutes Bewusstsein [ein *gandhaba*, AB] wird das Werden eines Embryos in einer Mutter in Gang setzen, die ihrem Kind gute Erbanlagen und gute Lebensumstände garantiert. Kamma wirkt sich nicht in der neuen Daseinsform, es wirkt sich als neue Daseinsform aus." Wichtig ist: Das neue Lebewesen bildet sein eigenes Bewusstsein heraus, „das mit dem Urheber-Bewußtsein nicht identisch ist".[143] In anderen Darstellungen sucht sich das Zwischenwesen nicht die Eltern aus, sondern wird von ihnen angezogen.

Die Eltern stellen im Moment der Zeugung also Same und Ei zur Einkörperung von *vinnana* und *sankhara* zur Verfügung. Diese färben das sich neu entwickelnde Bewusstsein, bestimmen Quantität und Qualität der emotionalen Reaktionen. Anders gesagt, sie bestimmen den Charakter des neuen Wesens, ob es beispielsweise eher aggressiv oder friedlich, eher extrovertiert oder introvertiert wird. Für H.W. Schumann wirkt das alte Bewusstsein, *vinnana*, „lediglich wie ein Katalysator, der einen chemischen Prozeß auslöst, im Endprodukt dieses Prozesses aber nicht mehr enthalten ist".[144] Der Buddhismus lehre also nicht eigentlich Wiedergeburt, das alte Bewusstsein sei ja nur „der das Leben zündende Funke".[145] Nach dieser Theorie zerstreut sich das alte Bewusstsein im Embryo wie Dünger

142 Glasenapp, Nachwort, in: Oldenberg, Hermann: Buddha. München 1961 [1881], S. 431.

143 Schumann, Hans Wolfgang: Der historische Buddha. München 1995, S. 165.

144 Zit. nach Schneider, Ulrich: Der Buddhismus. Darmstadt 1997, S. 102.

145 Schumann, Hans Wolfgang: Der historische Buddha. München 1995, S. 165.

in einem Feld. Also: Keine Wiedergeburt, sondern Neugeburt mit den Willenseigenschaften eines vorangegangenen Wesens.

Für den Mahayanabuddhisten Gonsar Tulku überleben alle vier psychischen *skhandas* den Tod, also nicht nur *vinnana* und *sankhara*, nur das *skhanda* Körper stirbt. Die vier psychischen *skhandas* sind ihm etwas Immaterielles, Geistiges.[146] Für diese Theorie, wie für die vorherige, die *vinnana-sankhara*-Transporttheorie stellt sich grundsätzlich die Frage, ob rein geistige, köperlose Wahrnehmungsorgane überhaupt existieren? Wären sie fähig, ohne Augen zu sehen, wie es die Zwischenwesen können müssten, wenn sie Paare beim Geschlechtsverkehr beobachten? Wären sie fähig, ohne Nerven zu fühlen, ohne Gehirn zu denken und Entscheidungen zu treffen? Wenn ja, warum dann die Energieverschwendung einer materiellen Verdoppelung solcher geistigen Organe? Die Existenz rein geistiger Wahrnehmung und Welten wird seit jeher locker behauptet, bewiesen hat sie noch niemand.

Auch die detaillierten Schilderungen des Sterbevorgangs, wie sie im tibetischen Buddhismus üblich sind, beweisen keine geistigen Organe oder Welten. Die Schilderungen des Verschwindens von Sinneseindrücke wie Formen, Farben, Gestalten, Töne, das nach der Elementenlehre komponiert ist, stimmt zwar nicht mit den Schilderungen der sogenannten Nahtodeserfahrungen überein, aber zumindest ist nachvollziehbar, dass beim Sterbevorgang diese Wahrnehmungen mit dem Absterben des Körpers aufhören.

Was für einen Unterschied machen diese apersonalen Wiedergeburtstheorien zur biologischen Vererbung? Wir wissen inzwischen, dass der Körper eines Menschen zu 100% aus den Genen seiner Eltern hervorgegangen ist, je 50% von einem Elternteil. Er erbt aber nicht nur eine Mischung ihrer körperlichen Eigenschaften, sondern auch noch viele ihrer psychischen. Ungefähr 50% von diesen sollen

146 Siehe Gonsar Tulku: Philosophische Grundlagen des Buddhismus. 3. Tod und Wiedergeburt, Die Leerheit der Dinge, Analytische und Konzentrative Meditation. Vorlesungen am Institut für Philosophie der Universität Frankfurt. Frankfurt am Main 2006, S. 5 u. 107.

nämlich angeboren sein, den Rest erwirbt er bis zur Pubertät.[147] Aber selbst wenn 50% oder gar 100% seiner psychischen Eigenschaften von einem Zwischenwesen stammen würden, da keine personale Identität weitergegeben wird, kann man so wenig von Wiedergeburt sprechen, wie bei der Weitergabe der Gene. Schumann hat in diesem Punkt Recht. Falsch ist seine Behauptung, ob nun Interpretation Schumanns oder buddhistische Lehre, dass das Bewusstsein so etwas wie „der das Leben zündende Funke" sei. Leben braucht kein Bewusstsein, ein Embryo muss deshalb nicht von ihm zum Leben erweckt werden, Same und Ei würden gar nicht verschmelzen, wenn sie nicht schon leben würden.

Also: Selbst wenn eine der buddhistischen „Wiedergeburts"-Theorien richtig wäre, sie würden zur viel plausibleren genetischen Vererbung und sozialen Konditionierung keinen Unterschied machen. Ob ich meine Triebe, meinen Willen, meine Charaktereigenschaften von einem nicht mehr existierenden Geistwesen oder durch Gene und Sozialisation erhalten habe, für meine personale Identität ist das gleichgültig.

Nach buddhistischer Lehre können die karmischen Impulse, das *sankhara,* sogar auf verschiedene Personen, auch auf Tiere, verteilt werden. So kann von einer personalen Identität, die doch erhalten bleiben müsste, wenn man von Wiedergeburt spricht, absolut keine Rede sein. „Wenn irgendwelche Komplexe von Faktoren nach meinem Tod in ein neues Leben eingehen, so besagt das ebenso wenig wie eine Fortexistenz organischer Stoffe meines Körpers, dass ich wiedergeboren werde",[148] wendet der Philosoph Franz von Kutschera zu Recht ein.

Unsere personale Identität ist zwar nicht genau fixierbar, aber wir sehen und empfinden uns als eine bestimmte Person mit bestimmten äußeren und inneren Eigenschaften. Wesentlich für unsere Identität ist die Erinnerung, ein Bewusstsein unserer Herkunft und Geschichte, sie gibt uns den Eindruck immer die gleiche Person zu

---

147 Siehe Roth, Gerhard: Persönlichkeit, Entscheidung und Verhalten. Stuttgart 2007, Kap. 1.

148 Kutschera, Franz von: Vernunft und Glaube. Berlin 1990, S. 179.

sein, nämlich die, welche all das erlebte. Wir können uns vorstellen, dass sogar Erinnerungsfragmente vererbt werden, aber selbst dann würden wir nicht von Wiedergeburt sprechen.

Buddha hatte mit der Nicht-Seelen-Lehre höchstwahrscheinlich Recht, aber sicher nicht mit den Wiedergeburtslehren, sollte er sie gelehrt haben. Selbst wenn diese richtig wären, sie machen keinen Unterschied zum von ihm abgelehnten sogenannten Nihilismus, für den dieses Leben alles ist.

III.3.2.7 Widersprach sich Buddha bei der Karmalehre?

Nach den buddhistischen apersonalen Wiedergeburtstheorien überleben unseren Tod lediglich unpersönliche Eigenschaften, wie Triebe und Tatabsichten. Das würde bedeuten, dass die „Weisen“ Recht hatten, es gibt keinen Eigentümer der Taten, zumindest keinen, der den Tod überlebt. Die Individuen wären unschuldige Opfer oder Nutznießer ihrer Vorfahren. Die buddhistische Karma-Theorie hätte nichts mit ausgleichender Gerechtigkeit zu tun.

Diese Wiedergeburtstheorien sind auch nicht vereinbar mit den Reden Buddhas im Kanon, in denen er „selbstverständlich vom künftigen Existieren konkreter Personen“ spricht. So verheißt „er etwa einem liebenden Paar das Zusammensein in einem künftigen Dasein, sollten beide nach gleichem Ethos leben“.[149] Die ganzen Drohungen und Versprechungen, mit welcher die Karmalehren operieren, dass die Wesen „Eigentümer“ und „Erben ihrer Handlungen“ sind, dass es die Handlung ist, „die die Wesen in schlechtergestellte und bessergestellte unterscheidet“, ist sinnlos, wenn die apersonalen Wiedergeburtstheorien richtig sind, weil dann einfach keine personale Identität transportiert wird.

Der Widerspruch zwischen dieser Lehre und den Reden von Wesen als Erben dieser Handlungen wird auch für den Buddhisten Zotz nicht gelöst. Er könnte Recht haben, dass solche Widersprüche zum Erfolg des Buddhismus beitrugen, aber nicht, aus den Gründen die er

149 Zotz, Volker: Geschichte der buddhistischen Philosophie. Hamburg 1996, S. 53.

anführt, weil etwa „der Widerspruch in der Lehre korrespondiert mit einem solchen menschlichen Existierens“ oder, weil Buddha „nicht begrifflich erklären wollte, was sich einzig der Erfahrung des Befreiten erschließt“.[150] Das ist vernebelnde Schönrednerei. Wenn diese Widersprüche und Ungereimtheiten zum Erfolg des Buddhismus beitrugen, dann deswegen, weil sich jeder die Lehre heraussuchen konnte, die seinen Wünschen entsprach. Wer als identische Person in einem besseren Leben wiedergeboren werden wollte, konnte auf die entsprechenden Worte Buddhas verweisen. Nach ihnen genügt es sogar, sich zur richtigen Zeit eine Wiedergeburt als Fürst vorzustellen, um als solcher wiedergeboren zu werden.[151] Wem, aus welchen Gründen auch immer, die Erhaltung der personalen Identität nicht wichtig war, der konnte ebenfalls auf entsprechende Worte des Meisters verweisen. Vielleicht aber lagen auch die richtig, welche die Nicht-Ich-Lehre auf eine Fehlinterpretation seiner Worte zurückführten.

Buddha scheint sich der Wiedergeburt nicht sicher gewesen sein, denn überraschenderweise argumentiert er für einen moralischen Lebensstil mit der Wettüberlegung des Philosophen Blaise Pascal (1623-1662). Der meinte, es sei sinnvoller, auf die Existenz Gottes zu setzen als auf seine Nichtexistenz: Wenn es ihn gibt, dürfe man sich nach dem Tod eines großen Lohnes erfreuen, wenn es ihn nicht gibt, hat der Glaube an ihn nicht geschadet.

Buddha argumentierte analog, als er sagte: „Gibt es eine andere Welt und eine Frucht guter und schlechter Taten, ist es möglich, daß ich beim Zerfall des Körpers, nach dem Tod, in glücklichem Gebiet erscheine (...). Gibt es keine andere Welt und keine Frucht guter und schlechter Taten, führe ich eben hier in dieser Welt ein leidfreies, glückliches Leben, ohne Haß und Übelwollen“[152] (A III, 66 Mahavagga).

---

150 Ebenda.

151 Oldenberg, Hermann: Buddha. Sein Leben. Seine Lehre. Seine Gemeinde. München 1961 [1881], S. 231.

152 Zit. nach Zotz, Volker: Geschichte der buddhistischen Philosophie. Hamburg 1996, S. 53.

III.3.2.8 Samsara

Samsara meint nicht nur den Kreislauf des Geborenwerdens, Sterbens und des Wiedergeborenwerdens auf der Erde, einschließlich eines Aufenthalts in einem Geisterreich, als Samsara werden alle Welten bezeichnet, die von Karma, Wiedergeburt und Leiden gekennzeichnet sind. Fünf solcher Welten soll es geben. In den drei niederen hausen Tiere, Gespenster und Höllenwesen, in den zwei höheren die Menschen und die Götter. Der tibetische Buddhismus behauptet noch eine Welt der Gegengötter, so dass er sechs Welten des Samsara kennt.

Die Wesen können in allen der fünf Welten wiedergeboren werden bzw. manche ihrer Eigenschaften. Als die beste der samsarischen Welt gilt die der Menschen, nur in ihr soll es möglich sein, den Wiedergeburtskreislauf zu verlassen. Den Tieren fehle die geistige Fähigkeit, den Göttern die Motivation, sie genießen lieber ein Abermillionen Jahre währendes Luxusleben. Auch die Götterwelt ist eine Kasten- bzw. Klassengesellschaft: Die niedrigste Götterkaste gibt sich grenzenloser Sinnenlust hin und unterteilt sich in sechs Klassen. Die mittlere Götterkaste, eine feinstofflichere, bezahlt ihren höheren Status mit der Freiheit von Sinnenlust, sie zählt nicht weniger als 17 Klassen. Das Dasein der höchsten Götterkaste ist an Ödnis kaum zu überbieten, sie existiert in „reiner Geistigkeit" und meditiert über die Unendlichkeit des Raumes, des Bewusstseins, des Nichts und „über dem Gipfel des Daseins (*bhavagra*), eine psychische Sphäre, die die Grenzen des Bewußtseins überschreitet".[153]

Das endgültige Ziel eines Buddhisten ist jedoch der vollkommene Ausstieg aus allen diesen Welten, das endgültige Ziel ist Nirvana, die beständige Seinsweise der Leidfreiheit.

Buddhas letzte Worte waren die Ermahnung: „Übet ohne Unterlass!"

153 Lamotte, Etienne: Der Buddha, Seine Lehre und Seine Gemeinde, in: Bechert, Heinz/Gombrich, Richard (Hrsg.): Der Buddhismus. München 1984, S. 48.

III.3.2.9 Warum gerade die Moral?

Warum behaupten so viele Religionen, dass gerade moralische Handlungen oder der moralische Wille wichtig für unser Schicksal sind? In den frühen Veden mussten Handlungen einfach dem *Dharma,* der Ordnung, entsprechen, gleichgültig ob sie moralisch oder unmoralisch waren. So entsprach der Raub von Vieh anscheinend dem *Dharma*, wahrscheinlich aber auch der Moral, da diese in jenen Zeiten meist nur für die eigene Gruppe galt.

Noch ein Zeitgenosse Buddhas, Purana Kassapa, lehnte jeden moralischen Einfluss auf das *karma* ab, es sei völlig unerheblich, „ob man alles in Sichtweite töte oder ob man nur Taten der Nächstenliebe begänge". Für Buddha aber war „moralisches Verhalten die Grundlage des spirituellen Fortschritts".[154]

Die Volksmärchen, insbesondere die Zaubermärchen, geben archaisch-religiöse Vorstellungen wieder, Vorstellungen der animistischen und schamanistischen Religionen. Auch in ihnen entscheidet meist nicht das moralische Verhalten über das Schicksal des Helden, sondern seine Kraft, Klugheit, Kreativität und die Übereinstimmung seines Handelns mit der Ordnung, dem *dharma*, so der Ordnung, dass aller guten Dinge drei sind.[155]

Lügen, Stehlen, Töten und anderes moralisches Fehlverhalten empfinden die allermeisten Menschen als 'böse'. Für religiöse Menschen ist dieses unangenehme Gefühl ein Beweis für den übernatürlichen Ursprung der moralischen Regeln. Eine natürliche Erklärung für ihre Entstehung und die unangenehmen Empfindungen bietet sich an: Die Regeln sind langfristig von Vorteil für das Zusammenleben und Überleben einer Gruppe und damit auch für jeden Einzelnen (oder zumindest die meisten). Dieser Vorteil wurde durch Bestrafung bei Übertretung der Regeln gesichert, deshalb die unangenehmen Empfindungen in Form von Angst vor Bestrafung,

154 Gombrich, Richard: Der Theravada-Buddhismus. Stuttgart / Berlin / Köln 1997 [1988], S. 75.

155 Ein grundlegendes Werk zu diesem Thema: Propp, Vladimir: Die historischen Wurzeln des Zaubermärchens. München / Wien 1987 [Leningrad 1946].

schlechtem Gewissen, Schuld- und Schamgefühlen. Wir fühlen uns gut, wenn wir uns moralisch richtig verhalten, weil wir dann keine Angst vor Bestrafung, vor keiner Art von Missbilligung haben müssen.

Regelwidriges, 'unmoralisches' Verhalten zieht viel häufiger Konflikte nach sich als regelkonformes. In größeren Gemeinschaften, in Stammesbünden, wie es die Reiche zur Zeit Buddhas waren, wird die Verhaltenskontrolle mittels moralischer Normen noch wichtiger, die Überwachung des Einzelnen ist schwieriger und Konflikte können größere Folgen nach sich ziehen. Die buddhistische Ethik ist stark an Konfliktvermeidung orientiert, stärker als viele andere. Gleichmut, eine besonders betonte buddhistische Tugend, schließt ein, nie wütend zu werden, zumindest seine Wut nicht zu zeigen. Zorn gilt neben Gier und Unwissenheit als ein Hauptgrund für Leid. Zorn und Wut provozieren oder verlängern häufig Konflikte, es lässt sich aber darüber streiten, ob es ratsam ist, sie immer zu unterdrücken, immer gleichmütig zu bleiben.

Moralisches Verhalten erspart vor allem eine sehr unangenehme und eine sehr „tabuisierte Emotion“[156], die der Scham. Das „Schamgefühl“ und die „sittliche Scheu“ werden im Kanon als die „zwei hellen Eigenschaften“ und die „Beschirmer der Welt“ bezeichnet, dementsprechend die Scham- und Gewissenslosigkeit als „dunkle Eigenschaften“[157] (A.II.7-8). Auch das Schamgefühl schützt uns vor Verhalten, welches bei Entdeckung Konflikte und Bestrafung nach sich ziehen könnte. Der Wunsch nach Konflikt- und Bestrafungsvermeidung, von Verachtung bis Ausschluss aus der menschlichen Gemeinschaft oder gar Tötung, dürfte der Grund sein, warum vor allem moralische Handlungen als entscheidend für das Schicksal der Menschen in allen größeren Gesellschaften und ihren Religionen angesehen wurden und werden.

---

156 So der Titel eines Buches von Marks, Stephan: Scham – die tabuisierte Emotion. Düsseldorf 2007.

157 http://www.palikanon.com/angutt/a02_001-010.html#a_ii7.

Kommen wir nun zur richtigen Medizin, zu der, welche die Krankheiten Begehren und Unwissenheit zum Erlöschen bringen sollen.

III.4. Der Weg zur Leidfreiheit

III.4.1 Die Vierte Edle Wahrheit

„Das habe ich gehört. Zu einer Zeit weilte der Erhabene bei Benares am Sehersteine im Wildparke. Dort nun wandte sich der Erhabene an die fünf verbündeten Mönche:

Zwei Extreme sind, ihr Mönche, von Hauslosen nicht zu pflegen. Welche zwei?

Bei den Sinnendingen sich dem Anhaften am Sinnenwohl hingeben, dem niederen, gemeinen, gewöhnlichen, unedlen, heillosen; und sich der Selbstqual hingeben, der schmerzlichen, unedlen, heillosen.

Diese beiden Extreme vermeidend, ist der Vollendete zum mittleren Vorgehen erwacht, das sehend und wissend macht, das zur Beruhigung, zum Überblick, zur Erwachung, zum Nirvana führt.

Und was ist dieses mittlere Vorgehen?

Es ist der edle achtfältige Pfad."

Die 8 Pfade, Falten bzw. Spuren, sind:

„1. Rechte Erkenntnis. 2. Rechte Gesinnung. 3. Rechte Rede. 4. Rechte Tat. 5. Rechter Lebenserwerb. 6. Rechte Anstrengung. 7. Rechte Achtsamkeit. 8. Rechte Sammlung."[158] (S 56,11)

Die 4. Wahrheit gibt also das Mittel zur Überwindung des Leidens an: die Befolgung des 8-fachen Pfades. Die Überwindung ist gleichbedeutend mit dem Austritt aus dem Wiedergeburtskreislauf und dem Eintritt ins Nirvana. Eine erstes Verständnis, was es konkret bedeutet, den 8-fachen Pfad zu gehen, vermitteln die folgenden kurzen Erläuterungen im Kanon:

Rechte Erkenntnis „ist das Erkennen des Leidens, der Leidensentstehung, der Leidenserlöschung und des zur Leidenserlö-

158 http://www.palikanon.com/samyutta/sam56.html#s56_11.

schung führenden edlen achtfachen Pfades", also die Erkenntnis der Vier Edlen Wahrheiten.

Rechte Gesinnung „ist eine Gesinnung frei von Sinnenlust, Haß, Grausamkeit".

Rechte Rede ist „Vermeidung von Lüge, Hinterbringung, roher Rede und törichtem Plappern".

Rechte Tat ist „Vermeidung von Töten lebender Wesen, Stehlen und Ehebrechen".

Rechter Lebenserwerb bedeutet das Verbot von Berufen die mit Tötung und Drogen, einschließlich Alkohol, zu tun haben.

Bei der rechten Anstrengung „erweckt der Mönch in sich den Willen, unaufgestiegene üble, unheilsame Dinge nicht aufsteigen zu lassen ... aufgestiegene üble, unheilsame Dinge zu überwinden ... unaufgestiegene heilsame Dinge zu erwecken ... aufgestiegene heilsame Dinge festzuhalten und nicht schwinden zu lassen, sondern zum Wachsen und Gedeihen und zur vollen Entfaltung zu bringen. Und er müht sich ab, bietet alle Willenskraft auf, treibt seinen Geist an und kämpft."

Bei der rechten Achtsamkeit, „verweilt der Mönch in Betrachtung des Körperlichen ... der Gefühle ... des Bewußtseins ... der Geistobjekte, eifrig, klarbewußt, achtsam, weltliche Begierde und Kummer verwerfend".

Bei der rechten Sammlung „tritt der Mönch, den Wunschobjekten entrückt, losgelöst von den unheilsamen Dingen ... in die erste Vertiefung ein ... in die zweite Vertiefung ... die dritte Vertiefung ... die vierte Vertiefung".[159]

III.4.2 Der 8-fache Pfad und seine Dreiteilung

Die acht Pfade werden traditionell unterteilt in Wissen (oder Weisheit), Sittlichkeit und Sammlung (oder Versenkung).

---

159 http://www.palikanon.com/wtb/sacca.html.

Wissen, *panna*, beinhaltet die Pfade 1 und 2. Sittlichkeit, *sila*, die Pfade 3, 4, 5 und Sammlung, *samadhi*, die Pfade 6, 7, 8. Aber auch nur Pfad 8 wird *samadhi* genannt.

Die drei Schulungsbereiche, Wissen, Sittlichkeit und Sammlung, umfassen nach Nyanatiloka mehr als die Aufgaben im 8-fachen Pfad. Der Pfad selbst soll Teil der drei Schulungsbereiche sein. Das muss er, wenn die Wissensschulung die *gesamte* kanonische Philosophie enthalten soll, wie der Theravada, nach Darstellung Nyanatiloka, behauptet.[160] Die Wissensschulung, Pfade 1 und 2, stehen auch nicht am Anfang, wie es zu vermuten wäre, sondern am Ende des langen Schulungsweges.

Populär ist die Sammlungs- und Wissensschulung unter den Bezeichnungen *samadhi*- und *vipassana*-Meditationen. Sie werden wiederum unter dem Überbegriff *bhavana,* Geistesentfaltung, zusammengefasst.

Die Reihenfolge der Arbeit an den Stufen entspricht, nach der Theravada-Tradition, also nicht der Reihenfolge des 8-fachen Pfades. Man könnte ja der Ansicht sein, dass den 1. Pfad, den der rechten Erkenntnis, derjenige zu Ende gegangen ist, welcher die Vier Edlen Wahrheiten verstehend und zustimmend zur Kenntnis genommen hat. Darauf folgt Pfad auf Pfad, bis dem Adepten auf dem 8., mittels der Sammlung, der Durchschreitung der 4 Versenkungsstufen, die Erlösung zuteil wird.

In der Theravadatradition werden aber die Glieder 3-5, die der Sittlichkeit „als Erstes zur Vollendung gebracht“, dann die Glieder 6-8, die der Sammlung, „und zu allerletzt die beiden ersten Glieder“,[161] die des Wissens. Das erste Glied aber, die rechte Erkenntnis, wird einerseits als letztes verwirklicht, andererseits muss es schon immer, wenn auch nur „keimhaft“, vorhanden sein. Man kann auch sagen, dass an allen Gliedern gleichzeitig gearbeitet wird, wenn auch mit unterschiedlicher Gewichtung. Am Ende des Pfa-

160 Siehe Nyanatiloka: http://www.palikanon.com/buddhbib/08wegerlos/weg_erlos05.htm.

161 http://www.palikanon.com/wtb/magga.html.

des werden die gesamten Wahrheiten der Lehre auf „überweltliche“ Weise erkannt, was das bedeuten soll, sehen wir uns noch an.

Wie die spätere christliche Mystik ist auch die buddhistische ein ausgefeiltes Stufensystem, mit so vielen Unterscheidungen an Wissens-, Erkenntnis- und Bewusstseinsebenen, dass das Ganze völlig exzentrisch und unplausibel zugleich wirkt.

Eine grobe Unterteilung zählt vier Versenkungs- und neun Erreichungszustände. „In alten Lehrreden“ wird der Erlösungsweg aus „sieben Bausteinen aufgebaut“. Jeder dieser Bausteine ist eine Begriffsreihe, die 37 Begriffe, beziehungsweise Hauptübungen, ergeben. Der Erlösungsweg des Kanons wurde aus unabhängigen Elementen zusammengestellt und bildet „kein organisches Ganzes“,[162] so kommen vielfache Überschneidungen vor und manchmal werden ein- und dieselben Übungen unter anderem Namen angeführt.

Ausgefeilte Stufensysteme sind typisch für stark hierarchische Gesellschaften, wie sie die feudalistischen, also Adelsgesellschaften, waren und sind. Ihre Kompliziertheit hat auch den Vorteil, Spezialisten zu erfordern, Menschen die ausschließlich davon leben können, anderen dieses Wissen zu übermitteln.

Bei der unübersichtlichen Menge an Übungen, an Vertiefungs- und Erkenntnisstufen, wundert es nicht, dass sich der Glaube entwickelte, Abermillionen von Wiedergeburten sind nötig, bis man ein Buddha wird. Gegenreaktionen ließen sich nicht lange auf sich warten, Bewegungen, die behaupteten, einen direkten Weg zur Erleuchtung zu wissen. Die bekannteste dieser „spontaneistischen“ Bewegungen ist die aus der Verbindung von Daoismus und Buddhismus entstandene Bewegung des Zen.

Wie kompliziert sich der Erleuchtungsweg nach dem Kanon gestaltet, können wir an der Gliederung in Nyanatilokas Klassiker *Der Weg zur Erlösung* sehen. Der Erlösungsweg unterteilt sich demnach in die drei schon genannten Schulungen, Sittlichkeit, Sammlung und Wissen. Der Adept muss 7 Reinheitsstufen erklimmen, die sich über

162 Bronkhorst, Johannes: Die buddhistische Lehre. In: Bechert, Heinz u.a. (Hrsg.): Der Buddhismus I. Der indische Buddhismus und seine Verzweigungen, Stuttgart 2000. S. 81.

diese drei Schulungen erstrecken und jeweils eine unklare Zahl an Übungen, Erkenntnissen und Regeln erfordern, insgesamt habe ich über 100 gezählt, viele Unterübungen nicht mit eingerechnet.[163]

Sehen wir uns die Schulungen genauer an.

III.4.2.1 Die Sittlichkeitsschulung

III.4.2.1.1 Der Umfang der Sittlichkeitsschulung

Nach der Theravada-Tradition steht die Sittlichkeitsschulung, *sila,* an erster Stelle. Sie gilt als das unerlässliche Fundament des Pfades. Ihre Inhalte sind nach den Maßgaben 3, 4, 5 des 8-fachen Pfades, das Verbot von Lüge, Diebstahl, Tötung, Verleumdung, Ehebruch, also die moralischen Kerngebote, die man in allen Kulturen findet. Hinzu kommt das ausdrückliche Verbot, andere Wesen schädigende Berufe auszuüben, wie Waffenhändler, Drogenproduzent, Drogenhändler und Metzger.

„Das Sittlichkeitsgebiet umfaßt" aber „alles, was es überhaupt an Sittenregeln gibt". [164] Das schließt vor allem die Mönchsregeln ein, welche man als das Herz des Buddhismus bezeichnen kann. Für den Theravada gilt, wo keine Mönche, dort kein Buddhismus. Auch glaubt man in ihm, wohl nicht zu Unrecht, dass nur Mönche die vielen Sittlichkeitsregeln wirklich befolgen und die vielen erforderlichen Übungen durchführen können.

III.4.2.1.2 Der Orden und die Ordensregel

Die Pfade 3 bis 5 weiten sich im Laufe der Zeit zu einem engmaschigen, über 200 Vorschriften enthaltenden, Regelwerk aus. Die Regeln 3 bis 5 gelten als natürliche, die Ordensregeln als hohe Sittlichkeit.

Ob es schon zur Zeiten Buddhas eine solche Vielzahl an Regeln gab oder ob sie auf einer, vielleicht jahrhundertelangen Entwicklung beruhen, wissen wir nicht. Ulrich Schneider glaubt, aufgrund einer

163 Siehe: http://www.palikanon.de/buddhbib/08wegerlos/weg_erlos00.html.

164 http://www.palikanon.com/buddhbib/08wegerlos/weg_erlos05.htm.

Analyse der Sutte, welche von den letzten Lebenswochen Buddhas erzählt, der Mahaparinirvana-Sutte, dass Buddha selbst weder eine Ordenshierarchie noch einen „Corpus der Ordenszucht“ wollte. Dieser Corpus trat aber neben die Lehre und wurde sogar wichtiger als diese.

Ob Schneider Recht hat, spielt unter dem Blickwinkel der tatsächlichen Entwicklung keine Rolle. Für sie gilt, die Befolgung der Ordensregeln bildet das Fundament des Erlösungsweges. Der erste Korb, der drei Körbe in die sich der Kanon gliedert, ist der Korb der Ordensregeln; der Zweite der Suttenkorb, der die Lehrreden des Buddha enthält, und der Dritte der Korb der sogenannten „Höheren Lehrreden“, der Abhidamma. In ihm werden philosophische Themen in Form von Abhandlungen dargestellt und nicht in Dialogform, wie in den Sutten.

Der Korb der Ordensregeln steht an erster Stelle, weil er als der wichtigste gilt. Der Korb wird Vinaya-Pitaka genannt, wörtlich Korb der Disziplin und es heißt in MV 98: „Solange die Vinaya-Bücher nicht zerstört sind, dauert die Botschaft weiter an, selbst wenn die Sutta- und Abhidhamma-Bücher in Vergessenheit geraten.“[165]

Die buddhistische Ordenssatzung ist übrigens die älteste Urkunde des Mönchtums überhaupt, deshalb wurde darüber spekuliert, ob das christliche Mönchstum auf das buddhistische zurückgeht.

Alle 14 Tage, zumindest aber einmal im Monat, rezitiert eine Mönchsgemeinschaft, eine Sangha, die Ordensregeln. Die gemeinsame Rezitation wird Patimokkha, Sanskrit Pratimoksa, genannt. Sie war und ist die wichtigste Zeremonie des Sangha und kann als eine Reinigungs- und Solidaritätszeremonie verstanden werden.

Die älteste der erhaltenen buddhistischen Ordenssatzungen umfasst 227 Regeln, die Nonnen durften fast ein Drittel mehr befolgen, nämlich 311. Mönch oder Nonne mussten 10 Gebote einhalten. Sie kann man als die Hauptregeln verstehen. Die 10 Gebote lauteten: 1. Keine Lebewesen töten. 2. Nicht stehlen. 3. Keine geschlechtliche

165 Bhikkhu Ñānadassana, der Übersetzer der Ordensregeln, in seiner Einleitung, http://www.palikanon.com/vinaya/patimokkha/03_einf.htm.

Betätigung. 4. Nicht lügen. 5. Keine Drogen 6. Nicht nach dem Mittag essen. 7. Nicht an Tanz-, Gesang-, Musik- oder Schau-Aufführungen teilnehmen 8. Keinen Blumenschmuck, Parfüm, Salben u.ä. gebrauchen. 9. Keine bequeme Lagerstatt benutzen 10. Kein Gold und Silber (=Geld) entgegennehmen.[166] Die ersten fünf der zehn Gebote galten und gelten auch für Laienanhänger, das 3. Gebot, das Verbot geschlechtlicher Betätigung, allerdings in modifizierter Weise. Die ersten fünf Gebote finden sich auch im 8-fachen Pfad, nämlich in 3, 4 und 5.

Für alle diese und viele ähnliche Gebote, kann man den altertümlichen Begriff Sittlichkeit benutzen, wie die Übersetzer des Kanons. Neben diesen Sittlichkeitsgeboten gibt es zahlreiche, heute zum Teil sehr merkwürdig anmutende Verhaltensvorschriften. Sie regelten und regeln haarklein das Leben der Nonnen und Mönche und das auch im wörtlichen Sinn. So verlangen sie nicht nur die Kopfrasur, sondern auch die Rasur der Augenbrauen, über deren Notwendigkeit ein Streit entstand, der sogar zur Gründung einer neuen Sekte, einer Nikaya, führte.

Die Ordenssatzung legt den Besitz eines Mitglieds fest, schreibt die Kleider vor, einschließlich der erlaubten Stoffe, die Größe der Unterkunft und das Benehmen gegenüber Nichtmönchen. So müssen die Mitglieder gegenüber den Nichtmitgliedern immer den Blick gesenkt halten, dürfen nicht lachen oder die Arme in die Seite stemmen. Es ist ihnen verboten, Fleisch zu essen, welches von einem Tier stammt, das ausdrücklich für sie getötet wurde. Das Essen am Mittag ist das letzte des Tages. Lebensmittel, die nicht bis zum Mittag verzehrt werden, müssen sie fortwerfen.

Buddhistische Nonnen und Mönche sind, wie die obige Regel zeigt, keine Vegetarier, dürfen aber keine Tiere töten. Das Verbot, Lebewesen zu töten, geht soweit, dass heutige Mönche keine „Rasen mähen, keine Erde umgraben oder jemanden auffordern“ dürfen, dies zu tun, weil durch diese Tätigkeiten Kleinstlebewesen umkommen könnten. Mönchen war und ist es verboten, im Stehen zu

166 Siehe Schneider, Ulrich: Der Buddhismus. Darmstadt 1997, S. 117.

pinkeln. Ohne wichtigen Grund sollen sie „nicht nach 12 Uhr zu Versammlungen gehen.“ Sie dürfen keine Theater, Kinos, Sportveranstaltungen oder Paraden besuchen. „Baden ist erlaubt, aber keine Wasserschlachten oder erschrecken. Lagerfeuer sind nur aus wichtigem Anlass erlaubt.“

Mönche arbeiteten nicht, der Orden lebte von Spenden, die vor allem durch Almosensammlung erworben wurden. Da diese, zumindest in den Anfängen, die materielle Basis des Ordens darstellte, ist auch sie streng geregelt. So dürfen buddhistische Mönche „nur um Wasser oder Medizin bitten (Hygieneartikel wie z. B. Zahnbürsten zählen dazu), und wenn ihnen das Gewand gestohlen wurde, um ein neues Gewand. Alles andere muss ihnen unaufgefordert gegeben werden. (Umgekehrt bedanken sich Mönche nicht, weil es ihnen nicht geschenkt, sondern geopfert wird – also um gutes Karma zu erwirken, und nicht, um den Mönchen eine Freude zu machen.) Mönche dürfen keine Einladung ausschlagen, um eine später gemachte Einladung anzunehmen. Sie müssen die erste annehmen oder alle ablehnen. Mönche dürfen weder Geld noch Schmuck annehmen, auch kein rohes Getreide (deshalb kochen sie auch nicht selbst).“

Die Vorschriften für das Sexualleben stehen in den Regelwerken an erster Stelle und sind einfach: Keine Art von Sex ist erlaubt, keine Selbstbefriedigung, ausdrücklich auch kein Sex mit Tieren und nicht der Hauch eines Flirts. Der Kontakt mit dem anderen Geschlecht ist auf das unvermeidliche Minimum zu beschränken. Mit Nicht-Mönchen darf ein Mönch höchstens drei Nächte in einem Raum schlafen.[167]

Vier Verstöße bringen Mönche „zu Fall“, d. h. haben einen Ordensausschluss zur Folge. Die anderen Verstöße, es sind über 200, werden mit verschiedenen Sühne-Maßnahmen bestraft. Zu Fall bringt der Geschlechtsverkehr, „wenn auch nur mit einem weiblichen Tier“, Diebstahl, Tötung eines Menschen oder Anstachelung zum Selbstmord und Lügen in Bezug auf „übermenschliche Zustände“. Das meint die Behauptung, sich in solchen zu befinden

167 http://de.wikipedia.org/wiki/Buddhistische_Ordensregeln.

oder befunden zu haben, obwohl das nicht der Fall war oder ist. Als übermenschliche Zustände gelten: „Die Erinnerung an frühere Daseinsformen, das Himmlische Auge und die Triebversiegung". Wer das himmlische Auge besitzt, kann die Vorgänge beim Sterben und Wiedergeborenwerden eines Wesens beobachten, auch seinen Aufenthalt in den Jenseitssphären. Wer Triebversiegung behauptet, erhöht sich zum Arhat.

Acht Regelverstöße bringen Nonnen zu Fall. Die ersten vier sind dieselben wie bei den Mönchen, bei den letzten vier kommen weitere mögliche sexuelle Fehlverhalten hinzu. So wird eine Nonne aus dem Orden ausgeschlossen, wenn sie „das Ergreifen der Ecke des Übergewandes billigend zuläßt" (8. Regel) oder eine Berührung „unterhalb des Schlüsselbeins und oberhalb der Kniescheibe" (5. Regel).

Es gibt eine Klasse von Regelverstößen, welche „das anfängliche und folgende Zusammentreten des Ordens" erfordert, denn nur er, nicht ein Einzelner, kann über die Strafe entscheiden. Von den 13 aufgelisteten Verstößen dieser Klasse für Mönche betreffen die ersten Fünf wieder die Sexualität. So verbietet die erste „willkürlich 'herbeigeführten' Samenerguß, außer während eines Traumes". Die vier folgenden Verstöße verbieten jede Art von Kontaktaufnahme mit einer Frau, welche den Geschlechtsverkehr zum Ziel hat.

Auch die Nichteinhaltung der vorgeschriebenen Größe der Behausungen für Bettelmönche kann das Zusammentreten des Ordens erfordern, ebenso falsche Anschuldigungen gegenüber Mitmönchen. Von der Mönchsgemeinschaft wird Verhalten verhandelt, das zu Ordensspaltungen führt und Ermahnungsresistenz, meint, Ordensmitglieder ändern ihr Verhalten nicht, obwohl sie schon öfters dazu aufgefordert wurden.

Auffallend ist die demokratische Verfassung des Ordens, über Regelverstöße befindet die ganze Gemeinschaft, nicht ein Einzelner. Die Gelübde banden auch nicht auf Lebenszeit, ein Austritt aus dem Orden war jederzeit möglich. Demokratische Sangha-Formen, so meint Schneider, bewahrten den *dharma* wahrscheinlich am besten, waren jedoch ein Grund für die zahlreichen Aufspaltungen. Die heutigen, teils strengen Hierarchien, vor allem in den Mahayana-Richtungen, sollen erst später entstanden und von Buddha nicht gewollt gewesen sein. Allerdings, und nicht wirklich überraschend, waren Frauen im Orden nie gleichberechtigt.[168]

Die Regeln galten als vom Meister selbst erlassen und waren deshalb sakrosankt. Nonnen und Mönche durften auch keine neuen Regeln aufstellen, sondern nur die bestehenden auslegen und neuen Bedingungen anpassen. Wie kreativ die Regeln ausgelegt wurden, zeigt die Umgehung des Geschenkeverbots. Ursprünglich waren den Ordensmitgliedern nur folgende Besitztümer erlaubt: Drei Roben, Bettelschale, Schermesser, Nadel, Gürtel und Wassersieb. Nach einer anderen Liste waren erlaubt: Drei Roben, Bettelschale, Wohnung und Arznei, wobei diese nur aus vergorenem Rinderurin bestehen durfte. Geschenke anzunehmen, welche zu mehr als diesen Besitztümern führten, war verboten. Dieses Verbot wurde umgangen, indem ein Laiengehilfe die Geschenke für einen Mönch annahm und sich um diese „kümmerte", bis der Mönch sie verwenden durfte. Was auch eine Möglichkeit für „Geldwäsche" war, der Laiengehilfe bewahrte Geldgeschenke so lange auf, bis der Mönch für sie zulässige Verwendung fand.[169]

Machen wir uns den Zweck dieser spartanischen Regeln noch einmal bewusst: Sie sollen helfen, das Begehren zum vollständigen Erlöschen zu bringen.

III.4.2.2 Die Sammlungsschulung

Wie schon gesagt, die Pfade 6, 7 und 8 werden unter dem Begriff Sammlung, *samadhi,* zusammengefasst, die Pfade 1 und 2 unter dem des Wissens, *panna*. Sammlung *und* Wissen werden Geistesentfaltung, *bhavana,* genannt, oft wird für Geistesentfaltung aber einfach Meditation gesagt.

168 Siehe Schneider, Ulrich: Der Buddhismus. Darmstadt 1997, S. 123 ff.

169 Siehe Gombrich, Richard: Der Theravada-Buddhismus. Stuttgart / Berlin / Köln 1997 [1988], S.100, 101.

Die Sammlungspfade (6, 7, 8) dienen der Entfaltung der Gemütsruhe (*samatha-bhavana*). Sie ist der „friedvolle und lautere Zustand des Geistes“, der „durch intensive Konzentration“ gewonnen und gefestigt werden soll. Die Gemütsruhe „befreit den Geist von Unreinheiten und inneren Hindernissen und gibt ihm eine stärkere Durchdringungskraft“. Sie werden als Vorbereitung für die Pfade 1 und 2 verstanden, welche der Entfaltung des Wissenshellblicks (*vipassana-bhavana*) dienen sollen. Der Hellblick (*vipassana*), „ist der auf Grund anschaulicher und methodisch entfalteter Erkenntnis auftauchende intuitive Einblick“ in die buddhistische Lehre. Er „ist es, der unmittelbar zu den vier Stufen der Heiligkeit und der Erlösung führt“.[170] Die Sammlungsübungen dienen letztlich der Vorbereitung des Hellblicks, welcher schließlich die vollkommene Trieb- und damit Leidenserlöschung bewirken soll.

Um eine Vorstellung von der Art der Übungen zu erhalten, sehen wir uns einige wenige genauer an.

Die sogenannte „erste Reinheitsstufe“ kann durch die schon erläuterte Schulung der Sittlichkeit erreicht werden. Um die „Zweite Reinheitsstufe, die Reinheit des Geistes“ zu erklimmen, wird u. a. über „die zehn Kasinas“ und das „Licht“ meditiert, auch werden „Ekel- oder Leichenbetrachtungen“ angestellt.

Bei der Meditation über die Kasinas stellt sich der Adept verschiedene Objekte bildlich vor, was auch Visualisierung oder Imagination genannt wird. Die Objekte, Kasinas, sind unter anderen Erde, Feuer, Wasser, Farben und Körperteile. Der Adept konzentriert sich so lange auf ein Objekt bis sein Gegenbild erscheint und die Außenwelt nicht mehr wahrgenommen wird. Dieser Zustand wird erste Vertiefung genannt und ist das Ziel dieser Übungen. Bei der „Schauung des Lichts“ wird z. B. das Tageslicht imaginiert, was zur „Gewinnung des Erkenntnisblicks“ führen soll.

Bei den „Ekel- oder Leichenbetrachtungen“ werden Leichen in verschiedenen Verwesungsgraden imaginiert, „aufgedunsen, blau-

170 Nyanatiloka in http://www.palikanon.com/buddhbib/08wegerlos/weg_erlos08.htm.

verfärbt, in Eiterung übergegangen, so schließt“ der Mönch „auf seinen eigenen Körper: ‘Auch dieser Körper hat ein solches Schicksal, ein solches Los, kann dem nicht entgehen.’ Oder ferner, als sähe er eine auf das Leichenfeld geworfene Leiche, wie sie von Krähen, Seeadlern, Geiern, Hunden, Schakalen oder von vielerlei Würmerarten gefressen wird, so schließt der Mönch auf seinen eigenen Körper: ‚Auch dieser Körper hat ein solches Schicksal, ein solches Los, kann dem nicht entgehen.’“[171]

Zweck dieser Übung ist es, sich die Vergänglichkeit bewusst zu machen und den „Ichdünkel“ zu zerstören. Auf die Kasinas-Übungen folgen „Die zehn Betrachtungen“, so die Betrachtung über den Erleuchteten, die Lehre, die Jüngerschaft und den Tod. Jede dieser Betrachtungen soll zur völligen Erlöschung und damit zum Nirvana führen. Da fragt man sich, warum es noch so viele andere Übungen gibt?

Bei der Betrachtung über den Erleuchteten denkt der Betrachtende: „Der Erhabene, wahrlich, ist ein Heiliger, vollkommen Erleuchteter, im Wissen und Wandel vollendet, ein Gesegneter, ein Weltenkenner, der unvergleichliche Lenker der zu bezähmenden Menschen, ein Erleuchteter, ein Erhabener.“[172]

Völlig uneitel denkt der Mönch bei der Betrachtung über die Freigiebigkeit: „‚Gesegnet, wahrlich, bin ich, hochgesegnet bin ich, daß ich unter den vom Schmutze des Geizes besessenen Geschöpfen mit einem vom Schmutze des Geizes freien Herzen lebe, freigebig, mit reinen Händen, am Weggeben Freude empfindend, den Bitten zugänglich, am Geben und Teilen mit anderen Freude empfindend’...“[173]

Bei der „Körperbetrachtung“ werden 32 Körperteile vor das innere Auge gestellt und ihre Vergänglichkeit und Ekelhaftigkeit bewusst gemacht. Diese Betrachtung wird auch „Übung der Widerlichkeitserwägung“ genannt. In M 10 wird sie so beschrieben: „Ferner, ihr Mönche, betrachtet da der Mönch diesen Körper, von

171 http://www.palikanon.com/buddhbib/08wegerlos/weg_erlos08.htm#kasinas.
172 http://www.palikanon.com/buddhbib/08wegerlos/weg_erlos09.htm.
173 Ebenda.

der Fußsohle an aufwärts und vom Haarschopf abwärts, den hautumgrenzten, mit vielerlei Unrat angefüllten, nämlich: 'An diesem Körper gibt es (1) Kopfhaare, (2) Körperhaare, (3) Nägel, (4) Zähne, (5) Haut, – (6) Fleisch, (7) Sehnen, (8) Knochen, (9) Knochenmark, (10) Nieren, – (11) Herz, (12) Leber, (13) Innenhaut (Bauch-, Zwerch-, Brustfell usw.), (14) Milz, (15) Lunge, – (16) Darm, (17) Gekröse, (18) Mageninhalt, (19) Kot, (20) Gehirn, – (21) Galle, (22) Schleim, (23) Eiter, (24) Blut, (25) Schweiß, (26) Fett, – (27) Tränen, (28) Hautschmiere, (29) Speichel, (30) Rotz, (31) Gelenkschmiere, (32) Urin."[174]

Eine Stelle aus den Todesbetrachtungen sei noch angeführt, die, wie so viele andere Stellen, die Lebensfeindlichkeit des Buddhismus bezeugt:

„Wer unter den Mönchen im Geiste häufig von der Vorstellung des Todes erfüllt ist, dessen Geist schreckt zurück vor der Lebenslust, wendet sich weg, kehrt sich ab, fühlt sich nicht dazu hingezogen; und Gleichmut oder Abscheu stellen sich ein. Gleichwie, ihr Mönche, eine Hahnenfeder oder ein Stück Bogensehne, ins Feuer geworfen, zusammenschrumpft, sich krümmt, zusammenrollt und sich nicht mehr ausstreckt: Ebenso auch, ihr Mönche, schreckt der Geist eines solchen Mönches zurück vor der Lebenslust, wendet sich weg, kehrt sich ab, fühlt sich nicht dazu hingezogen; und Gleichmut oder Abscheu stellen sich ein."[175] (A.VII, 46).

Mit den Körper-, Ekel- und Todesbetrachtungen soll die Widerwärtigkeit allen Fleisches verinnerlicht und der Ichdünkel bewusst werden. Letzeres auch dadurch, dass sich der Übende am Ende vieler Übungen klar macht, dass es eine „Ichheit" nicht gibt. Und indem sich der Übende auch noch die Vergänglichkeit von allem bewusst macht, „kommt er Stufe um Stufe der Erreichung der Heiligkeit näher".[176]

Alle diese Übungen kann man unter methodischem Gesichtspunkt der Rubrik Imagination plus Autosuggestion zuordnen, unter

174 http://www.palikanon.com/buddhbib/08wegerlos/weg_erlos11.htm.

175 http://www.palikanon.com/buddhbib/08wegerlos/weg_erlos09.htm.

176 Ebenda.

inhaltlichem meist den drei Daseinsmerkmalen, also der Vergänglichkeit, Leidhaftigkeit und Ichlosigkeit. Sinn dieser Übungen ist es, um die 3-Daseinsmerkmale nicht nur theoretisch zu wissen, sondern sie tief psychisch zu verankern.

Bei den „vier göttlichen Verweilungszuständen", die auch „Unermesslichkeiten" genannt werden, handelt es sich um Güte, Mitleid, Mitfreude und Gleichmut.[177] Der Übende soll lernen, diese Tugenden sich selbst, seinen Freunden, Feinden und schließlich allen Wesen gegenüber zu entwickeln und zwar, indem er diese Einstellungen wieder und wieder formuliert und visualisiert. Auch diese Übungen sind also eine Kombination aus Suggestion und Imagination.

Wie solche Übungen ablaufen und wirken, wird aus der Darstellung der sogenannten „4 Versenkungsstufen" und der „4 Unkörperlichen Gebiete" ersichtlich.

Laut verschiedener Sutten gewinnt der Mönch in der 1. Versenkungsstufe, „den sinnlichen Dingen entrückt, frei von unheilsamen Geisteszuständen, die mit 'Gedankenfassung' und 'Diskursivem Denken' verbundene, in der Abgeschiedenheit geborene, von 'Verzückung' und 'Glücksgefühl' erfüllte erste Vertiefung (*samadhi*)." Gemeint ist, der Meditierende konzentriert sich auf einen buddhistischen Lehrinhalt, erwägt sein Für und Wider (=diskursiv) und schaltet damit unheilsame Vorstellungen ab. Dies wird sein Erkenntnisbedürfnis stillen und ein Glücksgefühl auslösen.

„Nach Stillung von Gedankenfassung und Diskursivem Denken aber gewinnt, er" in der 2. Versenkungsstufe „den inneren Frieden, die Einheit des Geistes, die von Gedankenfassung und Diskursivem Denken freie, in der Vertiefung geborene, von Verzückung und Glücksgefühl erfüllte zweite Vertiefung". Gemeint ist, der Meditierende gibt die Konzentration auf ein Objekt auf, nimmt einfach nur noch wahr und erlebt ein tiefes Glücksgefühl. Im Soto-Zen wird dieser Zustand *shinkataza* genannt.

„Nach Aufhebung der Verzückung aber verweilt er" in der 3. Versenkungsstufe, „gleichmütig, achtsam, klarbewußt, und er fühlt

177 http://www.palikanon.com/buddhbib/08wegerlos/weg_erlos12.htm.

in seinem Innern jenes Glück, von dem die Edlen sprechen: 'Glückselig weilt der Gleichmütige, der Achtsame'. Und so gewinnt er die dritte Vertiefung." Nach dem Glücksgefühl erlebt er also einen Zustand gelassener Achtsamkeit.

Und so geht es mit den fünf anderen Zuständen weiter: Der Meditierende erlebt verschiedene Nuancen von Gleichmut, Abgeklärtheit usw., bis hin zum Gefühl, Raum und Bewusstsein seien unendlich. Schließlich stellt er sich vor „Nichts ist da" und damit betritt er „das Nichtsheitgebiet". Im 8. Zustand wird das noch getoppt: „Durch völlige Überwindung des Nichtsheitgebietes aber gewinnt er das Gebiet der Weder-Wahrnehmung-Noch-Nichtwahrnehmung und verweilt darin."[178]

Bei diesen Vertiefungen handelt es sich um Stimmungen und Wahrnehmungen die jeder mit ein bisschen Meditationserfahrung erlebt hat. Mit Ausnahme des 8. Zustandes, wenn er denn so wortwörtlich gemeint ist, wie er hier formuliert ist, das Gebiet der Weder-Wahrnehmung-Noch-Nichtwahrnehmung. Ein solches kann es logischerweise nicht geben, es kann Wahrnehmungen geben, deren wir uns nicht bewusst sind, wie es bei manchen Hirnschädigungen der Fall ist. Es kann Wahrnehmungen geben, deren wir uns bewusst sind, deren Inhalt wir aber nicht identifizieren können, aber eine Wahrnehmung die zeitgleich keine ist, kann es nicht geben.

Veränderungen der Raum und Zeit-Wahrnehmung erleben viele Menschen auch ohne Meditation. Die Meditation fördert solche Wahrnehmungsveränderung, weil sie durch die dreiviertel- oder ganz geschlossenen Augen und die „einspitzige Konzentration" , das heißt die Konzentration auf ein Objekt, die Raum-Zeit-Berechnung durch das Gehirn erschwert.

In der Mediationspraxis werden diese Stufen nicht unbedingt in dieser Reihenfolge und so sauber getrennt erlebt, wie hier geschildert. Das Bewusstsein ist kein hierarchisches und statisches System, wie es diese Ordnungen suggerieren, es ist nicht wie die Schichten einer feudalen Gesellschaft aufgebaut, vielmehr arbeitet es wie ein

178 http://www.palikanon.com/wtb/jhana.html.

Netzwerk, in dem viele Stellen, dauernd Veränderungen erzeugend, gleichzeitig agieren.

Bevor wir uns der Wissensschulung zuwenden, müssen noch „Die sechs hohen Geisteskräfte (*abhinna*)“ erwähnt werden, die am Ende der Sammlungsschulung entwickelt werden *können*. Es sind dies: 1. Die magischen Kräfte; 2. das himmlische Ohr; 3. die Herzensdurchschauung; 4. Erinnerung an frühere Geburten; 5. das himmlische Auge; 6. die Triebversiegung.[179]

Die ersten fünf Kräfte sollen nicht zur Erlösung notwendig, aber eine gute Vorbereitung für sie sein. Die magischen Kräfte bestehen u. a. in der Fähigkeit, sich zu vervielfachen, zu fliegen und Wälle und Mauern zu durchschweben. Wir erinnern uns, die Behauptung über die Fähigkeiten 4 bis 6 zu verfügen, ohne dass dem so ist, hat den Ordensausschluss zur Folge. Anscheinend war man fest davon überzeugt, diese Fähigkeiten erwerben zu können.

III.4.2.3 Die Wissensschulung

Wie schon dargelegt, soll Unwissenheit nach vielen Stellen des Kanons die Letztursache des Leidens sein. Unwissenheit über was? Am häufigsten heißt es, die Unwissenheit über die Vier Edlen Wahrheiten, aber auch, die Unwissenheit über die 12-gliedrige-Wiedergeburtskette, die ja nicht in den Vier Edlen Wahrheiten enthalten ist. Manchmal soll es nur die Unwissenheit über die drei Daseinsmerkmale sein, also über Vergänglichkeit, Leidhaftigkeit und Ichlosigkeit. Sie sind jedenfalls der häufigste Übungsgegenstand. Folgt man dem Theravadamönch Nyanatiloka, dann ist die Leiden verursachende Unwissenheit die über die gesamte Lehre Buddhas.

Die Wissensschulung soll die Lehre nicht nur als intellektuelles und abrufbares Wissen bereitstellen, sie soll die letzte Zelle mit dem buddhistischen Wissen durchtränken. Ein Zeichen für diesen Zustand ist das Hellblickwissen, *vipassana-panna*. Ein „spezifisch buddhistisches Wissen“, das einen „blitzartigen, durchdringenden

179 http://www.palikanon.com/buddhbib/08wegerlos/weg_erlos16.htm.

Einblick in die wahre Natur alles Daseins" gewährt. Diese Natur ist natürlich nichts anderes als Vergänglichkeit, Leid und Nicht-Ich. „Nur dieses durchdringende Hellblickwissen führt unmittelbar zu den vier überweltlichen Pfaden (des Stromeintritts, der Einmalwiederkehr, Niewiederkehr und Arahatschaft), nicht aber etwa schon die Sittlichkeit oder die Sammlung."[180] So Nyanatiloka. Beim Hellblickwissen handelt es sich also um eine intuitive Erkenntnis und so wird sie auch bezeichnet.

Gegenstände des Hellblickwissens sind nicht nur die 3 Daseinsmerkmale, sondern auch die 5 Daseinsgruppen, *skhandas*, die 12 Grundlagen, *ayatana*, die 18 Elemente, *dhatu*, die 22 Fähigkeiten, *indriya*, die 4 Wahrheiten, *sacca* und die 12-Gliedrige Wiedergeburtskette, *paticcasamuppada*. Das die 5 Daseinsgruppen umfassende Wissen beinhaltet: Die 5 Daseinsgruppen selbst, die Bedingte Entstehung der 5 Gruppen, das Untrennbar-Verbundensein der geistigen Dinge, die 12 Grundlagen, die 18 Elemente, die 22 Fähigkeiten, die 6 Sinnesorgane, Geschlecht und Lebensfähigkeit, die 5 Gefühle, die 5 ethischen Fähigkeiten und die 3 überweltlichen Fähigkeiten.[181] Kurz und gut, im Grunde muss die gesamte Lehre mittels des Hellblicks erfasst werden.

Mit dem Hellblickswissen beschreitet der Adept den überweltlichen Pfad und erwirbt mit ihm das überweltliche Wissen, *lokuttara*. Wie unterscheidet sich dieses vom weltlichen Wissen, *loka*?

Die Ansicht, Almosen, Gaben und Opfer seien etwas Gutes, gute und schlechte Taten zeitigen ein Ergebnis, eine Karmawirkung, soll eine rechte, aber weltliche Erkenntnis sein. Mit ihr sei man noch „üblen Trieben" ausgesetzt, aber diese Erkenntnis ist „verdienstvoll" und bringt gute, „weltliche Früchte" hervor, das heißt, sie fördert eine gute Wiedergeburt, aber nicht das Verlassen des Wiedergeburtskreislaufs.

Was ist nun überweltliches Wissen, überweltliche Erkenntnis? Logischerweise muss es sich bei diesem um eines handeln, welches

180 http://www.palikanon.com/buddhbib/08wegerlos/weg_erlos17.htm.
181 Siehe ebenda.

vom „üblen Triebe“ und damit vom Karma frei ist, eines, das zum Verlassen des Wiedergeburtskreislaufs beiträgt. Im Kanon findet sich folgende dunkle Erklärung: „Das Wissen aber, das da beim Erwecken des edlen Pfades in dem edlen, triebfreien, mit dem edlen Pfade verbundenen Geiste besteht, die Fähigkeit und Kraft des Wissens dabei, das Erleuchtungsglied der Wahrheitsergründung, die mit dem Pfad verbundene rechte Erkenntnis: das, ihr Mönche, gilt als die edle, triebfreie, überweltliche, mit dem Pfade (des Sotapan usw.) verbundene rechte Erkenntnis. …

Somit umgeben und begleiten drei Dinge die rechte Erkenntnis, nämlich: rechte Erkenntnis [=1. Pfad, AB], rechte Anstrengung [=6. Pfad, AB] und rechte Achtsamkeit [=7. Pfad, AB]“[182] (M 117).

Wie nicht anders zu erwarten ist rechte Erkenntnis zuerst einmal die Erkenntnis buddhistischer Lehren. Seltsamerweise wird die rechte Erkenntnis von der rechten Erkenntnis selbst begleitet, also das, was erkannt werden soll, ist schon Teil des Erkenntnisprozesses. Wie dem auch sei, auf jeden Fall begibt sich der rechte Erkennende auf den Pfad des Stromeintritts, auf den der Erlösung. Damit er aber auf die rechte Weise erkennt, benötigt der Adept auch das erwähnte Erleuchtungsglied der Wahrheits- oder Wirklichkeitsergründung. Der Kanon kennt sieben Erleuchtungsglieder: Achtsamkeit, Wirklichkeitsergründung, Willenskraft, Verzückung, Gestilltheit, Sammlung und Gleichmut.

Welche Wahrheit enthält das Erleuchtungsglied der Wirklichkeitsergründung, die der Adept zur rechten Erkenntnis benötigt?

Mit diesem Erleuchtungsglied, dem Zweiten, sind „die körperlichen und geistigen Vorgänge“ (*nama-rupa*) gemeint, die sich dem ersten Erleuchtungsglied, dem der Achtsamkeit, „darbieten“.[183] Die Erkenntnis, die Wahrheit, welche dem Erleuchtungsglied Achtsamkeit bei der Wahrnehmung der körperlichen und geistigen Vorgänge nun aufgeht, überrascht uns nicht mehr, sie lautet: Alle körperlichen

182 http://www.palikanon.com/wtb/magga.html.
183 http://www.palikanon.com/wtb/dhammavicayasambojjbanga.htm.

und geistigen Vorgänge sind vergänglich, leidvoll und unpersönlich.[184]

Das Ganze ganz einfach: Wenn wir achtsam unsere körperlichen und geistigen Vorgänge betrachten, erkennen wir, dass sie alle vergänglich, leidvoll und ohne ein Ich sind. Und das ist eine Erkenntnis, welche uns von unseren Trieben und aus dem Wiedergeburtskreislauf befreit. Den Unterschied zur gleichen weltlichen Erkenntnis, besteht darin, dass die Erkenntnis (hier der drei Daseinsmerkmale) von rechter Achtsamkeit und Anstrengung begleitet werden.

Nach der rechten Erkenntnis der rechten Erkenntnis, des 1. Pfades des 8-gliedrigen Pfades, bedarf es auch noch der rechten Erkenntnis der rechten Gesinnung, des 2. Pfades des 8-gliedrigen Pfades usw. usf. Alle Pfade können weltlich und überweltlich beschritten werden. Und immer ist der Unterschied, dass die schon bekannten rechten Erkenntnisse von rechter Achtsamkeit und Anstrengung begleitet werden.

Wir ersparen uns die Durchführung der Unterscheidung zwischen weltlicher und überweltlicher Erkenntnis für alle acht Pfadglieder, die zudem immer verzweigter werdende Klassifikationen hervorbringt. So gilt es sieben Erleuchtungsglieder auszubilden und die acht Pfadglieder des sotapana vermehren sich zu den zehn Pfadgliedern des Heiligen. Die Glieder werden stufenweise geweckt, die vorhergehende Stufe ist Voraussetzung für die folgende. Die Stufen kennen selbstverständlich Unterstufen.

Der Hellblick, welcher zum überweltlichen Wissen führt, lässt den Adepten unerschütterlich werden gegenüber der Vergänglichkeits- und Unvergänglichkeitsvorstellung, gegenüber Leid- und Glücksvorstellung, Nicht-Ich- und Ich-Vorstellung, Unlust- und Lustvorstellung, Nicht-Haben- und Haben-Wollen-Vorstellung usw. Kurz: Der Adept wird vollkommen gleichmütig, allen Versuchungen gegenüber standhaft und ist damit ein Heiliger. Aber, wie könnte es anders sein, Heiligkeit ist nicht gleich Heiligkeit, es gibt derer acht

184 Siehe http://www.palikanon.com/wtb/dhammavicayasambojjbanga.htm.

Stufen und vier verschiedene „Edle Personen".[185] Bis der Adept ein vollkommener Heiliger, ein *arahat*, ein Triebversiegter, wird, muss er neben dem 8-fachen Pfad, dem *sotapana*, noch zwei andere Pfade durchwandern.

Seltsamerweise wird durch den *sotapana*, dem 8-fachen Pfad, der auch der des Stromeintritts genannt wird, nur der „Ansichtstrieb aufgelöst. Erst durch den Pfad der Niewiederkehr (*anagami*) wird der Sinnlichkeitstrieb aufgelöst, und erst durch den Pfad der Heiligkeit (*ariya-puggala*) wird der Daseins- und Unwissenheitstrieb aufgelöst."[186] Eigentlich sind es aber nicht drei sondern vier Pfade, die zu gehen sind und zehn Fesseln die gelöst werden müssen usw. usf.

Der Hellblick, mit dem der Mönch den Strom der Erlösung betritt, soll eine blitzartige, intuitive Erkenntnis sein. Intuitive Erkenntnisse sind von starken Emotionen begleitete Aha-Erlebnisse, deshalb wirken sie im ersten Moment wie die Offenbarung einer großen Wahrheit. Leider stellen sie sich häufig als Irrtum heraus. Erkenntnisblitze kommen nicht aus heiterem und auch nicht aus einem übernatürlichen Himmel: ihnen geht immer eine intensive Beschäftigung mit einem Problem voraus. Wie diese blitzartigen Erkenntnisse, bei der buddhistischen Lehrmethode, ausgelöst werden sollen ist deshalb rätselhaft, die Adepten kennen ja schon die Lösung, wissen z. B. was die drei Daseinsmerkmale, die fünf Daseinsgruppen oder die 12 Glieder der Wiedergeburtskette sind. Warum sollen sie ihnen noch blitzartig aufgehen? Und wie soll dies bei einer Anzahl von 12 Grundlagen, 18 Elementen oder sogar 22 Fähigkeiten geschehen?

Aber selbst wenn, Intuitionen sind keine Wahrheitsgarantie und schon gar nicht solche, die durch eine litaneiartige Wiederholung von „Erkenntnissen" zustande kommen. Solche Intuitionen, die eigentlich Suggestionen sind, können die schon bekannten „Erkenntnisse" höchstens emotional verankern. Bei den Rätselfragen des

185 Siehe http://www.palikanon.com/wtb/ariyapuggala.html.

186 http://www.palikanon.com/wtb/asava.html.

Zen-Buddhismus, den Koans, verhält es sich anders, sie sind aber späteren und chinesischen Ursprungs.

Dass entsagende, hasslose und friedfertige Gesinnung noch den Trieben ausgesetzt ist, wie der Kanon meint, ist verständlich. Warum soll ich beispielsweise keine sexuellen Bedürfnisse mehr haben, wenn ich friedlich gesinnt bin? Aber warum die Triebe erlöschen sollen, wenn ich mit richtiger Anstrengung und Achtsamkeit oder mit der richtigen gedanklichen Einstellung (*vitakka-vicara*) die drei Daseinsmerkmale betrachte, das bleibt das Geheimnis des Kanons.

Ulrich Schneider meint, ursprünglich sei es nicht nötig gewesen, die gesamte Lehre zu kennen. Wie schon angeführt, wurde für Schneider in der 12-gliedrigen-Wiedergeburtskette Unwissenheit, statt Gier, an die erste Stelle gesetzt, um sich mit der Lehre vertraut machen zu müssen.[187] Wissen kann für Schneider nur der Anfang, nicht das Ende, des Erlösungsweges sein, es wird ja auch als erstes, nicht als letztes, im 8-fachen Pfad genannt.[188]

III.4.3 Die Rede vom Mittleren Weg

„Frei von Schmerzen und Qualen ist dieser Pfad, frei von Verzweiflung und Bedrängnis, der rechte Pfad“[189]

M.139

Im vorherigen Abschnitt war viel von der rechten Anstrengung die Rede, dem 6. der acht Pfade. Sie besteht in dem Willen des Adepten, „unaufgestiegene üble, unheilsame Dinge nicht aufsteigen zu lassen ... aufgestiegene üble, unheilsame Dinge zu überwinden ... unaufgestiegene heilsame Dinge zu erwecken ... aufgestiegene heilsame Dinge festzuhalten und nicht schwinden zu lassen, sondern zum Wachsen und Gedeihen und zur vollen Entfaltung zu bringen. Und er müht sich ab, bietet alle Willenskraft auf, treibt seinen Geist an

187 Siehe Schneider, Ulrich: Der Buddhismus. Darmstadt 1997, S. 173.
188 Siehe ebenda, S. 109.
189 http://www.palikanon.com/buddhbib/01wrtbuddhas/05wortbuddhas.htm.

und kämpft."[190] Letzteres scheint im Widerspruch zur berühmten Rede vom Mittleren Weg zu stehen, den Buddha mit den Vier Edlen Wahrheiten verkündete. Mit dem Mittleren Weg würde doch eher im Einklang stehen, wenn Buddha bei der rechten Anstrengung, weder lasche noch übertriebene gefordert hätte.

In S 56,11 wird der Mittelweg allerdings so formuliert:„Zwei Extreme, ihr Mönche, hat der in die Hauslosigkeit Gezogene (Mönch) zu vermeiden: sich der Sinnenlust hinzugeben, der niedrigen, gemeinen, weltlichen, unedlen und sinnlosen, und sich der Selbstkasteiung hinzugeben, der leidvollen, unedlen und sinnlosen."[191] Das schließt *geistige* Torturen nicht unbedingt aus.

Die Rede vom „Mittleren Weg" war eine enorm erfolgreiche „rhetorische Figur". Dass ein mittlerer Weg auf vielen Gebieten meist ein besserer ist als ein extremer, dürfte auch schon zur Zeit Buddhas eine Trivialität gewesen sein, trotzdem förderte seine Behauptung die „Popularisierung und Verbreitung"[192] seiner Lehre, so die Buddhologen Freiberger und Kleine. Der Mittlere Weg machte den Buddhismus auch für Laien attraktiv. Sie waren zudem nicht verpflichtet, alle Gebote des 8-fachen Pfades zu befolgen, damit war es zwar ausgeschlossen, dass sie die Erlösung in diesem Leben erlangten, aber sie kamen ihr, Leben für Leben, näher.

Die Attraktivität der Rede von einem Mittleren Weg zur Erlösung war den anderen Erlösungswegen der Zeit geschuldet, in denen die Adepten mit zum Teil äußerst radikalen Methoden versuchten, die Tür zur ewigen Glückseligkeit zu öffnen.

Wie schon gesagt, kann nach gängiger Theravada-Lehre praktisch nur ein Mönch die Erlösung erlangen, obwohl es Ausnahmen gegeben haben soll. Frauen ist Erlösung prinzipiell nicht möglich, sie müssen zuerst als Mann wiedergeboren werden. Welche Hindernisse konnten Laien und Frauen nicht überwinden, was verstand man konkret unter dem Mittleren Weg?

190 http://www.palikanon.com/wtb/sacca.html.
191 http://www.palikanon.com/wtb/majjhima_patipada.html.
192 Freiberger, Oliver/Kleine, Christoph: Buddhismus. Göttingen 2011, S. 247.

Wir haben im Regelabschnitt schon Einblick in das Leben der Nonnen und Mönche erhalten, noch einmal sei an folgende Basics erinnert: Sie besaßen keinen festen Wohnsitz, trugen nur alte Kleider, erbettelten sich die Nahrung, nahmen nach dem Mittagessen keine Nahrung mehr zu sich, verwendeten als Medizin nur vergorenen Rinderurin, verzichteten vollständig auf Alkohol und Sex und versuchten, weitere über 200 Verhaltensregeln zu befolgen. Würden wir über solche Menschen sagen, sie pflegen einen mittleren Lebensstil?

Auch die buddhistischen Texte benutzen den Begriff Askese, Pali *samana,* um das Leben der Mönche in der „Hauslosigkeit" zu bezeichnen. *Samana* bedeutet wörtlich: sich anstrengen. Aus der Sicht der damaligen Laien war auch das Leben der buddhistischen Ordensmitglieder ein asketisches und damit ein heiliges, musste es sein, denn sonst wären sie keiner Almosen würdig gewesen.

Was unterschied die buddhistische Lebensweise von anderen asketischen Lebensweisen ihrer Zeit und welche extremen Praktiken musste ein buddhistischer Mönch vermeiden?

Zuerst einmal durfte er bestimmte Umgangsregeln nicht übertreten, wie sich z. B. nach dem Essen die Hände abzulecken im Unterschied zu Sekten, die jegliche Umgangsregeln ablehnten. Er musste eine Vielzahl von Nahrungsregeln befolgen, so durfte er keine Nahrung von einer Schwangeren annehmen, kein Fleisch essen, welches für ihn geschlachtet wurde, und wie schon erwähnt, nach Mittag überhaupt keine Nahrung zu sich nehmen. Auch viele Kleidungsvorschriften musste er beachten, so durfte das Gewand keine Seide enthalten und ausdrücklich war es verboten, ein Antilopenfell zu tragen und nackt herum zu gehen.

Obwohl es sich bei diesen Vorschriften häufig nur um graduelle Unterschiede zu den Praktiken anderer asketischer Gruppen handelte, behaupteten die Verfasser dieser Vorschriften, wer sie missachte, werde nach seinem Tod in der gleichen Hölle landen, wie der, der sich den Sinnesfreuden hingibt. Manche der verabscheuten Praktiken anderer Gruppierungen konnten allerdings bei Wunsch geübt werden, selbst wenn sie im Ordensrecht nicht vorgesehen waren, da sie das „Abschütteln der Leidenschaften" unterstützten, obwohl sie zugleich schreckliche karmische Folgen haben sollten.[193]

Buddha übte vor seiner Erleuchtung die Methoden der Jainas, zu denen Fasten und „Versenken ohne Atmung" gehörten. Die Atemunterdrückung führt, im Gegensatz zum Fasten, sehr schnell an den Rand des Todes. Buddha setzte seine Lebensweise zwar von denen der Jainas ab, „erstaunlicherweise wird [aber] diese Lebensweise, teilweise sogar im gleichen Wortlaut, anderswo in den Lehrreden von dem Buddha selber verkündet".[194]

Diese Widersprüche spiegeln, so Freiberger / Kleine, verschiedene Lager in der buddhistischen Gemeinschaft wieder, die der Befürworter „und Gegner einer strengeren Askesepraxis".[195] Die Gegner einer strengen Praxis scheinen im frühen Buddhismus nur eine Strömung von mehreren zu repräsentieren und was sie unter einem mittleren Weg verstanden, ist für uns immer noch ein extremer.

Falsch soll die weit verbreitete Ansicht sein, die Mahayana-Praxis war und ist leichter als die des Theravada. Eine strengere Praxis, von vielen Mönchen gewünscht, sei sogar ein Grund für den Erfolg des Mahayana gewesen. Gewünscht wurde sie wegen des auffallenden Ausbleibens der gesuchten Erlösung und vermutlich auch, weil mit ihr ein höheres Prestige verbunden war.

Das Mahayana schuf die Figur des Bodhisattva, der auf seine endgültige Erlösung verzichtete, um anderen auf dem Weg zu helfen. Die Lebensweise der Bodhisattvas, die Entwicklung der zehn Vollkommenheiten, der *paramitas*, die zum Erwachen führen sollten, verlangte übermenschliche Anstrengungen. Bei den *paramitas* handelt es sich um Tugenden wie Freigebigkeit, moralisch einwandfreies Verhalten, Geduld, Bemühen, Weisheit und Meditation. Die Mahayana-Sutren sollen mit der Propagierung dieser Tugenden wie-

193 Siehe Freiberger, Oliver / Kleine, Christoph: Buddhismus. Göttingen 2011, S. 245-248.

194 Siehe Bronkhorst, Johannes: Die buddhistische Lehre. In: Bechert, Heinz u.a. (Hrsg.): Der Buddhismus I. Der indische Buddhismus und seine Verzweigungen, Stuttgart 2000, S. 66.

195 Freiberger, Oliver / Kleine, Christoph: Buddhismus. Göttingen 2011, S. 247.

der ein strenges asketisches Leben ohne Gewissensbisse ermöglicht haben.

Obwohl der historische Buddha radikale Varianten der Askese abgelehnt hatte, fanden auch sie Eingang in die Praxis buddhistischer Mönche. Mit diesen Varianten sind Selbstkasteiungen, Selbstverstümmelungen und Selbsttötungen gemeint. In Ostasien verstümmelten sich Mönche und Nonnen indem sie etwa „einzelne Finger oder den ganzen Arm in Tücher einwickelten, die in Duftöl getränkt waren, und anzündeten, um die entsprechenden Körperteile zu einer Kerze umzufunktionieren, die in Verehrung des Buddha entzündet wurde. Mitunter verbrannten sich Angehörige des Sangha vollständig. Wieder andere opferten ihr Fleisch hungernden Tieren oder Menschen.“[196]

Für Freiberger und Kleine ist der entscheidende Grund für diese Verirrungen die Mahayana-Ethik, nach der es wichtiger ist, sich in den *paramitas*, den „Vollkommenheiten“ zu üben, als die Ordensregeln einzuhalten. „Das partielle oder vollständige Selbstopfer wurde als ‘Vollkommenheit des Gebens’ und als ‘Vollkommenheit der Duldsamkeit’ betrachtet. Sollte das Selbstopfer anderen Lebewesen dienen, entsprach es zugleich dem übergeordneten Gebot des Mitgefühls.“

Im *Lotus-Sutra* preist der Buddha „das Opfern des eigenen Körpers ausdrücklich als höchste Form der frommen Gabe an einen Buddha“. In den Boddhisattwa-Regeln des „Sutras von Brahmas Netz wird die Bereitschaft zur Aufgabe des Körpers oder wenigstens eines Körperteils von ‘Boddhisattva-Mönchen’ ausdrücklich verlangt“. Als Entschädigung erwartet den Selbsttöter ein *Vajra-Leib*, ein diamantener, reiner und unzerstörbarer Leib.

Buddhistische Mönche verbrannten sich, um auf diese schamanische Weise Dürrekatastrophen zu beenden. Dem lag der Glaube zugrunde, „dass eine rituell machtvolle Person die Hitze und Trockenheit auf sich ziehen und damit von der Umwelt ablenken könne“.[197]

196 Freiberger, Oliver / Kleine, Christoph: Buddhismus. Göttingen 2011, S. 252.
197 Ebenda, S. 253.

Auch glaubte man, durch Selbsttötung schneller in ein buddhistisches Paradies zu gelangen. In Japan entwickelte sich die Praxis der „Überfahrt nach Potalaka“. Asketen fuhren auf das Meer hinaus, mit extra zu diesem Zweck gebauten Booten, in deren Rümpfe Löcher gebohrt wurden, „so dass die wie kleine Schreine ausgestatteten Boote bald untergingen“.[198]

Im Nordosten Japans unterzogen sich 24 Bergasketen einer jahrelangen Diät aus „Tannennadeln, Nüssen, Baumrinde, Gras usw. bei vollkommenem Verzicht auf die fünf Getreidesorten, ehe sie sich lebendig in Kisten begraben ließen. Nach Eintritt des Todes grub man die Asketen aus und präparierte sie als heilige Mumien.“[199] Noch heute werden diese Mumien verehrt.

Wohl niemand würde diese Praktiken als einen Mittleren Weg einstufen. Wer aber die Mahayana-Sutren ebenso als die Worte Buddhas betrachtet wie die des Kanons, kann diese Praktiken nicht als Verirrungen von der wahren Lehre abtun.

III.4.4 Kastenkampf und Asketenbewegungen

Manche Buddhismusforscher verstehen den frühen Buddhismus als Ausdruck eines Kasten- oder Klassenkampfes. Er sei ein Angriff auf die Brahmanenkaste, da diese die politische Macht anstrebte. Im Mythos vom Urriesen Purusha, von den Brahmanen ersonnen, wird ja behauptet, sie seien aus seinem Kopf entstanden, was ihren intellektuellen Anspruch deutlich macht, aber auch den, die oberste Kaste zu sein. In Wirklichkeit war es über all die Jahrhunderte die Kriegerkaste, da sie die Macht innehatte. Dass sich zur Zeit Buddhas jeder Kriegerkönig von einem sogenannten Oberbrahmanen beraten ließ, u.a. mit Astrologie und Orakeln, zeigt aber wie sehr die Brahmanen ins Zentrum der politischen Macht gerückt waren.

Buddha, wie auch manche Autoren der Upanischaden, entstammten der Kriegerkaste. Ihre Ideenproduktion kann man als Schutz vor

198 Ebenda, S. 254.
199 Ebenda.

sozialer Deklassierung verstehen. Sie wiesen den exklusiven Erlösungsanspruch der Brahmanen zurück, bestritten, dass nur sie erlöst werden konnten und nur sie den Weg zur Erlösung wussten. Richard Fick zitiert in seiner Untersuchung der sozialen Gliederung der indischen Gesellschaft zur Zeit Buddhas ein Wort, welches das Standes- oder Kastenbewusstsein des „Erhabenen" deutlich macht: „'Darum, Ambattha', – ruft Buddha zum Schluss der Unterredung aus – 'selbst wenn ein *khattiya* [Krieger] zur tiefsten Erniedrigung gelangt ist, sind die *khattiya* doch die besten und die Brahmanen sind (im Vergleich zu ihnen) niedrig', und fügt dann den in buddhistischen Suttas wiederholt vorkommenden Vers hinzu: 'Der *khattiya* gilt als der beste bei Leuten, die auf Familie Werth legen'"[200] (DN III. 1.24).

Ähnlich wie die katholische Kirche des europäischen Mittelalters auf die Entwicklung neuer Schichten nicht adäquat reagierte, so auch der Brahmanismus. Der Brahmanismus war eine Religion des Dorfes mit festen Kultplätzen. Krieger und Kaufleute wohnten in der Stadt, letztere reisten herum. Nicht zufällig breitete sich der Buddhismus an Handelswegen aus, denn eine Religion, die keine Priester brauchte, war eine Religion, die man mitnehmen konnte.[201] Der Buddhismus band, ob bewusst oder unbewusst, in seinen Statuskampf die Kaufleute ein, die wirtschaftlich immer bedeutsamer wurden, sich aber zu weit unten in der Kastenhierarchie angesiedelt fühlten.

Bekanntlich brachte das Versäumnis des Katholizismus den Protestantismus hervor. Und wie der Protestantismus keinen Priester als Vermittler zwischen Gläubigen und Jenseitigem benötigte, so auch der Buddhist keinen Brahmanen. Der Buddhismus stellte das Kastensystem zwar nicht grundsätzlich in Frage, aber für Buddha war sie keine göttliche, keine unveränderliche Ordnung.

200 Fick, Richard: Die sociale Gliederung im nordöstlichen Indien zu Buddha's Zeit. Kiel 1897, S. 58.

201 Siehe Gombrich, Richard: Der Theravada-Buddhismus. Stuttgart / Berlin / Köln 1997 [1988], S. 74-77; Schneider, Ulrich: Der Buddhismus. Darmstadt 1997, S. 16-21; Fick, Richard: Die sociale Gliederung im nordöstlichen Indien zu Buddha's Zeit. Kiel 1897, S. 39-51, 117-162.

Dass der Buddhismus die Existenz der brahmanischen Götter nicht verneinte, sie aber für den Erlösungsweg für irrelevant hielt, ebenso wie die Veden, gilt als weiterer Angriff auf den Brahmanismus. Mit der Ablehnung der religiösen Tradition, einschließlich ihrer Literatur, habe sich der Buddhismus außerhalb der indischen Entwicklung gestellt, was zu seinem Niedergang in seinem Ursprungsland beigetragen haben soll.

Dieser Deutung kann man entgegenhalten, dass alle Asketenbewegungen das Studium der heiligen Schriften ablehnten, ebenso die Praktiken der Brahmanen, wie Rituale und Mantras, alles das betrachteten sie als Fesseln auf dem Erlösungsweg.[202] Allerdings verwarf nur der Buddhismus ausdrücklich die traditionellen heiligen Schriften.

Die fast völlige Übereinstimmung der Lehren der Asketenbewegungen mit denen des Buddhismus zeigt, dass auch dieser ursprünglich nur eine dieser Bewegungen war und damit nicht so einmalig, wie er uns heute erscheint. Alle diese Bewegungen verfolgten das gleiche Ziel mit der gleichen Strategie: Ausstieg aus dem Wiedergeburtskreislauf (= Nicht-mehr-sterben-müssen, *amrtatva*) durch vollständige Gier- oder Triebversiegung. Die meisten glaubten, wie auch der Buddhismus, dass dieses Ziel schon zu Lebzeiten erreichbar ist. Auch die allgemeinen Praktiken waren die Gleichen: Versagen von Triebbefriedigung, extreme Reduzierung von anderen Bedürfnisbefriedigungen, Meditation, Suggestion, Imagination, Betteln und das Ablehnen der Arbeit. Sogar das Flickengewand der buddhistischen Mönche ist eine Übernahme aus der Asketenbewegung.[203]

Es kann also durchaus sein, dass sich Buddha nicht als Gründer einer neuen Religion verstand, sondern „nur“ als ein Führer, der einer kleinen elitären Gruppe seinen Weg zum Nirvana zeigen wollte. Auch dass der Nonnenorden nicht von Buddha gegründet worden

202 Siehe Freiberger, Oliver: Der Askesediskurs in der Religionsgeschichte. Eine vergleichende Untersuchung brahmanischer und frühchristlicher Texte. Wiesbaden 2009, Kapitel I. Insbesondere den Abschnitt: Das Entsagungsritual. S. 47-75.

203 Siehe ebenda, Kapitel I.

sein soll, wie es die buddhistische Legende will, sondern erst als „Asketinnen in konkurrierenden Gruppen wie den Jainas und Ajivikas den Druck auf Buddhisten erhöht“ [204] hatten, spricht für diese Sicht.

Alle sogenannten Heilswege sind immer auch ein Ringen um Anerkennung, die ja auch heilend wirkt. In Indien erhoben Asketen den Anspruch, nicht sie müssen den König, sondern er muss sie „ehrfürchtig behandeln“. In einer Sutte „des älteren indischen Buddhismus“, dem *Samannaphalasutta,* wird gefordert, dass ein König „sogar im Fall eines ehemaligen Sklaven, der zum Asketen wurde, ‘in eigener Person zuerst ihn ehrfurchtsvoll grüßen, bei seinem Kommen vom Sitze aufstehen, ihn zum Sitzen einladen, ihm Gewandung, Almosenspeise, Unterkunft’ und anderes was er braucht, zur Verfügung stellen“[205] soll. Jahrhunderte später wird in Ceylon die „ganze singhalesische Nation, durch die Person des Königs dem Sangha Ehrerbietung“ erweisen. Der Sangha selbst wird zum „Königsmacher“, und Mönche werden der höchsten Kaste entstammen müssen.[206]

204 Freiberger, Oliver: Der Askesediskurs in der Religionsgeschichte. Eine vergleichende Untersuchung brahmanischer und frühchristlicher Texte. Wiesbaden 2009, S. 126, Anm. 140.

205 Zotz, Volker: Konfuzius. Wiesbaden 2015, S. 180.

206 Carrithers, Michael B.: „Sie werden die Herren der Insel sein“: Buddhismus in Sri Lanka, in: Bechert, Heinz / Gombrich, Richard: Der Buddhismus – Geschichte und Gegenwart. München 1989, S. 156, 167, 164.

III.4.5 Kritik des Erlösungsweges

III.4.5.1 Triebtilgung

Die buddhistische Antwort auf die Frage, was wir tun müssen, um überhaupt nicht mehr zu leiden, lautet schlicht und einfach: Alle Triebe vernichten! Mit anderen zeitgenössischen indischen Religionen teilte der Buddhismus den Glauben an den Wiedergeburtskreislauf und die Möglichkeit der Befreiung aus ihm. Die zwei grundlegenden Methoden waren Realisation der Gleichung, Atman ist Brahman, und vollkommene Trieberlöschung durch strenge Askese. Im Buddhismus war aber „die Verbindung zwischen Methode und Befreiung vom Kreislauf der Wiedergeburten … weniger evident als in anderen Strömungen.“ Deshalb waren die Buddhisten „beinah von Anfang an auf die Suche nach der richtigen Methode gewesen“.[207] Sie wussten also nicht was erlöst und ihre Unsicherheit verbargen sie hinter einer absurden Methodenvielfalt. Die Unsicherheit verdankten sie der Lehre vom Nicht-Selbst, welche den Weg, Atman ist Brahman, eigentlich nicht zuließ und dem Mittleren Weg, welcher radikale Methoden zur Triebvernichtung verbot. Erinnern wir uns: Die Triebe sind Sinnlichkeits-, Ansichts-, Daseins- und Unwissenheitstrieb. Ihnen soll durch Sittlichkeit, Erkenntnis und Genussverzicht der Garaus gemacht werden. Anders gesagt, sie sollen durch die Befolgung aller sittlichen Regeln, durch die tiefe Erkenntnis der buddhistischen Lehre und durch ein „mittleres“ asketisches Leben ausgelöscht werden.

Die *sinnliche Gier* und mit ihr die Freuden des gewöhnlichen Lebens überwinden wir, so die Lehre, wenn wir uns unermüdlich vorstellen, wie abstoßend das Dasein eigentlich ist, wie ekelhaft unsere Körperteile, wie widerwärtig Leichen. Auch wenn wir begehrliche Gedanken und Taten unterlassen, also den Sittlichkeitsweg befolgen, trocknen wir die sinnliche Gier aus. Hass, eine Form von Gier,

207 Bronkhorst, Johannes: Die buddhistische Lehre. In: Bechert, Heinz u.a. (Hrsg.): Der Buddhismus I. Der indische Buddhismus und seine Verzweigungen, Stuttgart 2000, S. 198.

überwinden wir, indem wir gegenteilige Gefühle, wie Mitfreude, Mitgefühl und Gleichmut hervorrufen und hasserfüllte Gedanken und Taten unterlassen (siehe z. B. A.VI.107-116).

Daseinstrieb, Ansichts- und Unwissenheitsgier löschen wir, wenn wir die buddhistischen Lehren verinnerlichen. Förderlich sein soll dabei vor allem die Lehre von den Drei Daseinsmerkmalen, der Vergänglichkeit, Leidhaftigkeit und Ichlosigkeit. Notwendig sind aber auch alle anderen buddhistischen Lehrinhalte. Vier mentale Techniken (Konzentration, Achtsamkeit, Imagination und Suggestion), helfen uns, diese Lehren aufzunehmen und vollkommen immun gegenüber den sinnlichen und epistemischen Verlockungen dieser Welt zu werden.

Wie realistisch ist dieses Programm?

Dass Ansichts- und Unwissenheitstrieb gelöscht werden können, ist am leichtesten vorstellbar, aber man kann auch der Meinung sein: Da es solche Triebe gar nicht gibt, müssen sie nicht gelöscht werden. Wie schon erwähnt, verbirgt sich hinter der Rede vom Ansichts- und Erkenntnistrieb ausschließlich die Neugier auf andere Lehren als die buddhistischen. Das war *ein* Grund, warum der Buddhismus keine Wissenschaften hervorbrachte.

Aber das kanonische Wissen scheint nicht einmal zur Löschung der Erkenntnisgier ausgereicht zu haben. Warum sonst wurden Abertausende weitere Bücher über den buddhistischen Weg verfasst, entwickelten sich neue Schulen, Richtungen, Lehren, wenn die rechte, die durstlöschende Erkenntnis schon vorhanden war?

Das Problem, „wie es überhaupt möglich sei, daß eine Erkenntnis zur Befreiung führen kann … hatte den Buddhismus von Anfang an begleitet, und hatte nur noch an Gewicht gewonnen, sobald man angefangen hatte zu versuchen, den genauen Wortlaut dieser Erkenntnis zu bestimmen".[208] Schon die „alten Lehrreden" geben unterschiedliche Auskunft, in einigen erlöst „die Erkenntnis des Schwindens der Befleckungen (*asrava*)", in anderen die „früherer

208 Bronkhorst, Johannes: Die buddhistische Lehre. In: Bechert, Heinz u.a. (Hrsg.): Der Buddhismus I. Der indische Buddhismus und seine Verzweigungen, Stuttgart 2000, S. 116.

Geburten". In manchen wird „die Erkenntnis des Dahinscheidens und Wiederentstehens der Wesen hinzugefügt". Manchmal soll es die Erkenntnis sein, dass die *skhandas,* die fünf Bestandteile einer Person, „nicht mein Selbst sind, die zur Befreiung führt. Anderswo ist es die Überlegung, daß die fünf Komplexe leer, nichtig und ohne Substanz sind, die zu diesem Ziel führt."[209] Nach dem Abdhidharma, dem dritten Korb des Kanons, lehrte Buddha sogar, dass die Kenntnis *aller* Dharmas, aller Lehrinhalte, notwendig für die Erlösung sei.[210]

In S II. 115 wird von den Mönchen Musila und Narada berichtet, beide kennen die Lehre vom Entstehen in Abhängigkeit genau, der eine versteht sich als ein Arhat, der andere nicht. Dahinter steckt die Unklarheit ob die Erlösung durch einen mystischen Versenkungszustand oder „durch die Erlangung bestimmter Erkenntnisse"[211] erreicht wird. An dieser Geschichte wird auch deutlich, dass die Buddhisten nicht wussten, woran sie erkennen können, wer ein Arhat ist.

Aber selbst wenn, wie das Hinayana behauptet, die Erkenntnis nur der Schlussstein für die Trieberlöschung sein sollte, dem eine lange Zeit der Befriedigungsenthaltung, sprich Triebunterdrückung, vorausging, ist es nicht ersichtlich, warum Erkenntnis, gleich welche, die Triebe, die ja auf biologischen Programmierungen beruhen, zum letztendlichen Versiegen bringen sollte. Einleuchtender erscheint die Vermutung Ulrich Schneiders, dass Erkenntnis, Wissen um die buddhistische Lehre, ursprünglich nicht als erlösungsrelevant galt. Im gegenteiligen Fall wäre sie sicher an das Ende und nicht an den Anfang, des achtfachen Pfades gestellt worden.

Warum auch sollen Erkenntnisse, wie dass alles vergeht, Leben leidvoll und die Seele eine Illusion ist, unsere Begierden zum Verschwinden bringen? Warum sollen sie nicht das genaue Gegenteil bewirken?

Vor allem: Wie kann bei einem Wesen aus Fleisch und Blut die sinnliche Gier gelöscht werden, ohne dass es schweren physischen

---

209 Siehe ebenda, S. 52.
210 Siehe ebenda, S. 115.
211 Siehe ebenda, S. 54.

oder psychischen Schaden nimmt? Und warum soll dafür gerade das Befolgen moralischer Regeln grundlegend sein? Warum soll ich Dinge nicht mehr wollen, begehren, wenn ich auf ihren unmoralischen Erwerb verzichte?

Es widerspricht auch jeder Lebenserfahrung, dass die primären sinnlichen Begierden, die nach Essen, Trinken, Sex und menschlicher Wärme, erlöschen, wenn wir aufhören, sie zu befriedigen. Der Verzicht auf Sex löscht nicht das Begehren nach Sex, eher das Gegenteil ist der Fall und das führt, wie wir u. a. aus der Geschichte der katholischen Kirche und des tibetischen Mönchstums wissen, häufig zu sadistischer Grausamkeit. Sexverzicht ist möglich, aber bei gesunden Menschen nicht das Erlöschen des Sexualtriebs. Deshalb wird im buddhistischen Orden die Diskussion aufkommen, ob Mönche, die einen Samenerguss im Schlaf haben, Arhats sein können.

Es kann einem Menschen gelingen, ohne menschliche Wärme und ohne Sexualität zu leben. Es kann ihm gelingen, mit Nahrungsportionen auszukommen, die keinen Vogel sattmachen würden, aber es kann ihm nicht gelingen, kein sexuelles Bedürfnis, keinen Hunger, kein Wärmebedürfnis zu spüren. Es kann ihm nicht einmal gelingen, vollkommen frei von Ärger und Wut zu werden. Dazu später.

Der Buddhismus propagiert Emotionslosigkeit, weil Emotionen Durst bedeuten. Eine Begründung, welche die Adepten eigentlich ratlos gemacht haben müsste, steht sie doch im Widerspruch zu den ebenfalls propagierten „göttlichen Verweilzustände", zu denen u. a. Mitfreude und Mitgefühl gehören.

Die Forderung, das sinnliche Begehren vollkommen zu löschen, würde genau genommen bedeuten, dass wir kein Bedürfnis mehr nach Sinneswahrnehmungen verspüren, nichts mehr sehen, hören, riechen, schmecken und fühlen wollen.

Konsequenterweise verlangt der Buddhismus auch das *Daseinsbegehren* zu löschen, worunter er das Selbsterhaltungs- und das Ewigkeitsbegehren versteht. Was soll ich tun, wenn ich mich nicht mehr erhalten will? Wenn ich mich nicht sofort töte, müsste ich mich verdursten und verhungern lassen, wie es manche Jainas taten.

Buddha lehnte diese Methode ab, obwohl sie doch eine ziemlich effektive Form des Erlöschens des Daseinsbegehrens darstellt.

Ist es wünschenswert, völlig gleichgültig gegenüber dem eigenen Leben zu werden? Können wir das, wenn wir einigermaßen physisch und psychisch gesund sind und bleiben wollen?

Die natürlichen Begierden und Triebe beruhen auf biologischen Programmen und diese kümmern sich, zum Glück, häufig nicht um unsere mentalen Einstellungen. Dass sich der Selbsterhaltungstrieb bei einem Menschen, dessen Leben akut bedroht wird, nicht regen würde, ist schwer vorstellbar. Sollte er tatsächlich schweigen, müssten bei diesem Menschen alle Gefahrensensorien ausgeschaltet sein, seine Überlebenschancen wären äußerst gering.

Psychotechniken wie Achtsamkeit, Suggestion und Imagination können sicher Begierden lindern. Sie können auch helfen, manche krankhaften zu überwinden, aber alle diese Techniken und auch eine vollkommen moralische und asketische Lebensweise können uns nicht „völlig von allen Trieben (*asavas*)“ befreien, auch nicht in Abermillionen Wiedergeburten, denn ohne Begierden wäre kein fühlendes Wesen lebensfähig.

Mit anderen Worten, das letzte Ziel des Buddhismus, vollkommene Begehrens- und Trieberlöschung, ist für Wesen aus Fleisch und Blut weder erreichbar, noch wünschenswert.

III.4.5.2 Warum ist der Buddhismus absolut vergnügungsfeindlich?

> „Ob in der Vergangenheit, Gegenwart oder Zukunft, wer auch immer von den Mönchen und Asketen das Liebliche und Angenehme in der Welt als vergänglich, dem Leiden unterworfen und unpersönlich betrachtet, als Unheil und Schrecken ein solcher überwindet das Begehren.“[212]

Neben den vielen schon aufgezählten Verboten war es Nonnen und Mönchen untersagt, weltliche Literatur zu lesen und Musik zu hö-

212 Zit. nach http://www.palikanon.com/samyutta/sam12_70.html#s12_66.

ren. Wahrscheinlich ist keine Weltreligion so vergnügens- und genussfeindlich wie der Buddhismus. Wir wissen den Grund: Der Buddhismus war ursprünglich eine Asketenbewegung und es liegt im Wesen solcher Bewegungen, Vergnügungen zu verteufeln, besonders das Vergnügen der Sexualität.

Den sozusagen offiziellen Grund der Vergnügungsfeindlichkeit haben wir auch schon kennengelernt: Begehren und seine Befriedigung sind die Ursache des Leidens. Warum eigentlich? Lust ist doch höchst angenehm und Befriedigung schafft Frieden und die wieder erwachende Gier ermöglicht neue Lust und neuen Frieden.

Anders gefragt: Warum ist für die Askesereligionen das Glas halb leer, statt halb voll? Warum das Leiden so schwerwiegend, dass nichts dringlicher erscheint, als die Anstrengungen diesen Leidenskreislauf zu verlassen?

Im Kanon finden sich zahlreiche Lobpreisungen der Meditation in der Waldeinsamkeit, in der auch die Schönheit der Umgebung gepriesen wird. Warum dürfen diese Annehmlichkeiten genossen werden und viele andere nicht, besonders nicht die sexuellen? Strukturell gibt es keinen Unterschied zwischen dem Begehren nach Waldeinsamkeit, der Schönheit der Umgebung, dem Glück der Mediation und dem nach Dasein und sexueller Befriedigung, immer geht es um die Aufhebung der Differenz zwischen Ist und Soll, zwischen Nichthaben und Haben.

In der Einleitung zu seiner Übersetzung der Ordensregeln schreibt Bhikkhu Nanadassana: Sittlichkeit ist „der karmisch-heilsame Wille, der sich als Reinheit in Gedanken, Worten und Werken äußert. [s. A.i.271]. Schamgefühl (*hiri*) und Gewissensscheu (*ottappa*) sind ihre Grundlage. Denn sind Schamgefühl und Gewissensscheu anwesend, so entsteht die Sittlichkeit und dauert an; fehlen diese aber, so kann Sittlichkeit weder entstehen noch andauern. [Vism.9]“[213] Schamgefühl und Gewissensscheu sind also die Grundlage der Sitt-

213 Bhikkhu Ñānadassana, der Übersetzer der Ordensregeln, in seiner Einleitung, http://www.palikanon.com/vinaya/patimokkha/03_einf.htm.

lichkeit. Unter unsittlichem Verhalten verstehen wir sexuelles Fehlverhalten.

III.4.5.3 Sexualität

Sexualkontakte sind in den allermeisten Gemeinschaften streng geregelt und Regelbruch führt zu schweren Konflikten. Wie wir aus dem Alten Testament und dem Koran wissen, wird in manchen archaischen Gesellschaften Ehebruch mit dem Tod bestraft. Warum ist dem so?

Die Tabuisierung der Sexualität ist keine Erfindung der Religionen, sie ist viel älter als sie. Sexverbote finden sich in einem gewissen Sinn schon bei Tieren. Haremsbesitzer verbieten anderen Männchen Sex mit den weiblichen Mitgliedern ihres Harems. Viele männliche Tiere versuchen die Begattung von Weibchen durch andere Männchen zu verhindern. Auch wenn die Beteiligten nicht wissen, warum sie sich so verhalten, es gibt einen einfachen Grund: Wer verhindert, dass Konkurrenten sexuell zum Zug kommen, wird selbst mehr Nachwuchs zeitigen. Von ihm haben wiederum diejenigen mehr Nachwuchs, die sich wie ihre Vorfahren verhalten usw. usf. Deshalb war ein verbietendes Sexualverhalten auf lange Sicht erfolgreich. Sexuelle Tabus verringern die Konflikte, die durch den Kampf um Sexualpartner entstehen und sie erhöhen die Fortpflanzungschancen derjenigen, die Sex mit Tabus belegen.

Wer Prügel einsteckt oder wem sogar die Steinigung droht, wenn er versucht, sich illegitim sexuell zu betätigen, wird diese Versuche mit unangenehmen Gefühlen verbinden. Unangenehme Gefühle die soziale Verbote betreffen, melden sich in Form von schlechtem Gewissen, von Schamgefühl. Das schlechte Gewissen, die Gewissensscheu, schützt vor Gebotsübertretung und damit vor Strafen.

Die bewusste Tabuisierung sexueller Aktivitäten in religiösen Geboten ist nur der unbewusste Ausdruck dieser Mechanismen. Auch das Tötungs-, Lügen- und Diebstahlverbot mindert Konflikte, dient der Stabilität der Gruppe und erhöht die Überlebenschancen der Einzelnen, auf jeden Fall die der Anführer.

Der scheinbar paradoxe Ursprung und Zweck der „Sittlichkeit“, Erhöhung der eigenen Fortpflanzungsrate durch Tabuisierung der Fortpflanzung, war sich der Buddhismus so wenig bewusst, wie jede andere Religion und Philosophie vor Darwin. Dieser Ursprung erklärt, warum wir intuitiv die Einhaltung von Tabus als leidmindernd betrachten. Eine Willensethik, wie sie Buddha lehrte, spricht noch dazu stärker die Emotionen an, als eine, die moralische Urteile allein an das tatsächliche Handeln bindet.[214]

Die Sexual- und generelle Lustfeindlichkeit des Buddhismus ist Ausdruck eines grundsätzlichen Unverständnisses der Funktionsweise des Lebens und damit des in ihr enthaltenen Leidens. Der Sexualtrieb, wie auch andere Begierden, ziehen nicht deshalb Leid nach sich, weil das Verlangen immer wieder neu auftritt, sondern weil es oft schwierig ist und es oft zu Konflikten führt, das Verlangen zu befriedigen.

In der Ablehnung der Sexualität und anderer menschlicher Freuden durch die Asketen vermischen sich Furcht, Scham und Elitedünkel. Der Elitedünkel drückt sich bei Buddha darin aus, dass er ein „Leben der Sinnesfreuden“ als *gamma* bezeichnete, ein Wort welches vulgär bedeutete und der dörfliche Ausdruck für Geschlechtsverkehr war.[215]

Überall wo natürliche Bedürfnisse besonders stark unterdrückt werden, versucht die Psyche ein Ventil zu schaffen oder sie erkrankt, am offensichtlichsten im Fall der unterdrückten Sexualität. Deshalb ist, wie die zölibatäre Kultur des Katholizismus, auch die des Buddhismus angefüllt mit körperlicher und seelischer Grausamkeit. So wurden und werden Jungen in Klöstern missbraucht und mit der Mär, Geschlechtsverkehr sei ein tantrischer Schnellweg zur Erlösung, missbrauchen Gurus Frauen.

214 Siehe Pöhlmann, Andre: Sind deontologische moralische Urteile lediglich Rationalisierungen? http://gbs-schweiz.org/blog/sind-deontologische-moralische-urteile-lediglich-rationalisierungen/.

215 Gombrich, Richard: Der Theravada-Buddhismus. Stuttgart / Berlin / Köln 1997 [1988], S. 70.

Dass es schon zu Zeiten Buddhas große Probleme mit dem sittlichen Verhalten der Mönche gab, beweisen allein schon die detaillierten Verbote in den Ordensregeln. Erst in unserer Zeit kommen drastische Vergehen in den buddhistischen Institutionen verstärkt ans Licht, vor allem wohl Dank ihrer Schwächung und der besseren Kommunikationsmittel. So muss das buddhistische Thailand, ähnlich wie das katholische Irland, seit Jahren erfahren, wie korrupt, besitz-, macht- und sexversessen die hochverehrten Mönche in Wirklichkeit sind.

III.4.5.4 Das Weib

A.III.130 Das Weib – 7. Paṭhama-anuruddha Sutta

Es begab sich der ehrwürdige Anuruddha dorthin, wo der Erhabene weilte. Dort angelangt, begrüßte er den Erhabenen ehrerbietig und setzte sich zur Seite nieder. Seitwärts sitzend, sprach der ehrwürdige Anuruddha zum Erhabenen also:

„Mit dem himmlischen Auge, dem geklärten, übermenschlichen, sehe ich häufig, o Herr, wie ein Weib bei der Auflösung des Körpers, nach dem Tode, in niederer Welt erscheint, auf einer Leidensfährte, in Daseinsabgründen, in der Hölle. Mit wie vielen Eigenschaften aber behaftet, o Herr, erscheint das Weib bei der Auflösung des Körpers, nach dem Tode, in niederer Welt, auf einer Leidensfährte, in Daseinsabgründen, in der Hölle?" –

„Mit drei Eigenschaften behaftet, Anuruddha, erscheint das Weib bei der Auflösung des Körpers, nach dem Tode, in niederer Welt, auf einer Leidensfährte, in Daseinsabgründen, in der Hölle. Mit welchen drei Eigenschaften?

Da lebt das Weib des Morgens mit einem vom Laster des Geizes gefesselten Herzen im Hause, lebt des Mittags mit einem vom Laster des Neides gefesselten Herzen im Hause, lebt des Abends mit einem von Sinnengier gefesselten Herzen im Hause.

Mit diesen drei Eigenschaften gefesselt, Anuruddha, erscheint das Weib bei der Auflösung des Körpers, nach dem Tode, in niederer Welt, auf einer Leidensfährte, in Daseinsabgründen, in der Hölle."[216]

216 http://www.palikanon.com/angutt/a03_124-133.html.

III.4.6. Das Nirvana

Nehmen wir jedoch an, Trieberlöschung sei möglich. Was wäre der Lohn für den eisernen Vergnügungsverzicht, den wir womöglich Millionen von Leben leisten müssen?

Was ist das Nirvana? Wie sollen wir es uns vorstellen? Den Gläubigen wird auf keinen Fall eine Auferstehung in Fleisch und Blut versprochen, kein göttliches Manna und keine Engelschöre; auch von Wein, Schweinefleisch und Jungfrauen ist nirgends die Rede. Das Nirvana ist keine perfekte Version des irdischen Daseins, wie die Himmel und Paradiese der meisten anderen Religionen. In solchen verlustieren sich im Buddhismus ja die sterblichen Götter der untersten Götterkaste. Das Problem mit dem Nirvana lautet: Was ist es und wo ist es? Und: Wer ist in ihm wie erlöst? Die Antworten variieren von Schule zu Schule. Vor allem unterscheiden sich die der Hinanyana- und Mahayana-Richtungen. Für beide ist es aber ein Zustand oder eine Sphäre frei von Karmabestimmungen und dem „Fehlen von Entstehen, Bestehen, Veränderung und Vergehen“.[217]

III.4.6.1 Der Vollendete im Diesseits

Gewöhnlich werden zwei Formen oder Aspekte des Nirvana unterschieden: der Zustand des Erlösten in dieser Welt und sein Zustand in der nirvanischen Welt. Da es aber auch die nirvanische Welt gibt, muss man eigentlich von drei Aspekten sprechen: Wir können ja nicht nur fragen, wie ist der Erlöste in der unerlösten und erlösten Welt beschaffen, sondern auch, wie ist die erlöste Welt beschaffen?

In der buddhistischen Literatur wird nicht zwischen dem Ort und der Person, die an diesem Ort weilt, unterschieden. Nur bei Hans Wolfgang Schumann fand ich diese Differenzierung ausdrücklich. Als Zustand ist das Nirvana „eine Befindlichkeit des Geistes, die in dem Erlösten entsteht“,[218] und zwar durch das vollständige Abfallen

217 Lexikon der östlichen Weisheitslehren. Hrsg. von Ingrid Fischer-Schreiber, Franz-Karl Ehrhard u.a. Bern / München / Wien 1986. Stichwort Nirvana.

218 Schumann, Hans Wolfgang: Der historische Buddha. München 1995, S. 175.

von Gier, Hass und Unwissenheit und das kann schon in diesem Leben geschehen. Nach dem Kanon ist der Vollendete im Diesseits „ein Heiliger (arahat), ein Triebversiegter, der den heiligen Wandel ausgelebt, die Aufgabe erfüllt, die Bürde von sich geworfen, sein Ziel erreicht und die Daseinsfessel abgestreift hat und in rechtem Wissen erlöst ist". Da ihm aber die Sinnesorgane bleiben, erfährt „er noch Erwünschtes und Unerwünschtes … sowie (körperliches) Wohl und Wehe". Was mit dem Erwünschten und Unerwünschten gemeint ist, erfahren wir an dieser Stelle nicht, auf jeden Fall gibt es für ihn kein „geistiges Wehe … mehr, da dieses stets von einem Grade von Haß begleitet ist, von dem ja der Arahat und der Anagamí für immer erlöst sind". Dieser Nirvanazustand wird im Hinayana als der „mit einem Daseinsrest behaftete Nirvana-Aspekt"[219]genannt.

Der altertümliche deutsche Ausdruck „geistiges Wehe" meint psychisches Leid, ein solches soll ein Vollendeter nicht mehr spüren, nur noch körperliche Schmerzen. Selbstverständlich reizt ihn auch die Sinnenwelt nicht mehr, weswegen er ja kein psychisches Leid mehr kennt. Im Kanon wird das so erläutert: „Wenn, o Ehrwürdiger, einem solcherart geist-erlösten Mönche selbst außerordentlich erhabene, übermächtige sichtbare Formen in den Gesichtskreis treten, hörbare Töne in den Hörkreis treten, schmeckbare Säfte in den Schmeckkreis treten, körperlich fühlbare Eindrücke in den Körperempfindungskreis treten, geistig erkennbare Dinge in den Denkkreis treten, so vermögen diese seinen Geist nicht mehr zu fesseln; und sein Geist bleibt unberührt, gefestigt, unerschütterlich, und in diesem allem erkennt er die Vergänglichkeit"[220] (A.VI.55).

Ein solcher Mönch verlangt also nicht mehr nach dem „Angenehmen und Lieblichen", isst nur noch, wenn er Hunger hat, und er trinkt nur noch, wenn er Durst hat. Was er isst und trinkt, ob köstlich oder ekelhaft, ist ihm gleichgültig. Selbst wenn das möglich wäre: Hunger und Durst sind Bedürfnisse. Bedürfnisse die nicht erfüllt werden, wachsen zu Begehren und Begierden und ab einem bestimmten Punkt werden sie als leidvoll erlebt, ob ein Wesen aus

219 http://www.palikanon.com/buddhbib/08wegerlos/weg_erlos04.htm.

220 Ebenda.

Fleisch und Blut das will oder nicht. Ein leidfreier Zustand ist für ein solches Wesen unmöglich. Und so wenig wie scharfe Trennungen zwischen Bedürfnissen, Begierden und Gier möglich sind, so wenig ist eine Trennung zwischen Schmerz und Leid möglich. Wer lange nichts zu trinken und zu essen erhält, spürt nicht nur einen leeren Magen, trockenen Hals und Kopfschmerzen, also körperliche Symptome, irgendwann wird er sich auch psychisch schlecht fühlen, nämlich antriebs- und interesselos. Würde das beim Vollendeten nicht der Fall sein? Haben körperliche Schmerzen keine psychischen Auswirkungen auf ihn? Würde ein Mensch, einer Dauerbeschallung ausgesetzt, nicht psychisch krank werden, gleichgültig wie frei von Gier und Hass er ist? Das widerspricht zumindest allen unseren Erfahrungen.

Der Übergang von gleichgültiger zu begehrlicher Wahrnehmung ist fließend und begehrliche Wahrnehmung ist notwendig, überlebensnotwendig.

Zusammengefasst: Der Buddhismus behauptet nicht, dass es ein schmerzfreies Wesen aus Fleisch und Blut geben kann, jedoch ein leidfreies, aber auch ein solches ist nicht möglich.

Im jenseitigen Nirvana, im Parinirvana, müssen Vollendete auch keine körperlichen Schmerzen mehr erleiden, allerdings verfügen sie dort auch über keinen materiellen Körper. Sehen wir uns an, wie Vollendete dort beschaffen sein sollen.

III.4.6.2 Der Vollendete im Nirvana

In Jt 44 heißt es, von dem „mit keinem Daseinsrest mehr behafteten Nirvana-Aspekt“: Bei einem Mönch der „sein Ziel erreicht und die Daseinsfessel abgestreift hat“ werden beim Tode für immer „alle hier in dieser Welt nicht mehr begehrten Gefühle“[221] erloschen sein. Wird der Erlöste begehrte Gefühle spüren? In welcher Form existiert er überhaupt? Über seine Existenz müssen wir Erstaunliches lesen: Vom Erlösten nämlich „läßt sich weder sagen, ‘daß er sei, noch

221 http://www.palikanon.com/buddhbib/08wegerlos/weg_erlos04.htm.

daß er nicht sei, noch beides, noch keines von beidem'."[222] Der Erlöste sei „unfassbar" und das bedeutet nach Theodor Scheel, „er ist mit dem Verstande nicht zu erfassen, ist begrifflich nicht eindeutig zu bestimmen, ist nicht mit der Vernunft zu begreifen, ist unbegreiflich irrational".[223]

Nach gängiger Lehrmeinung ist aber auch der im Leben Vollendete „unfassbar", denn der noch lebende Erlöste „ist nicht dasselbe wie eine der fünf Haftensgruppen [*skhandas*, AB]. ... Der Vollendete befindet sich nicht in einer der Gruppen, noch außerhalb derselben."[224] Er ist auch nicht dasselbe wie alle fünf Gruppen zusammen, noch ist er ohne sie. Buddha vergleicht den Vollendeten mit dem Zustand des Feuers, wenn es erloschen ist. So wie Stroh und Holz verbrannt sind und man nicht sagen kann, wohin ein verloschenes Feuer verschwunden ist, „genau so auch, … ist alle Körperlichkeit, alles Gefühl, alle Wahrnehmung, sind alle Geistesformationen, ist alles Bewußtsein, wodurch man den Vollendeten bezeichnen möchte, vom Vollendeten aufgegeben, an der Wurzel zerstört, einem Palmstumpf gleichgemacht, vernichtet und keinem künftigen Wiederaufkeimen mehr ausgesetzt. Von Körperlichkeit, Gefühl, Wahrnehmung, Geistesformationen und *Bewußtsein* aber abgelöst, ist der Vollendete tief, unermeßlich, schwer zu ergründen, gleichwie das tiefe Meer"[225] (MN 72,20, Kursivsetzung AB). Nur dem, der nicht wirklich versteht, „können solche Gedanken kommen wie: 'Der Vollendete besteht nach dem Tode, der Vollendete besteht nicht nach dem Tode, der Vollendete besteht sowohl als auch nicht nach dem Tode, der Vollendete besteht weder-noch besteht er nicht nach dem Tode'"[226] (S.44.4). Der Vollendete soll solche Fragen nicht beantwortet haben, weil der Frager durch seine Fragen zeigte, dass er nicht reif für das Verständnis war.

222 Zit. nach Zotz, Volker: Geschichte der buddhistischen Philosophie. Hamburg 1996, S. 52.

223 Scheel, Theodor: Das Nicht-Selbst. Stammbach/Herrnschrot o.J., S. 71.

224 Ebenda, S. 72.

225 http://www.palikanon.com/majjhima/zumwinkel/m072z.html.

226 http://www.palikanon.com/buddhbib/08wegerlos/weg_erlos04.htm.

Nyanatiloka kommentiert S.44.4 so: „Nach buddhistischer Lehre gelten eben lediglich die in den fünf Daseinsgruppen eingeteilten körperlichen und geistigen Vorgänge als Realitäten im höchsten Sinne, die freilich selber nur augenblickliche Existenz haben. Wenn daher in den Texten von einem Wesen, einer Person, ja selbst vom Buddha die Rede ist, so ist das natürlich nicht im absoluten und höchsten Sinne gemeint, sondern als bloße konventionelle Ausdrucksweise aufzufassen. Damit scheidet das Problem hinsichtlich des Wiedergeboren- und Nichtwiedergeborenwerdens des Erlösten von selber aus."[227] Und zwar in dem Sinne, dass keine Person wiedergeboren wird, weil es eine solche eigentlich nicht gibt. *Person* ist nur eine konventionelle Ausdrucksweise für ein ständig sich veränderndes Daseinsgruppenbündel. So einfach ist das?

Wenn die augenblickshaften Daseinsgruppen die *höchste Realität* sind, dann müsste es sich auch beim Erlösten um eine augenblickshafte Daseinsgruppe handeln, aber von ihr hat er sich abgelöst. Was bleibt dann übrig?

Anders gefragt: Gewöhnliche Menschen, Bündel augenblickshafter Daseinsgruppen, leiden, sind vergänglich und ichlos. Der Erlöste soll zwar auch ichlos, aber unvergänglich und leidfrei sein, was aber ist unvergänglich und leidfrei, wenn es außer den *skhandas* nichts am Menschen gibt, wenn sie die höchste und einzige Realität sind? Sinnlose Überlegungen? Denn „jede Erkundigung nach ihm [dem Erlösten] ist vergeblich, weil die Antwort etwas Außersamsarisches definieren müsste, wozu unsere (innerweltliche) Sprache nicht ausreicht",[228] meint jedenfalls Hans Wolfgang Schumann. Warum sie nicht ausreichen soll, erfahren wir nicht. Vielleicht sind tatsächlich einige Eigenschaften des Erlösten nicht zu bestimmen, obwohl wir hören, er sei unveränderlich und leidfrei, aber auf jeden Fall muss es möglich sein zu sagen, ob er existiert oder nicht. Sätze über die Existenz von etwas gelten für alle möglichen Welten: Entweder existiert etwas oder es existiert nicht, gleichgültig wie lang

227 http://www.palikanon.com/buddhbib/08wegerlos/weg_erlos04.htm.

228 Schumann, Hans Wolfgang: Handbuch Buddhismus. Kreuzlingen / München 2000, S. 121.

oder kurz und wie schwierig es ist, Raum- und Zeitpunkt zu bestimmen. Daran ändert auch eine sogenannte Flussontologie nichts, wie ich später noch erläutern werde.

Warum der Eiertanz um die Frage, ob der Vollendete überhaupt existiert? Wahrscheinlich, weil das weitere Fragen nach sich ziehen würde, die unter den buddhistischen Prämissen der Gier- und Seelenlosigkeit nicht zu beantworten sind.

Der Hinayana-Sekte der Pudgalavadin, sie entstand um 260 v.u.Z., waren die Behauptungen über den Vollendeten wohl auch suspekt. Vielleicht griffen sich auch auf ältere Lehren zurück, als sie erklärten, es gäbe eine Person (Pali *puggala*), die mit den *skhandas* zwar nicht identisch, aber auch nicht verschieden von ihnen sei. Sie sei auch Träger der Wiedergeburten, damit auch Träger der Taten (des Karmas) und existiere im Nirvana, eine überzeugendere Position als die der Undefinierbarkeit des Vollendeten. Die Pudgalavadin soll eine der größten Schulen ihrer Zeit gewesen sein.[229]

Der Theravadabuddhist Theodor Scheel versucht sich in folgender Erklärung des Erlösten: Nach seiner Interpretation des Kanons überlebt die Zerstörung der *skhandas* nur derjenige, der sich nicht mit ihnen identifiziert, obwohl man keinen „unzerstörbaren Kern außerhalb der Haftungsgruppen besitzt".[230] Für Scheel kann der Mensch „nur durch die Verwirklichung der Erkenntnis der Nichtselbstheit … der Selbstvernichtung entrinnen".[231] Nur wenn ich realisiere, dass ich kein Selbst habe, kann ich der Vernichtung des nicht vorhandenen Selbst entrinnen? Was entrinnt da? Für Scheel ist es nötig, zwischen dem Inhalt und der Form des Selbst zu unterscheiden. Er greift damit einen Gedanken Kants auf, für den das Ich keine Substanz hat, sondern nur eine Form des Bewusstseins ist.[232]

229 Siehe Lexikon der östlichen Weisheitslehren. Hrsg. von Ingrid Fischer-Schreiber, Franz-Karl Ehrhard u.a. Bern / München / Wien 1986. Stichwort: Vatsiputriya.

230 Scheel, Theodor: Das Nicht-Selbst. Stammbach / Herrnschrot o.J., S. 73.

231 Ebenda, S. 74.

232 Ebenda, S. 5.

Dementsprechend soll die Form des Selbst, nicht sein Inhalt, die Zerstörung der *skhandas* überleben.

Die *Form* des Ich-Bewusstseins besteht, nach Scheel, in dem *Vermögen* des Menschen, um sich selbst zu wissen, und in dem Vermögen, sich von sich selbst zu distanzieren, vor allem von den *skhandas,* den Haftensgruppen.[233] Das geschieht, wenn wir beispielsweise Sätze sprechen wie, *das gehört mir nicht, das bin ich nicht, das ist nicht mein Selbst.* Der Gedanke „ich bin", ist nach dem Kanon die Wurzel „des leidbringenden Wähnens".[234]

Die *Fähigkeit zur Distanzierung und des Selbstbewusstseins* scheint für Scheel etwas zu sein, was die Vernichtung der Haftensgruppen, der *skhandas,* überlebt, denn er schreibt, die Fähigkeit zur Distanzierung „ist eine Form des wahren Selbst".[235] Dass ein *Vermögen,* eine *Fähigkeit*, übrig bleiben soll, wenn der Körper stirbt, ist allerdings höchst unwahrscheinlich. Bleibt die Fähigkeit des Singens oder Boxens übrig, wenn Sänger oder Boxer sterben? Merkwürdig ist diese Stelle auch, weil Scheel auf einmal von einem „wahren Selbst" spricht, eine Vorstellung die er ansonsten, als dem Kanon zuwiderlaufend, ablehnt. Ein „wahres Selbst" gebe es nicht, weil es die „absolute Persönlichkeit" wäre, die es nach Buddha nicht geben kann.[236]

Scheel erläutert nicht, wie er sich das Überleben des Formvermögens vorstellt. Er relativiert seine eigene Theorie auch, indem er, wie die meisten Autoren, die sich zu diesem Thema äußern, Zuflucht zu der poetischen kanonischen Formel nimmt, der Vollendete sei letztlich „tief, unermesslich, unauslotbar wie der Große Ozean".

233 Siehe Scheel, Theodor: Das Nicht-Selbst. Stammbach / Herrnschrot o.J., S. 78.
234 Ebenda, S. 82.
235 Ebenda, S. 78.
236 Ebenda, S. 87.

III.4.6.3 Gefühle im Nirvana

Der christliche Himmel und das islamische Paradies sind Synonyme für ewige Glückseligkeit. Wie sieht es mit der Glückseligkeit im Nirvana aus? Können ein Formvermögen oder ein Geistwesen überhaupt fühlen, es fehlen ihnen ja Nerven, die zumindest Tiere und Menschen für Gefühle benötigen. Manche Buddhologen meinen, der nirvanische Zustand sei von Buddha nur negativ definiert worden, die positiven Formulierungen im Kanon seien späteren Datums. Im Kanon wird der nirvanische Zustand auf jeden Fall positiv und negativ bestimmt, negativ als das Ende zukünftigen Werdens, des weiteren Geborenwerdens und Sterbens und als die endgültige Erlösung von allen Erscheinungsformen des Leidens.[237] Positiv als „höchstes Glück", „endgültiger Friede", „Befreiung", „Sicherheit" und „Erkenntnis".[238] Insgesamt sollen sich 30 positive Bestimmungen finden. Eine bemerkenswerte Stelle ist AN 9,34, dort heißt es, das Nirvana sei gerade deshalb ein Glück, weil es „dort keine Gefühle mehr gibt".[239] Das ist jetzt allerdings sehr seltsam, Glück ist ein starkes Gefühl und „höchstes Glück" soll keines sein? Wer sagt, er habe Frieden gefunden, meint auch, dass er sich nun gut fühlt, nämlich friedvoll.

Auch innere Ruhe und innerer Friede sind Gefühle. Die Unklarheit in Bezug auf die bloße Existenz der Gefühle im Nirvana passt zur ablehnenden Einstellung gegenüber vielen Gefühlen im Samsara, selbst zu solchen wie Liebe und Trauer, sie bedeuten ja Verhaftung.

Der tiefere Grund für die Ablehnung der Gefühle ist aber wohl die dunkle Ahnung, dass überall, wo Gefühle sind, auch die Gier nicht weit ist, Trieberlöschung, die Bedingung für Erlösung, kann da nicht sein.

---

237 Siehe Schumann, Hans Wolfgang: Handbuch Buddhismus. Kreuzlingen / München 2000, S. 118.

238 Ebenda, S. 120.

239 Zit. nach ebenda, S. 120.

III.4.6.4 Das Nirvana als Ort

Das Ungewordene, das Nirvana, zeichnet sich durch drei Merkmale aus: „Entstehen zeigt sich nicht. Vergehen zeigt sich nicht, Veränderung des Bestehenden zeigt sich nicht.“[240] Also: Was da auch ist, es bleibt wie es ist, für immer und ewig. Genauer heißt es in D VIII.3: „Es gibt, ihr Mönche, einen Bereich, wo weder Festes noch Flüssiges ist, weder Hitze noch Bewegung, weder diese Welt noch jene Welt, weder Sonne noch Mond. Das, ihr Mönche, nenne ich weder ein Kommen, noch ein Gehen, noch ein Stillestehen, weder ein Geborenwerden, noch ein Sterben. Es ist ohne jede Grundlage, ohne Entwicklung, ohne Stützpunkt: das eben ist das Ende des Leidens.“[241] Eine Welt in der nichts vergeht, sich nichts verändert, es aber auch kein Stillestehen gibt, übersteigt tatsächlich unser Vorstellungsvermögen, absolut.

Die Sarvastivada, eine Hinayanaschule, sah im Nirvana „etwas Positives“, das durch die allmähliche „Überwindung der Leidenschaften erreicht“ wird. „Für das Besiegen einer jeden Leidenschaft wird ein eigener ‘Bereich’ angenommen, so daß viele verschiedenen Arten von Nirvana existieren, was ihm einen dinghaften Charakter verleiht.“ Für die Sautrantikas war das „Nirvana lediglich das Schwinden der Leidenschaften, nicht aber eine ungewordene, unvergängliche metaphysische Größe“.[242] Mit anderen Worten, Nirvana war „nur“ ein Zustand vollkommener Ruhe. Das lässt offen, ob ein Parinirvana, ein Ort außerhalb der leidvollen Welten behauptet wird und macht deutlich, wie wenig klar sich die Buddhisten über das letzte Ziel ihres mühevollen Weges waren.

Nach Gregor Paul „stritt man sich schon früh darüber, ob [das Nirvana] eine positive Entität bilde oder als bloßes Erlöschen oder Nicht-Sein (des Leidens und schließlich des Lebens) zu begreifen

240 A III, 47-48 (Culavagga). Zitiert nach Zotz, Volker: Geschichte der buddhistischen Philosophie. Hamburg 1996, S. 52.

241 http://www.palikanon.com/wtb/nibbana.html.

242 Lexikon der östlichen Weisheitslehren. Hrsg. von Ingrid Fischer-Schreiber, Franz-Karl Ehrhard u.a. Bern / München / Wien 1986, Sichtwort Nirvana.

sei".[243] Das heißt, schon die ersten Anhänger waren sich nicht sicher, ob Nirvana nicht doch einfach Nichts bedeutet.

Das bedeutet aber auch, eigentlich ist es völlig unklar, ob Nirvana ein erstrebenswertes Ziel ist. Außerdem kann es nichts als Spekulation sein, denn aus dem Nirvana kann nach kanonischer Lehre niemand zurückkommen, folglich kann es niemanden geben, der es kennt.

Das Nirvana ist sicher nicht das verheißungsvollste Versprechen, das Menschen jemals ersonnen haben. Schon die höchste Götterklasse existierte auf eine ziemlich unattraktive Weise, das Nirvana ist aber öder als jede Steinwüste und bevölkert mit Wesen von denen man nicht einmal sagen kann, ob sie Gefühle haben, ja, ob sie überhaupt existieren.

Für das Nirvana als einen Ort gilt, was Buddha berechtigterweise den Brahmanen vorwarf. „Die Brahmanen geben selbst zu, daß keiner von ihnen Brahma mit eigenen Augen gesehen hat. Sie lehren mithin: „Zu dem, den wir nicht kennen und nicht sehen, zur Gemeinschaft mit ihm weisen wir den Weg, und das ist der einzig gerade Weg zur Erlösung." Das ist ebenso, als ob jemand auf einem Platz eine Treppe bauen wollte, die zu dem obersten Stock eines Palastes führen soll, den er nie gesehen hat und von dem er nicht weiß, wie groß er ist."[244] Buddha wandte sich gegen ein solches „unsichtbares und unbegreifliches Transzendentes",[245] aber das Nirvana des Buddhas ist selbst ein solch transzendenter Palast und er selbst beanspruchte, den Weg zu ihm zu wissen. Buddha mutet uns hier zu, an etwas zu glauben und unermüdlich nach ihm zu streben, von dem man nicht einmal sagen kann, ob es existiert oder nicht existiert!

Woher wusste Buddha, dass es das Nirvana gibt? Weil er folgerte: „Gäbe es nämlich nicht jenes Ungeborene, Ungewordene, Ungemachte, Ungeschaffene, so gäbe es keinen Ausweg aus dem

243 Paul, Gregor: Philosophie in Japan. München 1993, S. 71.
244 D 13, zit. nach ebenda, S. 79.
245 Kutschera, Franz von: Vernunft und Glaube. Berlin 1990, S. 177.

Geborenen, Gewordenen, Gemachten, Geschaffenen"[246] (Ud VIII). Das Nirvana gibt es also, weil nicht sein kann, was nicht sein darf.

Letztlich ist das Nirvana eine Chiffre, eine Verrätselung der Sehnsucht nach einer leidfreien Welt, die sich jeder enträtseln kann, wie er es braucht.

III.4.7 Kritik der Kernlehren

Was ich im III. Kapitel dargelegt habe, sind die Kernlehren des Buddhismus, die Lehren, welche alle buddhistischen Richtungen als ihre Grundlage ansehen können. Nicht alle nehmen sie als Grundlage, aber nicht, weil sie diese Lehren für falsch halten, sondern, weil sie nicht alle für nötig erachten.

Es sind die Lehren nach dem Palikanon, der noch immer die plausibelste Überlieferung des Buddhismus darstellt. Was nicht ausschließt, dass auch Mahayanasutren Worte des Buddha enthalten. Der Kanon lässt vermuten, dass die ursprüngliche Lehre einfacher war, aber wir wissen nicht, wie sie war, wir müssen die Lehre nehmen, wie sie uns vorliegt.

III.4.7.1 Die Gelenkachsen

Herrmann Oldenberg urteilte in seiner 1881 erschienen Untersuchung über den Buddhismus: „Ein Bahnbrecher im Reiche des Gedankens ist Buddha nicht gewesen; ihm war andere Größe eigen. Gewiß zeigt das Weltbild, wie es sich ihm darstellte, im ganzen ein sehr bestimmt ausgeprägtes Aussehen. Aber die wesentlichsten Elemente dieses Bildes waren aus der Vergangenheit ererbt, und im einzelnen fehlt es nicht an Unklarheiten, an Widersprüchen, an Unverständlichkeiten, die gewiß nicht nur für uns vorhanden sind. … Ein besonders charakteristischer Zug aber dieses Denkens – viele werden es eine besonders charakteristische Schwäche nennen – ist jene

246 Ud VIII. Zitiert nach Zotz, Volker: Geschichte der buddhistischen Philosophie. Hamburg 1996, S. 52.

… Abneigung dagegen, die Betrachtung der Dinge bis zu letzten Prinzipien zurückzuführen, jenes Schweigen, mit dem über alles fortgegangen wird, was – um es in der Anschauung und Sprache unserer Texte auszudrücken – nicht 'zur Abkehr vom Irdischen, zum Untergang aller Lust, zum Aufhören des Vergänglichen, zum Frieden, zur Erkenntnis, zur Erleuchtung, zum Nirvana führt'. Die Spekulation des Buddhismus beschreibt sozusagen einen Kreis oder Fragmente eines Kreises, zu welchen den Mittelpunkt aufzusuchen untersagt wird, denn das hieße nach Dingen fragen, die zur Erlösung und Seligkeit nicht nütze sind."[247] Und hier kann man fortfahren: Solange man aber den Mittelpunkt nicht kennt, kann man auch nicht sicher sein, ob er für die Erlösung unnütz oder sogar ob die Erlösung überhaupt möglich ist.

Der Buddhismus ist die Leidensreligion schlechthin. Er startet mit der Diagnose des Leidens und verspricht die Heilung von jeglichem Leid, und das sowohl in diesem, wie in einem nachtodlichen, nirvanischen Leben. Seltsamerweise bleibt der Leidensbegriff nebulös, unterscheidet diese Leidensphilosophie nicht sauber zwischen Leidensursachen und dem Leid selbst, dem Leidensgefühl. Noch schlimmer, sie kennt nicht die Ursache des Leidens. So erweckt diese Leidensphilosophie manchmal den Eindruck, es sei die Vergänglichkeit, häufig soll Gier, manchmal verbunden mit Hass, schuld an allen Übeln der Welt sein. Die liebste Ursache wurde ihr aber die Unwissenheit über die buddhistischen Lehren.

Heutige Anhänger versichern, es handle sich beim Leiden um ein multifaktorielles Phänomen, wie viele und welche Faktoren zusammenkommen, erfahren wir aber nicht. Und schon gar nicht, warum diese Faktoren überhaupt in der Welt sind.

Dass nur eine völlig leidfreie Lebens- oder Daseinsweise eine lebenswerte ist, wie es der Buddhismus mit den anderen indischen Religionen als selbstverständlich betrachtet, ist ein verständlicher, aber auch ein kindischer Wunsch, ein Ausdruck psychischer Unreife.

247 Oldenberg, Hermann: Buddha. München 1961 [1881], S. 197.

Betrachten wir die Kernlehren noch einmal unter einfachen logischen Gesichtspunkten. Im Grunde sind es wenige Denkfiguren, mit denen der Buddha des Kanons operiert. Wir können sie als die Gelenkachsen der buddhistischen Philosophie bezeichnen.

Eine der häufigsten dieser Denk- oder Argumentationsfiguren lautet.

1. Alles in der samsarischen Welt ist vergänglich.
2. Alles, was vergänglich ist, ist leidvoll.

   Vergänglichkeit, Zeit ist notwendig für Bewegung, für lebendiges Sein, für fühlendes Leben, ist damit ein Grund für Leid, aber auch einer für Genuss, Freude, Glück. Würde nichts vergehen, würde es kein Leben, nicht einmal Bewegung, geben. Nicht die Vergänglichkeit, sondern das Festhalten-Wollen der Gegenwart schafft Leid. Die Schlussfolgerung, alles was vergänglich, ist leidvoll, ist deshalb falsch. Sie hätte lauten müssen: Das Festhalten von Vergänglichem schafft Leid.

Die zweite Argumentationsfigur:

1. Alles, was vergeht, ist nicht mein Selbst.
2. Alle Teile, aus denen ich mich zusammensetze, vergehen, deshalb sind alle Teile nicht mein Selbst.

   Dass alles Vergängliche nicht mein Selbst ist, ist nur unter der Voraussetzung richtig, dass das Selbst als etwas Unvergängliches definiert wird. Dass alle Teile meiner Person unvergänglich sind, kann ich nur wissen, wenn ich sicher bin, dass ich alle Teile meiner Person kenne, aber ich kann nicht wissen, ob ich alle Teile kenne. Sollten aber tatsächlich alle Teile meiner Person vergehen, kann ich nicht wiedergeboren werden.

Die dritte Argumentationsfigur:

1. Begehren schafft Leid.
2. Begierdelosigkeit ist Leidfreiheit, ist Nirvana.

   Man kann die Unklarheit, ob nun Begehren oder Vergänglichkeit die Leidursache ist, beiseiteschieben und sagen, sie bedingen sich gegenseitig. Vergänglichkeit braucht Begehren, damit Leid bewirkt werden kann (ein Ding, das vergeht, aber nicht fühlt, wie ein Stein, leidet ja nicht), und Begehren braucht Vergänglichkeit, weil Begehren etwas ist, was in der Zeit stattfinden muss. Begehren aber schafft nicht notwendigerweise Leid, wie die Vergänglichkeit ist es eine Voraussetzung für Gefühle, ob Leid, Zufriedenheit, Glück oder Lust. Wir leiden nur, wenn die Befriedigung des Begehrens nicht erfolgt. Vollkommene Begierdelosigkeit wäre vollkommene Leidfreiheit, aber auch vollkommene Freiheit von Zufriedenheit, Glück und Lust, wäre ein gefühlloser, in diesem Sinne toter Zustand.

Die vierte Argumentationsfigur ist ein Destillat aus den Ausführungen zu Karma, Wiedergeburt und Nirvana:

1. Nur Tatabsichten, *sankharas*, überleben mich. Solange sie überleben, leide „ich" oder die Menschen, welche meine *sankharas* in sich tragen.
2. Habe ich alle Tatabsichten aufgelöst, bleibt noch etwas übrig, welches nicht mehr wiedergeboren werden muss.
3. Dieses Etwas ist keine Person, kein Ich und auch nicht alles. Man kann von ihm nicht einmal sagen, dass es existiert, noch, dass es nicht existiert.

Statt *sankharas* würden manche Schulen *citta* einsetzen, womit augenblickshafte Geisteindrücke gemeint sind. Die Argumentationsfigur gilt für sie genauso.

Dass nur Tatimpulse oder Geisteindrücke weitergegeben werden, ist äußerst unwahrscheinlich und wenn, *ich*, im Sinne einer personalen Identität, bin diese Impulse und Eindrücke nicht. Zugleich aber muss nach dem 2. Satz noch etwas Undefinierbares meinen Tod überleben, sonst wäre kein Nirvana möglich.

Wenn der undefinierbare Rest, der ins Nirvana eingehen soll, weder Tatabsichten, Geisteindrücke, schon gar kein Ich, im Sinne einer personalen Identität ist, aber auch nicht alles, sondern etwas, von dem man nicht sagen kann, ob es überhaupt existiert, warum muss dieser Rest dann überhaupt erlöst werden?

Warum soll er von Eigenschaften befreit werden, die er gar nicht besitzen kann? Wenn doch, ein solcher undefinierbarer Rest, der ich nicht bin, kann mir so gleichgültig sein, wie das Schicksal einer Romanfigur.

Eine andere kritische Perspektive. Selbst wenn die unterschiedlichen Leidensdiagnosen richtig sein sollten, kann es kein diesseitiges Nirvana, keine Arhats geben.

1. Wenn Leiden zur Natur des empfindungsfähigen Lebens gehört, wie die Lehre von den Drei Daseinsmerkmalen besagt, dann kann auch die Ausmerzung der Gier und Unwissenheit nicht von Leiden befreien, dann müsste das empfindungsfähige Leben ausgemerzt werden. Da das auf jeden Fall in unserer Welt nur um den Preis des Todes möglich ist, kann es keine Leidfreiheit in dieser Welt geben, damit keine Arhats.
2. Wenn die Vergänglichkeit die Letztursache des Leidens ist, dann kann die Ausmerzung der Gier und Unwissenheit nicht vom Leiden befreien, dann müsste, wie auch immer, die Vergänglichkeit ausgemerzt werden. Da das auf jeden Fall in unserer Welt unmöglich ist, kann es keine Leidfreiheit in dieser Welt geben, damit keine Arhats.
3. Wenn Gier und Unwissenheit die Letztursachen des Leidens sind, dann müsste gezeigt werden, dass ein empfindungsfähiges Leben ohne jegliche Bedürfnisse möglich ist, denn Gier ist nur ein starkes Bedürfnis. Nur ein empfindungsloses Leben, wie es wahrscheinlich Pflanzen führen, kann frei von Bedürfnissen sein.
4. Auch eine Kombination dieser Leidensursachen erklärt nicht, wie sie aus dieser Welt entfernt werden könnten, und natürlich auch nicht, warum sie überhaupt in der Welt sind.

Wie schon gesagt, der Buddhismus kennt nicht die letzten Ursachen des Leidens, konnte sie, wegen des Fehlens naturwissenschaftlicher Kenntnisse, auch noch nicht kennen, genau so wenig wie die anderen Religionen.

Das bedeutet: Keine der Gelenkachsen des Buddhismus ist tragfähig, keine der Grundlehren ist plausibel. Aus heutiger Sicht sind sie eine Mischung aus mehr oder weniger tiefen psychologischen

Weisheiten (Leben ist leidvoll, Glück vergeht), unausgegorenen religiös-philosophischen Konstruktionen (Karma, Wiedergeburt, Nirvana) und einer tiefen Genuss- und Lebensfeindlichkeit.

Zumindest der ältere, der Theravada-Buddhismus ist eine konfliktscheue, genuss- und letztlich lebensfeindliche Religion. Seine rigide Ethik ist seine konfliktscheue, der Glaube, zur Erlösung sei vollkommene Trieberlöschung nötig, führt zu seiner genuss- und lebensfeindlichen Seite.

III.4.7.2 Alles leer?

Zum Schluss der Darstellung der Kernlehren sei noch auf eine merkwürdige philosophische Drehung aufmerksam gemacht. Nyanatiloka gibt sie folgendermaßen wieder: „Im höchsten Sinne hat man alle vier Wahrheiten als leer zu betrachten, und zwar darum, weil es da (1) keinen Fühlenden, (2) keinen Täter, (3) keinen Erlösten und (4) keinen auf dem Pfade Wandelnden gibt."

Darum heißt es:

„Bloß Leiden gibt es, doch kein Leidender ist da.
Bloß Taten gibt es, doch kein Täter findet sich.
Erlösung gibt es, doch nicht den erlösten Mann.
Den Pfad gibt es, doch keinen Wandrer sieht man da."[248]

Wenn es keinen Leidenden gibt, dann ist der Buddhismus so überflüssig wie ein Kühlschrank in der Arktis. Oder ist an dieser Drehung etwas falsch?

Es werden in ihr zwei Dinge vermischt: Die Wahrheit der Vier Edlen Wahrheiten und die Beschaffenheit desjenigen, der um sie weiß. Dass im höchsten Sinne alle vier Wahrheiten leer sind, kann nicht in dem Sinne gemeint sein, dass sie keinen Inhalt haben oder falsch sind, dann wären sie ja keine Wahrheiten. Sie sollen leer in dem Sinne sein, dass kein Ich existiert, welches diese Wahrheiten beherzigen könnte. Dann sind aber nicht die Wahrheiten leer, sondern diejenigen, die um sie wissen.

---

248 http://www.palikanon.com/buddhbib/08wegerlos/weg_erlos19.htm.

„Die Wahrheiten sind leer“, statt die Wissenden sind leer von einem Ich, lässt sich natürlich bestens als Kritikabwehr verwenden: Im höchsten Sinn sind unsere Wahrheiten doch leer, wer sie bezweifelt hat den höchsten, wirklichen, tiefsten Sinn nicht verstanden!

„Bloß Leiden gibt es, doch kein Leidender ist da. / Bloß Taten gibt es, doch kein Täter findet sich“, klingt zwar trostreich, ist aber falsch. Würde es niemanden geben, der leidet, würde es kein Leid geben, wie klein oder groß, wie kurz- oder langlebig es auch immer wäre.

Es mag kein ewiges Ich, keine ewige Person geben, aber es gibt auf jeden Fall eine temporäre leidende Person und ihr Befinden im Hier und Jetzt ist im höchsten Sinne entscheidend.

Aber vielleicht hat das Mahayana die Schwächen des Hinayana ausgeglichen und dessen dunkle Stellen erhellt. Buddha soll sich ja auf den Bildungsstand seiner Hörer eingestellt und in den Mahayanasutren Erkenntnisse mitgeteilt haben, die im Kanon fehlen.

IV. Das Mahayana

IV.1. Entstehung und Kennzeichen des Mahayana

IV.1.1 Ordensspaltungen

Die Spaltung des Ordens begann schon unmittelbar nach Buddhas Tod, um 480 v.u.Z.. Manche Buddhismusforscher meinen das Mahayana sei ebenfalls kurz nach dem Ableben Buddhas entstanden. Der polnische Buddhologe Constantin Regamey glaubt sogar, das Mahayana sei älter als das Hinayana, u. a. weil Buddha schon zu Lebzeiten wie ein Gott verehrt wurde.[249] Für die meisten Forscher ist das Mahayana im 1. Jahrhundert v.u.Z., also ungefähr drei Jahrhunderte nach Buddhas Tod, als „identifizierbare Strömung" erkennbar. Die ältesten eindeutigen Mahayanatexte werden allerdings auf das 1. bis 2. Jahrhundert u.Z. datiert.

Im 1. Jahrhundert v.u.Z. wurden offiziell 18 Sekten, Pali *nikaya,* gezählt. In Wirklichkeit soll die Zahl der *nikayas* erheblich höher gewesen sein. Die Spaltung in 18 Sekten bedeutete aber nicht die Entstehung des Mahayana. Sie bedeutete auch keine Spaltung in verschiedene Schulen, wenn man unter einer Schule eine Gruppierung mit deutlich anderer Lehrmeinung versteht. Die *nikayas* entstanden

---

249 Siehe Regamey, Constantin: Der Buddhismus Indiens. Würzburg 1964 [1951].

durch Meinungsverschiedenheiten über die Ordensregeln und nicht oder kaum durch Meinungsverschiedenheiten über die Lehre, so zumindest der britische Buddhismusforscher Richard Gombrich. Nach ihm stritten sich die Mönche beispielsweise darüber, „ob man sich die Augenbrauen rasieren solle oder ob das Obergewand eine oder beide Schultern zu bedecken habe".[250]

Für die 14-tägige oder monatliche gemeinsame Rezitation der Ordensregeln waren mindestens vier Mönche notwendig, wie auch für die Änderung der Ausführungsbestimmungen der Ordensregeln. Um eine neue Sekte zu gründen, genügte es, wenn vier Mönche zusammenkamen und eine Änderung beschlossen. Die Gründung neuer *nikayas* wurde zudem durch die geografisch bedingte Isolierung der *sanghas* voneinander begünstigt.

Eine buddhistische Richtung gehört zum Theravada, wenn sie die Pali-Tradition der Ordensregeln (*patimokkha*) anerkennt und in der Ordinierungstradition einer Pali-*patimokkha*-Zeremonie steht. Das Mahayana soll, nach Gombrich, ursprünglich nicht einmal eine Sekte gewesen sein, eine *nikaya*, sondern ein Meinungstrend der quer durch die *nikayas* ging. Irgendwann, eine Zeitangabe fand ich in der Literatur nicht, wurden zu einer der verschiedenen Theravada-*patimokkhas*, zwei Gelübde hinzugefügt, nämlich das Boddhisattwa- und das Vajrayana-Gelübde, so dass man von einer Mahayana-*patimokkha* sprechen kann.[251]

Die Sekten entstanden also durch Ordensspaltungen und nicht durch Gründungen von Menschen, die sich als Buddhisten begriffen. Die Anhänger glaubten, nur wenn sie im Segensstrom Buddhas ständen, seien sie erlösungsfähig, und deshalb musste man einer Gelübdetradition angehören. Eine analoge Lehre findet sich bei den Katholiken, die behaupten, nur sie gelangen ins Paradies, weil sie im Segensstrom der Bischöfe stehen und diese sich lückenlos bis auf Jesus zurückführen lässt. Deshalb ist im Katholizismus, wie im

250 Richard Gombrich: Der Buddhismus als Weltreligion, in: Bechert, Heinz / Gombrich, Richard (Hrsg.): Der Buddhismus. München 1984, S. 25.

251 Gombrich, Richard: Der Theravada-Buddhismus. Stuttgart / Berlin / Köln 1997, S. 114-119.

Buddhismus, eine ununterbrochene Traditionslinie von heilsnotwendiger Wichtigkeit.

Der Segensstromglaube könnte sich aus dem uralten menschlichen Bedürfnis entwickelt haben, für immer zu einer Gemeinschaft zu gehören und am besten zu einer sehr hochstehenden, wie der der Heiligen. Das magische Element des Segensstroms passt zum Katholizismus, aber es passt eigentlich nicht zu den Kernlehren des Buddhismus, wie ich sie gerade erörtert habe.

IV.1.2 Gründe für die Entstehung des Mahayana

Im Indien der Jahrhunderte vor und nach Buddha sollen die verschiedensten religiösen Strebungen miteinander konkurriert haben. Dieser Wettbewerb verlangte vom Buddhismus eine Erweiterung und Verfeinerung seiner Lehren. Als ungereimt empfundene Urinhalte mussten geklärt und die Frage beantwortet werden, warum sich der Dharma so schwer verwirklichen ließ, warum es immer weniger Erlöste gab.

Im 2. Jahrhundert nach Buddhas Tod soll die Frage, über welche Eigenschaften ein Arhat verfügen muss, zur ersten großen Spaltung der buddhistischen Bewegung geführt haben und zwar in die der Mahasanghikas, der „Mehrheitler" und der Sthaviras, der „Älteren".

Die Eigenschaften, um die gestritten wurden, waren folgende:

1. Darf ein Arhat noch Pollutionsträume, also Samenerguss im Schlaf, haben?
2. Muss er vollständig frei von Unwissenheit sein?
3. Muss er vollkommen frei von Zweifeln sein?
4. Kann er mit fremder Hilfe auf dem Erlösungsweg fortschreiten?
5. Kann er die Übung fördern, indem er gewisse Worte spricht?[252]

Die Fragen lassen erkennen, dass es starke Zweifel an der Erlösung derjenigen gab, welche vorgaben sie zu besitzen.[253]

252 Siehe Schneider, Ulrich: Der Buddhismus. Darmstadt 1997, S. 137.

253 Siehe ebenda, S. 123.

Aus den Mahasanghikas, den „Mehrheitlern", soll der Mahayana hervorgegangen sein, Sthaviras, die Älteren, war die Selbstbezeichnung derjenigen, die von den Mahayana-Anhängern abschätzig als Hinayanaisten bezeichnet wurden.

Ulrich Schneider vermutet, das Mahayana sei vor allem auf Druck der Laienanhänger entstanden, die den Wunsch hegten, ebenfalls den hohen Status der Arhatschaft zu erreichen, und deshalb „gegen die gesamte Geistlichkeit", mit dem Ziel der Gleichberechtigung revoltierten.

Die zitierten fünf Fragen könnten auch dazu gedient haben, die Anforderungen an die Arhatschaft herunterzuschrauben. Laienanhänger, von welchen die Mönche ja lebten, griffen auch die Lehre an, dass nur Mönche die Erlösung erlangen könnten. Die Einstellung der Laienanhänger fasst Schneider so zusammen: „Wer im weltlichen Leben verbleibt, um anderen, die nichts tun, diese Art von Existenz überhaupt erst zu ermöglichen, verdient zumindest Gleichberechtigung mit diesen – oder mehr."

Da es nicht beweisbar war (und ist), ob jemand die „Frucht der Erlösung" erlangt hat, steckte für Schneider aber noch ein anderes Motiv hinter dem Angriff auf die Geistlichkeit. Letztlich ging es „gar nicht um die Frucht der Erlösung; diese ist vielmehr nur eine Chiffre für soziales Prestige, das man gewinnt, indem man andere – und auf diesem Umwege dann auch sich selber — glauben macht, man habe diese Frucht."[254] Allerdings konnte noch für den Mahayana Zen-Meister Eiheji Dogen (1200-1252) nur ein Mönch die „Frucht der Erlösung" pflücken.[255]

Den massenhaften Zulauf, den der Orden im 2. Jahrhundert v.u.Z. erhielt, verdankte er vor allem der buddhismusfreundlichen Politik des Königs Asoka. Das Leben eines buddhistischen Mönchs bedeutete in dieser Zeit einen besonders hohen sozialen Status, materielle Absicherung und, im Gegensatz zu anderen Heilslehren, verlangte es wenig Askese. Die immer laxeren Ordensregeln riefen zwar im

254 Schneider, Ulrich: Der Buddhismus. Darmstadt 1997, S. 180.
255 Siehe Dogen Zenji: Shobogenzo. Zürich 1989, Bd. I, Kap. 33. Shukke – Entsagung der Welt.

Orden Widerspruch hervor, aber der Zulauf wurde immer größer und er verstärkte die „Tendenz zur Gemeinschaft, zur Verantwortung auch für den anderen“; Haltungen, die auch für die Laien attraktiv waren und eine „Ethik des Füreinanders“[256] gedeihen ließen.

IV.1.3 Kennzeichen des Mahayana

IV.1.3.1 Bodhisattvas

Die Erweiterungen der Lehre, die das Mahayana vornahm, wurden mit der Behauptung gerechtfertigt, die Hinayana-Anhänger hätten in ihren Sutten nur eine Teilwahrheit der Lehre Buddhas vorliegen, die ganze Wahrheit sei erst in den Mahayana-Sutras enthalten.

Dass der Kanon die Worte des Buddha wiedergibt, wird nicht bestritten, der Mahayana baut nur seine einige Lehre darüber, „als ein höheres Buddhawort, für dessen umfassende Verkündigung, gelegentlich als eine ‘zweite Drehung des Rades der Lehre’ bezeichnet, die Zeit erst reif werden mußte“.[257] Es handelt sich hier also um ein Überbieten der Vorgängerlehren, was eine durchgehende Strategie aller späteren buddhistischen Sekten sein wird.

Für manche Interpreten des Buddhismus sind die Unterschiede zwischen Hinayana und Mahayana vernachlässigbar klein. Sie meinen, alle dem Mahayana zugeschriebenen Lehren würden sich schon in Hinayana-Schriften finden oder sie sind so extrem widersprüchlich, dass sie nicht ernst genommen werden können.[258] Dem ist vermutlich so, aber verschiedene Gewichtungen von Lehrinhalten können, wie schon gesagt, eine Lehre genauso stark verändern, wie verschiedene Mengen der gleichen Gewürze den Geschmack einer Speise.

Der auffallendste Unterschied zwischen den beiden Strömungen ist die vom Mahayana geschaffene Figur des Bodhisattvas. Das Ideal des Frühbuddhismus war der Arhat, ein Mensch, der die Begier-

256 Schneider, Ulrich: Der Buddhismus. Darmstadt 1997, S. 182.
257 Ebenda, S. 177.
258 So Paul, Gregor: Philosophie in Japan. München 1993, S. 345.

den überwunden hatte, „um möglichst schnell ins Nirvana zu gelangen“. Wer aber ins jenseitige Nirvana, ins sogenannte Parinirvana, einging, war „für Götter und Menschen unauffindbar“,[259] wirkte auf die Welt nicht mehr ein, so wie der verstorbene Buddha. „Ein Gott, der ‘seit seinem Nirvana tot’ ist … konnte nur Mönchen genügen; er konnte die Bedürfnisse des Volkes, nicht befriedigen, das dringend nach einem höchsten Wesen, einem Pantheon, nach Heiligen, einer Mythologie und einem Kult verlangte“.[260]
Das war sicher ein wichtiger Grund, warum sich der Bodhisattvakult entwickelte. *Bodhi* bedeutet Erwachen im Sinne des Erlangens der Buddhaschaft. Ein Bodhisattva hat zwar den Zustand des Nirvana erreicht, schiebt den Eingang ins Parinirvana aber auf, um anderen auf dem Weg zur Erlösung zu helfen. Bodhisattvas müssen sich nach ihrem Tod nicht als Mensch reinkarnieren, wie es angeblich die Dalai Lamas praktizieren, sie können sich auch in einen Bodhisattva-Himmel zurückziehen und von dort aus den Menschen helfen. Schließlich wird auch behauptet werden, die Bodhisattvas können mit den Buddhas in Kontakt treten.

Als die zwei Hauptzüge der Bodhisattvas gelten Weisheit, *prajna,* und Mitgefühl, *karuna.* Diese Eigenschaften sollen auch schon die Heiligen, die *Arhats*, des Frühbuddhismus ausgezeichnet haben. Im Mahayana wurden sie besonders betont und mit verschiedenen Meditationen ihre Verinnerlichung gefördert. Vor allem aber verfügen Bodhisattvas über große magische Fähigkeiten, wie schon Buddha können sie zaubern. Eigentlich sind sie Götter, nur werden sie nicht so genannt, was ja auch auf die christlichen Heiligen zutrifft.

Die Bodhisattva-Konzeption gilt als eine Antwort auf den Vorwurf, die buddhistischen Mönche würden sich nur um ihre eigene Erlösung kümmern. Vermutlich wurde, „nach dem Vorbild der (hinayanistischen) Mönchskarriere, und in Konkurrenz zu ihr, eine Bodhisattva-Karriere“[261] konzipiert, die auch Laien und Frauen offen-

259 Lamotte, Etienne: Der Buddha, Seine Lehre und Seine Gemeinde, in: Bechert, Heinz / Gombrich, Richard (Hrsg.): Der Buddhismus. München 1984, S. 95.

260 Siehe ebenda.

261 Schneider, Ulrich: Der Buddhismus. Darmstadt 1997, S. 182.

stand. Ursprünglich bestand die Bodhisattva-Laufbahn aus sechs, später aus zehn Stufen. Mit diesen Stufen werden „Vollkommenheiten", *paramita*s, parallelisiert, welche ein Bodhisattva ebenfalls nacheinander erlangt. Die zehn Vollkommenheiten lauten: Freigebigkeit, Sittlichkeit, Nachsicht, Willensstärke, Versenkung, Einsicht, *prajna*, die Fähigkeit, das rechte Mittel anzuwenden, Gelübde, Kraft und Erkennen, *jnana*. Ein Bodhisattva wird man allerdings schon, wenn man die 6., die *prajna*-Stufe, erreicht, die vier letzten Stufen wurden deshalb wahrscheinlich später hinzugefügt.[262] Die 7. Vollkommenheit, die „Fähigkeit, das rechte Mittel anzuwenden", bedeutet, dass sich ein Bodhisattva, unter Ausschaltung der Naturgesetze, jeder Situation anpasst.

Durch die Bodhisattva-Lehre und die Lehre von der ursprünglichen Buddhaschaft aller Wesen wurde der Erlösungsweg umgekehrt: Im Hinayana bedeutete der Weg zur Erlösung einen langen mühevollen Aufstieg eines gierigen, sündigen Wesens zu einer vollkommenen Existenzform in einer transzendenten, außerweltlichen Seinssphäre. Im Mahayana ist der Erlösungsweg ein Herabstieg von der transzendenten Sphäre in die leidvollen Regionen und schließlich ein wieder nach Hause gelangen.

IV.1.3.2 Bodhisattva-Paradiese

Die unzähligen Bodhisattva-Paradiese, welche das Mahayana zu behaupten begann, verdeutlichen, wie stark es seine religiöse Ideenproduktion an den Bedürfnissen des Volkes orientierte.

Nach Mahayana-Lehre herrschen die Bodhisattvas, auf einem Thron sitzend, wie es sich für Götterkönige gehört, in ihren jeweiligen Paradiesen. Zu den bekanntesten zählt das „Paradies im Westen", welches von dem Bodhisattva Amitabha, dem Buddha der Liebe, regiert wird. In einem östlichen regiert der Bodhisattva Aksobhya, der Unerschütterliche. Auf dem Berg Potalaka herrscht Avalokitesvara, der Buddha des Mitgefühls, der sich in China als die

262 Siehe ebenda.

weibliche Gottheit Kuan-yin manifestiert haben soll. Sehr verehrt wird auch Manjusri, der Buddha der Weisheit. Im Tusita-Himmel wartet der Bodhisattva Maitreya darauf, Buddhas Nachfolger auf Erden zu werden.[263]

Mit den Bodhisattvas waren Wesen geschaffen, die im täglichen Leben und auf dem Erlösungsweg halfen. Opfern und die Unterstützung der Mönche sahen diese Wesen mit Wohlgefallen und sie bedankten sich mit einem schier endlosen Leben in einem ihrer jenseitigen Paradiese.

Damit war der Buddhismus endgültig keine elitäre Asketenbewegung mehr, sondern eine Volksreligion mit allen ihren typischen Ingredienzien: Aberglaube, Opferkult, Verehrung von Ahnen, Geistern und anderen hilfreichen höheren Wesen.

IV.1.3.3 Verbilligung der Erlösung

Natürlich ist es notwendig, die Entwicklung der Lehre des Mahayana vor dem Hintergrund der wieder erstarkenden brahmanischen Konkurrenz zu sehen. Sie zwang den Buddhismus, wollte er eine Massenreligion bleiben, seine Lehre und Praxis attraktiver zu gestalten. Attraktiver hieß unter anderem, die Erlösung musste leichter erreichbar sein. Für Ulrich Schneider tendiert die gesamte religiöse Entwicklung Indiens zur Verbilligung der Erlösung: Haben sich zur Zeit Buddhas Aussteiger zu Tode kasteit, um erlöst zu werden, wird, mit Buddha einsetzend, der Erlösungsweg immer angenehmer.

Für das Hinayana wurde erlöst, wer dem 8-fachen Pfad folgte, das heißt, dem Pfad der vollständigen Erlöschung der Gier und der Gewinnung der richtigen Erkenntnisse. Abgesehen davon, dass dieser Pfad eine unüberschaubare Strecke lang war, Abermillionen Wiedergeburten dauern konnte, Bedürfnis- und Triebunterdrückung waren für die Masse bestimmt keine attraktiven Methoden und Nirvana kein attraktives Ziel.

263 Siehe Lamotte, Etienne: Der Buddha, Seine Lehre und Seine Gemeinde, in: Bechert, Heinz / Gombrich, Richard (Hrsg.): Der Buddhismus. München 1984, S. 97.

Das Nirvana war nur das Versprechen von Leidfreiheit, *dukkha*, die brahmanische Erlösung versprach aber Wonne, *ananda.* Es lag also nahe, auch dem Anhänger Buddhas bessere Zustände, Zeiten und Welten in Aussicht zu stellen. In Konkurrenz zum brahmanischen Wonneversprechen, versicherte das entstehende Mahayana *sukha,* Glück, das Gegenteil von *dukkha,* Leiden. Ein Paradies namens Sukhavati, glückreiches Land, wurde erfunden, in welchen Buddha Amitabha, in Ostasien heißt er Amida, regieren soll.

Der Amithaba-Buddhismus bot und bietet dieses Paradies zu einem absoluten Sonderpreis an, ja zu einem Spottpreis, er lehrte und lehrt bis heute, es genüge, einmal die Formel „Verehrung dem Buddha Amitabha" zu rezitieren, um nach dem Tod ins Sukhavati-Paradies einzugehen. Im Soto-Zen des Dogen (1200-1256) realisiert der Adept schon die Buddhanatur, wenn er auf korrekte Weise den Lotussitz einnimmt.

Da für den Buddhismus Paradiese zeitlich begrenzt sind, bedeuten sie noch nicht die endgültige Erlösung, das Nirvana. Den sogenannten einfachen Menschen aber war und ist ein Paradies der Sinnenfreuden wohl sowieso lieber als das dubiose Nirvana. Nicht zufällig wurde der Amithaba-Buddhismus zur erfolgreichsten buddhistischen Sekte.

Ein weiteres Beispiel für die Entwicklung der buddhistischen Lehre durch Konkurrenzlehren ist die sogenannte *trikaya*-Lehre. Sie behauptet, ein Buddha verfüge über drei Körper, den sogenannten *dharma-kaya*, den Lehrkörper, den *saṃbhoga-kaya,* den Segenskörper, und den *mirmaṇa-kaya*, den Emanationskörper. Die Drei-Körper-Lehre soll eine Antwort auf das vom Brahmanismus entwickelte Bhakti-Yoga gewesen sein, wonach es einzig und allein auf die Liebe zu Gott ankomme, um erlöst zu werden.

IV.1.3.4 Charakter der Mahayanasutren

Die Mahayana-Sutren sind wahrscheinlich die mit Abstand langweiligsten Texte, welche die Menschheit bisher hervorbrachte. Schon die Suttas des Kanon zeichnen sich nicht gerade durch flotten Stil und spannende Darstellung aus, zumindest aber beginnen die Lehraussagen nach wenigen einleitenden Sätzen, in denen der Gesprächsort und die jeweiligen Gesprächspartner mitgeteilt werden. Der gründliche Leser eines Mahayana-Sutras muss sich oft durch seitenlange Anwesenheitsaufzählungen quälen, bis er einen winzigen Lehrinhalt findet. In vielen Sutras wird nämlich behauptet, dass sich Abertausende Wesen, nicht nur Menschen, sondern auch Götter und unzählige Bodhisattvas, versammeln, wenn Buddha oder ein hoher Bodhisattva, seinen Mund öffnet. Wie die christlichen Heiligen im Himmel, sind die Versammlungsteilnehmer gemäß ihres Ranges, der meist genannt wird, um den oder die Sprecher verteilt.

Viele Mahayana-Sutren lesen sich wie die Zusammenkünfte eines feudalistischen Kriegsherrn, der seine Gefolgsleute zu Hingabe, Gehorsam und zu Eroberungsfeldzügen aufruft, um seine Untertanen und damit seine Macht zu vergrößern. Kriegsherr ist der jeweilige Schul- oder Sektenführer. Er macht den unter ihm stehenden Bodhisattvas, Führer der Kampftruppen, die großzügigsten Versprechen, „unermessliche Verdienste" werden sie erwerben, einen höheren Erleuchtungsgrad erlangen und eigene Buddha-Reiche erhalten, wenn sie die unübertreffliche Wahrheit des jeweiligen Sutra verbreiten.

Die Erleuchtungsfantasien im Prajnaparamita-Korpus sind häufig pure Allmachtsfantasien. So ist, nach der Nacherzählung des Mahayana-Buddhisten Dennis Lingwood zu urteilen, das Lotus-Sutra ein einziger Angriff auf das Hinayana, ein einziges Entwertungspamphlet. Die Autoren wollten ganz offensichtlich eine eigene Schule gründen und als Götter und Könige verehrt werden. Von Allmachtsfantasien getrieben, streben sie eine totale Diktatur an. Die größenwahnsinnigen Totalitätsansprüche werden häufig dem historischen Buddha in den Mund gelegt. Nicht nur den Bodhisattvas, jedem Gefolgsmann wird ein eigenes Königreich versprochen. Da in geistigen Parallelwirklichkeiten, die nach Belieben behauptet werden, unendlich viel Platz vorhanden ist, gibt es für diese Reiche keine Raumprobleme.

IV.1.3.5 Eine historische Kritik des Mahayana

Der japanische Gelehrte Tominaga Nakamoto (1715-1746), veröffentlichte 1744 das Buch *Worte nach der Meditation*. Es „gilt als erste wissenschaftliche Kritik am Gebäude des kanonischen Buddhismus", so im Klappentext der 2003 erschienenen ersten Übersetzung ins Deutsche. Nakamoto versuchte zu zeigen, dass der Mahayana-Buddhismus aufgrund vieler Widersprüche in den Sutren nicht die Lehre Buddhas sein kann. *Kajo* ist ein Neologismus, den Nakamoto für das von ihm entdeckte Prinzip der Übertrumpfung einführte. Damit meinte er, dass ein neues Sutra alle vorhergegangen mit Wissen und Wahrheit übertrumpfen wollte. So heißt es im *Lotos-Sutra*: „Von allen Sutren, die ich darlegte, ist das Lotos Sutra das hervorragendste." Im Dharma-Trommel Sutra heißt es: „All die Sutren der Leerheit haben einen Mangel. Nur dieses Sutra hat die höchste Lehre."

„Das Avatamsaka Sutra [aber] sagt: 'Der Buddha hat am vierzehnten Tag nach seiner Vollendung dies Sutra dargelegt.' Hier wird also gesagt, dass das Hinayana nach dem Mahayana erklärt worden sei. In Wahrheit hetzt das Mahayana [gegen] das Hinayana. Die späteren Gelehrten erkannten das nicht und wenn sie auch viel sagten, es war falsch. Ich sagte bereits: Die Fahrzeuge des Hina- und Mahayana haben sich ihre Sutren selbst gemacht und versuchen zu beweisen, dass sie auf den Buddha zurückgehen, was wieder nur ein Hilfsmittel ist."[264] Nach den vielen sich überbietenden Sutren konnten sie am Ende „nur noch getrumpft werden, indem man sie und das gesamte bisherige Schrifttum ablehnte, wie es durch die 'Plötzliche Lehre' (Zen) geschah. Auf diese folgte schließlich die esoterische Lehre der Mandala-Anhänger (Shingon-Schule), mit ihrem Sutra vom großen Sonnenbuddha. Sie entfernten sich noch einmal völlig von allen anderen Richtungen und versuchten nochmals, darüber hinaus zu gehen."[265]

264 Radke, Rebekka: Worte nach der Meditation. Die historische Buddhismus-Kritik von Tominaga Nakamoto (1715-46), Frankfurt am Main 2003, S. 39.
265 Ebenda, S. 18/19.

Die oft extrem widersprüchlichen Behauptungen in den Sutren werden von den westlichen Kommentatoren unterschiedlich bewertet, je nachdem, wie wohlgesinnt sie dem Buddhismus gegenüberstehen. Für den Philosophen Gregor Paul beruhen die widersprüchlichen Aussagen in den frühen Sutren auf verkürzenden Übersetzungen der einschlägigen Begriffe, die späteren esoterischen Sutren, wie das Lotussutra würden aber tatsächlich Unsinn behaupten. Für den Buddhisten H.W. Schumann beruhen die widersprüchlichen Formulierungen auf einer bewussten Vermischung von konventioneller und absoluter Sprache.[266] Für den Buddhisten und Sektengründer Dennis Lingwood sind alle Sutren Buddhaworte und damit mitnichten Unsinn, sondern Ausdruck höchster Wahrheit.[267]

266 Schumann, Hans Wolfgang: Handbuch Buddhismus. Kreuzlingen / München 2000, S. 177/178.

267 Lingwood, Dennis: Das Buddha-Wort. Bern / München / Wien 1992.

IV.2. Die Mahayana-Philosophie

Die äußere Veränderung des Buddhismus, die Übernahme von volksreligiösen Elementen, war begleitet von einer tiefgreifenden Veränderung der Lehre, oder, wenn man will, von einer völligen Verschiebung der Gewichtung seiner Lehrinhalte.

Das Mahayana als Lehre ist ein kompliziertes Geflecht an Philosophien, welches sich im Laufe eines Jahrtausends um die Lehren des Kanons rankte. Die Darstellung dieser Philosophie ist noch um einiges schwieriger als die des Kanons, weil sie, wie Hans Wolfgang Schumann bemerkt, „in keinem einzelnen Mahayanasutra komplett, d. h. mit allen Lehrinhalten beschrieben wird; jedes Mahayana-Werk liefert nur Teilkenntnisse“.[268] Auch kennt kein Interpret, mich eingeschlossen, die gesamte Literatur, es ist nicht einmal klar, wie groß ihr Umfang ist. Viele dieser Sutren behaupten allerdings, dass sie die gesamte Lehre Buddhas beinhalten, es würde also genügen, nur das jeweilige zu kennen.

IV.2.1 Das Problem der buddhistischen Philosophie

In den Jahrhunderten um die Zeitenwende steht die buddhistische Philosophie vor der Aufgabe, die durch weiterentwickelte hinduistische Theorien stärker in Bedrängnis gebrachte *dharma*-Theorie zu verteidigen. Die *dharma*-Theorie war immer das größte Problem des Buddhismus, weil sie die Nicht-Ich-Theorie implizierte und diese keine einsichtigen Erklärungen für Wiedergeburt und Nirvana bot.

Wie schon ausgeführt, kamen die Buddhisten „von Anfang an“ mit der Nicht-Ich-Theorie nicht zurecht. Bezeichnend hierfür ist die Frage des Mönches Yamaka, der, nach Zeugnis des Kanons, seine Mitbrüder in Aufregung versetzte, weil er behauptete, „daß da ein triebversiegter Mönch nach dem Zerfall des Körpers vernichtet ist

268 Schumann, Hans Wolfgang: Handbuch Buddhismus. Kreuzlingen / München 2000, S. 162.

und vertilgt, nicht mehr besteht nach dem Tode“[269] (S 22.85.2). Obwohl einige Mönche Yamaka diese „schlechte Ansicht“ verbieten (sie können sie anscheinend nicht widerlegen), beharrt er auf ihr, so bringen sie die Angelegenheit dem „Ehrwürdigen“ Sariputta vor. Seine Antwort werden wir noch kennenlernen.

Zwei *dharma*-Theorien hatten sich um diese Zeit im Hinayana etabliert: Die Ewigkeitstheorie der Sarvastivadin und die Vernichtungstheorie der Sautrantikas.

Die Sarvastivadin entstanden als Reaktion auf die Pudgala, ebenfalls eine Hinayanaschule, welche die Nicht-Ich-Lehre ablehnte und einen personalen unsterblichen Kern behauptete.

Die Sarvastivadin gliederten, nach dem Vorbild der Theorie eines *brahmanischen* Philosophen, die unübersichtlich vielen *dharmas* in fünf Gruppen. So bildete die erste Gruppe die *dharmas* der Materie, die zweite, die des Bewusstseins und in der vierten Gruppe finden sich „universelle“ *dharmas*, z. B. die des Entstehens und Vergehens. Formt ein Töpfer einen Krug, wirkt das *dharma* des Entstehens, zerbricht der Krug, wirkt das *dharma* des Vergehens. Die fünf Gruppen, aus 75 *dharmas* bestehend, sollten alle Erscheinungen der Wirklichkeit erfassen und beweisen, dass kein Selbst in ihr zu finden ist.

Nach Zotz entwickelten die Sarvastivadins, wiederum angeregt von nichtbuddhistischen Schulen, auch eine Atomlehre. Danach formten „kleinste Partikel“ alle Gebilde des Universums. Die kleinsten Partikel wurden nicht als *dharmas* verstanden. Es läge auf der Hand zu sagen, diese kleinesten Partikel vergehen nicht, stattdessen behaupteten die Sarvastivadin die *dharmas,* die Daseinsfaktoren, vergehen nicht. Sind sie nicht zu einem Bündel verbunden, verharren die *dharmas* in einem Latenzzustand, in dem sie sozusagen auf die Aktivierung durch ein Karmageschehen warten. Werden sie aktiviert, gruppieren sie sich nach dem Gesetz des Bedingten Bestehens, oder, was dasselbe ist, dem der gegenseitigen Abhängigkeit, das da lautet, wenn dieses, dann jenes, wenn z. B. Armut, dann Diebstahl. Weil Vergangenheit und Zukunft auch *dharmas* sind, sind auch ver-

269 http://www.palikanon.com/samyutta/sam22_090.html#s22_85.

gangene und zukünftige Ereignisse immer latent vorhanden. Deshalb heißt diese Schule Sarvastivadin, was bedeutet, *alles existiert*, und das bedeutet auch, es existiert ewig.

Die *dharmas* bildeten für die Sarvastivadins die höchste Wirklichkeit, sie sind die Träger dieser Wirklichkeit und besitzen *svabhava,* Eigenexistenz. Die *dharmas* existieren ewig, im Gegensatz etwa zu Personen, die vergängliche *dharma*-Bündel sind.

Das alles zu erkennen galt für die Sarvastivadins als der wichtigste Erlösungsfaktor. Ein Erlöster existiert nicht mehr als Person, eine Person ist ja ein zerfallendes *dharma*-Bündel, da aber alles latent bewahrt wird, existiert der Erlöste noch potentiell, als Möglichkeit. Diese Möglichkeit wird Wirklichkeit, wenn sie von Unerlösten erinnert und damit „aktualisiert" wird. Salopp gesagt würde das bedeuten, ein Buddha wird durch die Erinnerung seiner Anhänger wieder zum Leben erweckt. Aber, so kann man hier schon einmal einwenden, müsste das nicht für jede Person, ja für alles Existierende, gelten?

Für die Sautrantikas erinnerte die Behauptung der Sarvastivadins, *dharmas* besitzen (ewige) Eigenexistenz, zu sehr an die atman-Theorie der Upanischaden und widersprach damit der Nichtselbstlehre. Auch müssten unveränderliche *dharmas* inaktiv und damit wirkungslos sein. Für die Sautrantikas existierten Phänomene nur augenblickshaft. Die von den Sarvastivadins behauptete „Überzeitlichkeit der Phänomene" war für sie ebenfalls nicht haltbar. Würde ein Krug in Vergangenheit, Gegenwart und Zukunft unverändert bestehen, könnte er heute keinen anderen Inhalt haben als gestern oder gar zerbrechen.

Die Vergänglichkeit bedeutete die Vernichtung aller Phänomene und deshalb war es nur konsequent, wenn für die Sautrantikas Erlösung in der völligen Beendung jeder Art von Bewusstsein bestand.[270] Mit anderen Worten: Sie waren Nihilisten.

270 Siehe Zotz, Volker: Geschichte der buddhistischen Philosophie. Hamburg 1996, Abschnitt *Saravistada, Theravada und Sautrantika*, S. 68-80.

Alle diese Hinayanatheorien konnten für Buddhisten nicht befriedigend sein, schon gar nicht die der Pudgalavadins, die ein Ich als Träger der Wiedergeburten behaupteten.

Die buddhistischen Schulvertreter konkurrierten nicht nur mit Vertretern anderer Religionen, sondern auch untereinander. Wer in einem öffentlichen Wettstreit, die damals üblich gewesen sein sollen und gerne auch von Herrschern veranstaltet wurden, die besseren Argumente vorbrachte, durfte mit größeren Zuwendungen rechnen. Angreifbare Positionen mussten also verbessert oder durch neue ersetzt werden. Diese Aufgabe führte zu Theorien und Schulen, die für das Mahayana charakteristisch wurden. Dessen bedeutendste Schulen waren die der Madhyamika- und die der Vijnanavada.

Die Lehre der Vijnanavada-Schule wird mit dem Satz charakterisiert, dass alles Bewusstheit (*vijna*) ist, deshalb wird sie auch Nur-Bewusstheits- oder Nur-Geist-Schule, Cittamara, genannt.

Die ältere Schule ist die der Madhyamika, was „Mittlerer Weg" bedeutet, wobei mit ihm der Weg zwischen der Bejahung und Verneinung einer Behauptung gemeint ist. Im Zentrum des Denkens dieser Schule steht aber der Begriff der Leerheit, Sanskrit *shunyata*.

IV.2.2 Was gibt es und warum ist das wichtig?

Grundbegriffe

Im Buddhismus sind Ontologie (Seinslehre) und Soteriologie (Erlösungslehre) eng miteinander knüpft. Das Thema der Ontologie ist die Beschaffenheit des Seins, der ganzen Welt und sie interessierte im Buddhismus vor allem unter dem Aspekt der Erlösung. Das herausragende Thema der Mahayana-Philosophie ist deshalb die Beschaffenheit des Seins, der Welt, unter dem Blickwinkel der Erlösungsrelevanz.

Betrachten wir die Welt in Hinsicht auf die Substanzen, aus denen sie bestehen könnte, sind drei Ontologien möglich, materialistische, idealistische und dualistische.

Für materialistische Ontologien gibt es selbstredend nur materielle Substanzen, für idealistische nur immaterielle, geistige und für dualistische materielle und geistige.

Die meisten christlichen Lehren, so die katholische, gehören zur dualistischen Gruppe. Zu welcher gehört der Buddhismus? Vielleicht wissen wir es am Ende dieses Kapitels.

Hinsichtlich der Seinshierarchien unterscheidet man u. a. zwischen Substanz- und Eigenschafts-, Werdens- oder Flussontologien. Dahinter verbirgt sich die Frage, was für Seiendes grundlegender ist, Substanz, Eigenschaft oder Bewegung. In den letzten Jahrzehnten wird auch gerne behauptet, Energie oder Information sei der grundlegende 'Stoff', aus dem alles existiert.

Der Buddhismus scheint zu der ontologischen Position zu gehören, welche die Bewegung als grundlegend ansieht, damit würde er eine sogenannte Flussontologie vertreten, die manchmal auch Prozess- oder Werdensontologie genannt wird.

Die Erkenntnislehre, die sogenannte Epistemologie, beschäftigt sich hauptsächlich mit Wahrnehmung, Denken und Sprache und auch sie sind wichtige Themen der Mahayanaphilosophie.

Begriffsverwirrung

Die Begriffe Geist, Bewusstsein, Psyche und Seele werden, zumindest im Deutschen, sehr verwirrend verwendet. So wird die Frage, welche Ontologie die richtige ist, mit folgenden Begriffspaaren formuliert: Materie-Geist-, Leib-Seele- oder Körper-Psyche-Problem. Ist mit Geist, Psyche und Seele immer das gleiche gemeint?

Geist und *Psyche* verwende ich synonym und zu ihnen zähle ich die Gefühle, Sinnesempfindungen, Vorstellungen, das Denken und das Bewusstsein. Dieser Geist-Psyche-Begriff fällt mit den *skhandas* 2 bis 5 zusammen, den Gefühlen, Wahrnehmungen, Strebungen und dem Bewusstsein (das 1. *skhanda* war das des materiellen Körpers).

Der springende Punkt ist, ob man diesen Komplex als etwas Materielles versteht oder als etwas Immaterielles, als etwas Ausdehnungsloses, nicht Lokalisierbares und vielleicht Zeitloses – Eigenschaften die für idealistische Philosophien den Geist auszeichnen.

Manche Philosophen meinen mit Geist allerdings nur das Bewusstsein, das dann die immaterielle Einheit sein soll, die um die (materiellen) Gedanken, Gefühle und Sinnesempfindungen weiß. Die Trennung zwischen Körper und Geist würde hier nicht zwischen dem 1. *skhanda*, dem des Körpers, und den vier anderen verlaufen, sondern zwischen dem 4. und 5.

Materialisten gilt natürlich auch das Bewusstsein als ein Phänomen, welches durch das neuronale Netzwerk erzeugt wird und selbst aus materiellen Phänomenen besteht. Bewusstsein ist die temporäre Fähigkeit, um etwas zu wissen, um Empfindungen, Gegenstände, Sachverhalte und um Zeichen für Gegenstände oder Sachverhalte. Gedanken sind solche Zeichen (die nicht mit dem Bezeichneten verwechselt werden dürfen). Die *skhandas* 2 bis 5 sind für Materialisten nur feinstofflichere materielle Phänomene.

Mit *Geist* oder *Psyche* meine ich in diesem Buch also die *skhandas* 2 bis 5, wenn nicht ausdrücklich anders vermerkt. *Seele, Ich, Selbst, atman,* ist hier immer im religiösen Sinn gemeint, als eine personale Bewusstseinseinheit, welche den Tod überleben soll.

Der Grundbegriff der buddhistischen Ontologie ist der *dharma*-Begriff. Wir haben schon einiges über *dharmas* gehört, wissen aber noch nicht, ob sie materielle oder immaterielle Dinge sein sollen. *Dharma* wird in deutschen Übersetzungen buddhistischer Primär- und Sekundärliteratur meist mit *Ding, Element* und *Daseinsfaktor* wiedergegeben. Mit *Dingen, Erscheinungen, Phänomenen, Gebilden* sind *dharma*-Bündel gemeint.

Die *skhanda*- und *dharma*-Lehren gehören zur Ontologie des Buddhismus. Die *dharma*-Lehre kann man als die buddhistische Teilchenphysik bezeichnen.

IV.2.3 Die Leerheitsphilosophie

IV.2.3.1 Die Entwicklung der Leerheitsphilosophie

IV.2.3.1.1 Leerheit im Kanon

Leerheit ist der Zauberwort des ganzen Mahayana, aber insbesondere das der Madhyamika-Schule. Überspitzt gesagt, öffnet für diese Schule die Leerheit alle Türen zur Erkenntnis und Erlösung.

Nach Schumann verwendete der Buddha des Kanons den Begriff Leerheit, *shunyata,* „selten" und wenn, dann im umgangssprachlichen Sinn. So meinte er mit „Verweilen in der Leerheit" einen menschenleeren Ort, der gut zur Meditation geeignet ist. Auch empfahl er „Geistesbefreiung" durch eine Meditation der Leerheit. Darunter verstand er die Bewusstmachung, dass der Körper „leer von einer Seele und etwas Seelenartigem" (M43, 33) ist.[271]

Anatta soll im Kanon ausschließlich *ohne Seele* bedeutet haben, *sunna* meinte leer im Sinne von leer von einer Seele. Dass Buddha *anatta* in der Bedeutung von Nichtsubstantialität gebrauchte, wie Zotz meint, davon bei Schumann kein Wort.

„Die Erkenntnis" der Nichtexistenz einer Seele ist für Schumann, „der tragende Balken des buddhistischen Denkgebäudes", im gegenteiligen Fall wäre der Mensch „zu endlosem Verbleib im Wiedergeburtskreislauf gezwungen", ein „Verlöschen *(nirvana)* zur Leidfreiheit"[272] unmöglich. Schumann, beziehungsweise die Leerheitsphilosophie des Mahayana, dreht also den Spieß um: Erlösung ist nur möglich, weil es kein Ich, keine Seele gibt! Das wird besonders der buddhistische Philosoph Nagarjuna betonen, den wir noch kennenlernen werden.

---

271 Siehe Schumann, Hans Wolfgang: Handbuch Buddhismus. Kreuzlingen / München 2000, S. 171.

272 Ebenda, S. 170.

IV.2.3.1.2 Die Etablierung des Leerheitsbegriffs

Die Leerheitsphilosophie des Madhyamika wurde im Prajnaparamita-Sutra entwickelt, eines der ältesten noch erhaltenen Textkorpusse des Mahayana. Von diesem Sutra sind noch vier Versionen erhalten. Sie werden durch die Anzahl der Zeilen unterschieden, die 8.000, 18.000, 25.000 und 100.000 betragen soll.

Die Unterschiede zwischen kanonischer und mahayanischer Ontologie werden besonders deutlich, wenn wir uns die Entwicklung des zentralen Begriffs der Leerheit genauer ansehen. Sie zeichnete die Taiwanesin Yoke Meei Choong in ihrer 2006 erschienen Arbeit *Zum Problem der Leerheit (shunyata) in der Prajnaparamita* detailliert nach.

Nach Choong wird in der Prajnaparamita davon gesprochen, dass ein Bodhisattva in bestimmten Versenkungszuständen, Samadhis, keine *dharma*-Bündel mehr wahrnimmt. Für manche Wissenschaftler meint deshalb Leerheit in der Prajnaparamita, so Choong, eine „transzendente Ebene", eine, „auf der die Phänomene verschwunden und insofern letztlich negiert sind".[273] Das sei aber ein Missverständnis. Choong analysiert das Shunyata-Kapitel der verschiedenen Versionen der Prajnaparamita, um die Entwicklung des Leerheitsbegriffs aufzuzeigen und das richtige Verständnis herauszuarbeiten.

Das Shunyata-Kapitel ist ein Zwiegespräch zwischen dem Erhabenen Bodhisattva Mahasattva und einem Schüler Buddhas namens Subhuti. Er gilt für das Mahayana als besonders in der Leerheitslehre bewandert und fungiert in vielen Sutren der Prajnaparamita als Gesprächspartner.

Nach Choong wurde in der Prajnaparamita zuerst der Begriff der Tiefe durch den der Leerheit ersetzt. Die Tiefe hatte in der Prajnaparamita schon eine andere Bedeutung als im Kanon. In ihm bedeutete, etwas ist tief, es ist schwer zu verstehen, schwer zu begreifen.

273 Yoke Meei Choong: Zum Problem der Leerheit (shunyata) in der Prajnaparamita. Frankfurt am Main 2006, S. 1.

Nun belehrt der Boddhisattva Mahasattva in Abschnitt 170.11 der Sanskrit-Version des Shunyata-Kapitels Subhuti folgendermaßen:

„Subhuti! Dies, nämlich 'das Tiefe', ist eine Bezeichnung für Leerheit. Dies, nämlich das 'Tiefe', ist, Subhuti, eine Bezeichnung für Merkmallosigkeit, Wunschlosigkeit, Freisein von Impuls oder Akt des Erwerbenwollens, Nichtentstehung, Freisein von Geburt, Nichtexistenz, Verblassen, Aufhören, Nirvana und Weggehen."[274]

Demnach ist das Tiefe nicht mehr einfach nur etwas, das schwer zu verstehen ist, sondern bedeutungsgleich mit Leerheit, die wiederum bedeutungsgleich ist mit Merkmallosigkeit, Wunschlosigkeit, Nichtentstehung, Nirvana, Nichtexistenz usw.

Aber auch die neue Tiefe scheint mir nicht einfach zu verstehen: Etwas, das nicht existiert, soll verblassen und Nirvana sein? Das etwas Nichtexistentes frei von Wünschen und Impulsen ist, ist einsichtig, aber warum wird es erwähnt? Etwas Nichtexistentes ist einfach nicht und deshalb hat es tatsächlich keine, absolut keine Merkmale. Aber sehen wir weiter.

In einem späteren Abschnitt, 172,29, fragt Subhuti den Bodhisattva: „Bezeichnung wofür, Erhabener, ist denn dieses, nämlich 'das Unermessliche'?" Der Erhabene sagte: „Eine Bezeichnung für die Leerheit, Subhuti, ist dieses, nämlich 'das Unermessliche'. Eine Bezeichnung für Merkmallosigkeit ist dieses, eine Bezeichnung für Wunschlosigkeit, Subhuti, ist dieses, nämlich 'das Unermessliche'."[275] Im Abschnitt 172,22 hatte der Erhabene Unermesslichkeit schon definiert als den Ort, „wo die Maße aufhören".[276] Das heißt, wo man nicht messen kann, nicht weil es unvorstellbar groß ist, sondern weil es nicht die Qualität von Messbarem besitzt, so wie man in einem Wassereimer nicht die Zahl der Wassertropfen messen kann.

Tief wurde im Kanon für Unausdrückbares und Unvorstellbares verwendet, „aber nicht für etwas, das gar nicht existiert", dafür wurde das Eigenschaftswort leer, *sunya*, gebraucht.

---

274 Zitiert nach ebenda, S. 19, 20.

275 Zitiert nach ebenda, S. 28.

276 Zitiert nach ebenda, S. 27.

Tief, unausdrückbar und unermesslich waren im kanonischen Buddhismus Personen, welche die fünf *skhandas* „aufgegeben haben", also Arhats oder Buddhas. Gemeint ist, dass ihre Triebe erloschen, versiegt sind. „In der Prajnaparamita hingegen werden die fünf Skandhas selbst als tief, unermesslich und unausdrückbar bezeichnet." Also den eigentlich leidverursachenden Teilen, aus denen sich Personen zusammensetzen, werden die Attribute angeheftet, welche ursprünglich den Erlösten zukamen.

IV.2.3.1.3 Leerheit ist Soheit

Im Kanon, in S II 26, Nr. 12.20, wird das Nichtverstehen des abhängigen Entstehens, als die Hauptunwissenheit bezeichnet, damit als die Wurzel des Leidens. Die Belehrung über das Entstehen in Abhängigkeit war deshalb die für die Befreiung „unerlässliche Essenz des Buddhismus", das Entstehen in Abhängigkeit sei die Wahrheit, *tathata*. „Im Kontext des Entstehens in Abhängigkeit", taucht im Kanon also „der Begriff *tathata* auf".[277]In der Prajnaparamita wird auch dieser Begriff mit der Leerheit in Verbindung gebracht.

So ragte die Leerheit „allmählich über alle anderen Begriffe hinaus". Sie „übernahm die Rolle des Tiefen und des Unermesslichen", ehemals Bezeichnungen des Nirvana, wird „synonym mit der Soheit [Tathata], der wahren Natur aller Dharmas" und sie sollte „zum Ausdruck bringen, wie alle Dharmas in Wirklichkeit sind".[278] Choong schreibt *dharmas* groß, meint aber nicht die Lehren, sondern die Bestandteile der Wirklichkeit, die ich hier immer mit kleiner Schreibeweise kennzeichne. Synonyme für Tathata, Soheit werden die Begriffe Buddhaheit und Buddhanatur.

Frühere, „nicht so negativen Begriffe",[279] wie das Tiefe und das Unermessliche, werden durch den Begriff der Leerheit ersetzt. Eine Methode, welche nach Choong das gesamte Prajnaparamita durch-

277 Yoke Meei Choong: Zum Problem der Leerheit (shunyata) in der Prajnaparamita. Frankfurt am Main 2006, S. 54.

278 Ebenda, S. 48.

279 Ebenda, S. 10.

zieht und auch für andere Begriffe gilt. Die Leerheit und damit das Tiefe und Unermessliche werden zugleich mit den Merkmalen charakterisiert: Merkmallosigkeit, Wunschlosigkeit, Freisein von Impuls oder Akt des Erwerbenwollens, Nichtentstehung, Freisein von Geburt, Nichtexistenz, Verblassen, Aufhören, Nirvana und Weggehen.

IV.2.3.1.4 Was folgt aus der Leerheit?

Kernlosigkeit und Kontinuität

Um nun das bedingte, abhängige Entstehen im Sinne der Prajnaparamita richtig zu verstehen ist es notwendig, so Choong, sich zwei Aspekte der Phänomene bewusst zu machen: die der Kernlosigkeit und der Kontinuität.

Kernlosigkeit bedeutet bei Lebewesen das Fehlen eines Selbst. Das sei auch die kanonische oder traditionelle Auffassung. Das Fehlen eines Selbst wird auch als die *Nicht-Existenz einer Person* bezeichnet. Die Vorstellung, dass es eine Person gibt, beruhe nämlich auf konzeptuellem oder substantialisierendem Denken. Zugleich aber soll es doch so etwas wie eine durch die Wiedergeburten wandernde Kontinuität einer Person geben. Das sei aber nicht das Bewusstsein, *vijnana*, also das 5. *skhanda*, wie manche Wissenschaftler und Buddhisten glauben.[280]

Nach MN I, 258, 20-21 des Kanons entsteht Bewusstsein stets in Abhängigkeit, damit weist diese Lehrrede die Auffassung zurück, „ein und dasselbe Bewusstsein wandere von einer Existenz zu einer anderen".[281] Worin aber besteht die Kontinuität? Choong interpretiert die entsprechenden kanonischen Lehrreden[282] so: Dort, wo „verschiedene Bedingungen", wo Sinnesorgane auf Sinnesobjekte treffen, wo ein Auge einen Apfel sieht, wird sich eine Person etwas bewusst, kommt also Bewusstsein zustande. Das zeige aber, dass

280 Siehe ebenda, S. 15.

281 Ebenda, S. 56.

282 Nämlich MN I, 258, 20-21 und MN I: 109-110.

„das Bewusstsein zwar als Kontinuum einzelner Wahrnehmungsvorgänge verstanden werden kann, nicht aber einen durchgängig identischen Kern hat". Deshalb wird „das Bewusstsein als kernlos wie ein Zaubertrug bezeichnet" und kann „schwerlich für das Zentrum einer Person im Rahmen des Entstehens in Abhängigkeit stehen". Dass wir glauben, Personen oder auch Gegenstände besitzen eine ewige oder stabile Entität, „resultiert aus dem substantialisierenden Prozess des Erkenntnisvorgangs".[283] Mit dem substantialisierenden Erkenntnisprozess ist gemeint, dass uns unser Denken und unsere Sprache die Vorstellung einer ewigen Entität, eines Kern oder Wesens aufdrängt.

Weil die Kernlosigkeit der Dinge und ihre Kontinuität nicht trennbar sind, werden in der Prajnaparamita die Phänomene nicht nur als tief und unermesslich, sondern auch als „illusorisch bezeichnet".[284] Unter illusorisch verstehen wir etwas, das in Wirklichkeit nicht existiert. Soll das jetzt heißen, dass es gar keine Phänomene und vielleicht auch keine *dharmas* gibt?

Gibt es dharmas?

So wenig, wie es einen Kern, ein Selbst einer Person gibt, sowenig gibt es einen Kern der *dharmas* und deshalb kann man sagen, so die Prajnaparamita, dass es *dharmas* gar nicht gibt. Ihre Nichtexistenz wird damit begründet, dass *dharma* nur eine Bezeichnung sei und dessen können wir uns bewusst werden, wenn wir unsere Aufmerksamkeit „auf falsche Vorstellungen" richten, auf solche, „die durch den konventionellen Sprachgebrauch bedingt sind". Würden *dharmas* existieren, würde das ihr Eigenwesen, einen festen und ewigen Kern, miteinschließen. Der Ausdruck „leer von einem Eigenwesen", *svabhava*, hat die Bedeutung „der Verneinung der Dharmas".[285] Deshalb existieren eigentlich auch keine Wagen, keine Häuser und keine

283 Yoke Meei Choong: Zum Problem der Leerheit (shunyata) in der Prajnaparamita. Frankfurt am Main 2006, S. 57.

284 Ebenda, S. 15.

285 Ebenda, S. 81/82.

Personen, sie alle sind nur die Folge eines Substanz- und Konzept-Denkens, welches Substanz- und Konzept-Vorstellungen generiert. (Auch Choong gebraucht manchmal für den Begriff Kern den der Substanz, so als ob etwas Kernloses keine Substanz sein könnte.)

Nebenbei: Die berühmte Formel aus dem Herz-Sutra: Form (Gestalt) ist Leerheit, Leerheit ist Form, würde nach dieser Interpretation keine tiefgründige Paradoxie darstellen, sondern nur bedeuten, Formen, Gestalten, Dinge haben keinen festen, ewigen Kern. Deshalb kann Shariputra im Herz-Sutra sagen: „Es gibt weder Auge, Ohr, Nase, Zunge, Körper noch Geist, weder Formen, Töne, Duft, Geschmack, Berührbares noch Denkbares. Es gibt weder die Welt der Sinne noch die Welt des Bewusstseins. [Es gibt also keine *skandhas*, AB].“[286] Er hätte auch sagen können, Augen sehen nicht, Ohren hören nicht, Zungen schmecken nicht usw. Buddhisten müssten allerdings erklärend ergänzen: Wenn Dinge keinen ewigen Kern haben, sagen wir, sie existieren nicht.

Aus einem anderen Blickwinkel betrachtet verbirgt sich hinter der Behauptung, *dharmas* seien kernlos, tatsächlich ein Paradox. Um kernlos zu sein, müssten sich Dinge unendlich teilen lassen; aber selbst dann, müsste nicht nach jeder Teilung etwas übrigbleiben?

Leerheit ist Illusion, dharmas sind Illusion

Obwohl man sagen kann, dass es keine *dharmas* gibt, heißt das nicht, dass es keine Phänomene und Bedingungen mehr gibt. Ein Bodhisattva gibt in den Versenkungen die *dharmas* und die aus ihnen gebildeten Phänomene, die ja *dharma*-Bündel sind, nicht auf, die Wirklichkeit manifestiert sich dabei „nicht in einer Erfahrung, in der alle *Dharmas* verschwunden sind sondern in einer, in der alle *Dharmas* nur Illusion sind“.[287] Unter einer Illusion verstehen wir ge-

286 Zitiert nach einer Übersetzung des Zen-Kloster Daihizan Fumonji. Im booklet der CD „Rezitationen aus dem Zen-Kloster Daihizian Fumonji“, Eisenbuch 2008.

287 Yoke Meei Choong: Zum Problem der Leerheit (shunyata) in der *Prajnaparamita.* Frankfurt am Main 2006, S. 86.

wöhnlich etwas Eingebildetes, Unwirkliches, eine falsche Vorstellung. Was versteht die Prajnaparamita unter Illusion?

In Wirklichkeit sollen die Phänomene so etwas sein wie die Erscheinungen, welche ein Zaubertrug, eine Fata Morgana oder Schaumblasen hervorrufen. Mit ihnen werden sie in der Prajnaparamita häufig verglichen. In den „höchsten Versenkungen" werden sie auch so erfahren. „Die Illusion ist der Zustand der Phänomene, die mit der *prajnaparamita* [der Leerheitsübung, AB] wahrgenommen werden, nachdem nur der Kern, die Stabilität und die Selbständigkeit der Phänomene in einem konzeptualisierungsfreien Zustand verneint worden sind."[288]

Mit Illusion ist aber *nicht* der Trugschluss gemeint, dass ein Ding ein Eigenwesen, einen Kern, eine Stabilität besitzt. Mit Illusion ist die Erscheinung gemeint, die übrigbleibt, wenn man durchschaut, dass das Ding *kein* Eigenwesen hat (was eigentlich die absolute Wirklichkeit ist). Was bleibt übrig? Eine Fata Morgana ruft die Illusion Wasser hervor. Wenn ich das Wasser als Illusion durchschaue, sehe ich das Wasser aber immer noch, und genauso sieht der Bodhisattva noch die Phänomene, wenn er ihre fehlende Eigennatur durchschaut hat. Er weiß aber, dieses Phänomen, z. B. Wasser, ist kein „wirkliches", eines mit einem festen Kern, sondern ein „unwirkliches" Wasser, im Sinne eines Fehlens eines Kerns.

Illusion ist also der sichtbare Rest einer konzeptfreien, nichtsubstantialisierenden Wahrnehmung. Unklar bleibt bei dieser Formulierung, ob der Bodhisattva sich nur bewusst ist, dass die Dinge kern- und stabilitätslos sind oder ob er das auf irgendeine Weise wahrnimmt.

Nach Choong erweist sich „die Illusion (maya) … als die ursprüngliche Bedeutung der Leerheit".[289] Was letztlich nichts anderes meint als, es gibt keine festen, ewigen Kerne. Noch kürzer: es gibt keine Atome, keine unteilbaren Entitäten. Ein etwas sehr seltsamer Gebrauch des Wortes Illusion.

---

288 Yoke Meei Choong: Zum Problem der Leerheit (shunyata) in der *Prajnaparamita*. Frankfurt am Main 2006, S. 88.

289 Ebenda, S.15.

Leerheit ist Nirvana

Der Kanon behauptete, die *dharmas* des *Nirvanas* sind unentstanden und unvergänglich. Wie wir gesehen haben, gilt für die Mahayana-Literatur das nun auch für die *dharmas* des *Samsaras*. Das Mahayana belegt damit die vergänglichen, leidvollen Gebilde mit, aus seiner Sicht, absolut positiven Eigenschaften und gebraucht für diese, am Ende seines Umdeutungsprozesses, nur noch das Wort Leerheit, *shunyata*. Die Bedeutung von *sunya*, leer von einem Selbst, tastet das Mahayana nicht an, es erweitert sie, indem es eindeutig alle dharmas „negativ", als leer von Eigennatur bestimmt und positiv als tief, unermesslich, unentstanden und unvergänglich.

Wir können also die Gleichung aufstellen Tiefe = Unermesslichkeit = Soheit = Wahrheit = Dharmas / Nichtdharmas = Nirvana = Leerheit.

Was veränderte die neue Leerheit?

Die Etablierung des Leerheitsbegriffs bedeutete eine tiefgreifende Veränderung der frühen Lehre, welche die Mahayana-Literatur aber nicht als eine solche verstanden wissen wollte. Jede neue buddhistische Lehre sollte immer so aussehen, als stamme sie von Buddha selbst. Sie brauchte, um anerkannt zu werden, seine Autorität, da Buddha als allwissend und unfehlbar etabliert war. Die Mahayana-Literatur schloss die Veränderung deshalb zuerst einmal an die Begrifflichkeit der frühen Lehre an. Die Leere eignete sich dafür wegen seines häufigen Auftretens im Kanon und ihren Konnotationen, wie Leersein, Nichtigsein, Eitelsein und Kernlosigkeit, besonders.

Im Kanon war das Entstehen in Abhängigkeit das herausragende Merkmal der Wirklichkeit, die *absolute* Wahrheit, in der Prajnaparamita *und* dann im ganzen Mahayana wird es die Leerheit. Sie zu verstehen und wahrzunehmen, wird für die Befreiung unerlässlich. Das Entstehen in Abhängigkeit stuft die Prajnaparamita auf eine *relative* Wahrheit herab.

Im Kanon ist das Nirvana das höchste Ziel der Praxis, das nur durch das Aufgeben aller fünf *skandhas* erlangt werden kann. Die fünf *skandhas* wurden, im Gegensatz zum Nirvana, als unbeständig, leidhaft und nicht das Selbst betrachtet und deshalb waren sie wertlos. In der Prajnaparamita werden sie nun bejaht, das Fehlen eines Selbst wird als Freissein von Eigenwesen gefeiert. Zur Erinnerung: Die fünf skandhas sind die Teile, aus denen sich die Menschen zusammensetzen. Die Teile bestehen wiederum aus *dharmas*. Choong unterscheidet nicht zwischen *skandhas* und *dharmas*, spricht manchmal von *dharmas*, wo sie auch, weil genauer, von *skandhas* hätte sprechen können.

Die *dharmas* erscheinen „in der Prajnaparamita auf Grund der Aufhebung aller beschränkten Vorstellungen als tief, unermesslich und unausdrückbar wie das Nirvana. Diese Besonderheit der Leerheit, das Unermessliche, hängt mit dem Ziel der Prajnaparamita, dem unübertrefflichen Erwachen, zusammen.“[290]

IV.2.3.1.5 Erlösung

Die wahre Sicht der Wirklichkeit

Das unübertreffliche Erwachen verlangt die wahre Sicht der Wirklichkeit. Wir haben sie schon geschildert: Die fünf *skandhas*, eigentlich alle *dharmas* sind leer von einem Kern, einem Eigenwesen, wirklich ist nur eine wesenlose Kontinuität, die erscheint wie Schaumklumpen, Wasserblasen, Fata Morgana oder Zaubertrug.

Im kanonischen hinayanistischen Buddhismus „strebt der Übende nach dem Freisein von Willensimpulsen“, von Begierden. Wer sich von ihnen befreit hat die „Dharmas aufgegeben“ und das Nirvana erreicht. In der Prajnaparamita bewahrt sich der Bodhisattva Willensimpulse, denn in ihr würden „die Dharmas nicht in Opposition zum Nirvana gesetzt. Der Boddhisattva gibt sie nicht auf, wie die Sravakas und Pratyekabuddhas, er wendet sich „nur von den verkehrten Vorstellungen ab und tritt nicht in das Nirvana ein“.[291]

290 Yoke Meei Choong: Zum Problem der Leerheit (shunyata) in der Prajnaparamita. Frankfurt am Main 2006, S. 95.

291 Ebenda, S. 74.

Ein Sravaka und ein Pratyekabuddha kann die Phänomene „nur als leer von einem Eigenwesen erfahren,“[292] bringt „es aber im Gegensatz zu den Bodhisattvas nicht fertig, die Dharmas bei der Betrachtung ihrer Wesenlosigkeit zugleich … zu bewahren“. Bodhisattvas, welche „die Leerheit und die Phänomene gleichzeitig“ betrachten können, übertreffen deshalb die Pratyekabuddhas. Diese Betrachtung bedeutete das „vollkommene Wissen“,[293] *prajna-paramita.* Ein Begriff der einer ganzen mahayanischen Literaturgattung ihren Namen gegeben hat. Das vollkommene Wissen wird manchmal nur *prajna*, manchmal *vijnana*, *vijnapti* oder *jnana* genannt.

Die Sravakas und Pratyekabuddhas können die *dharmas* nicht bewahren, weil sie sich nicht auf die Belehrung der Prajnaparamita stützen, deshalb erkennen sie nicht, „dass alle Dharmas unermesslich und ohne Entstehung wie das Nirvana erscheinen. Deswegen schließen die unermesslichen Samadhis die Sravakas und Pratyekabuddhas aus.“[294]

Ein Sravaka-Buddha ist ein Buddha, der die Buddhaschaft mit Hilfe von Lehrern erreicht hat, also dasselbe wie ein Arhat. Aus Mahayanasicht ist er noch kein vollwertiger Buddha, weil er noch im Dualismus befangen sein soll. Ein Pratyekabuddha ist ein Buddha der nicht lehrt. Aus Mahayanasicht ist er deshalb kein vollwertiger, weil ihm das Mitgefühl fehlt. Aber auch im Mahayana gibt es die Sravaka- und Pratyeka-Laufbahn.

Was bedeutet *prajna,* die Erkenntnis des Bodhisattva, genauer, welche Schlussfolgerungen ergeben sich für die Ontologie und Soteriologie des Mahayana, oder, wenn man so will, für den Buddhismus? Eine nun nicht mehr so erstaunliche Folgerung lautet:

Samsara ist Nirvana

Für den kanonischen Buddhismus sind die *dharmas* des Samsara vergänglich, leidvoll und ichlos und sie entstehen und vergehen in

292 Ebenda, S. 99.

293 Ebenda, S. 100.

294 Ebenda, S. 100.

gegenseitiger Abhängigkeit. Die des Nirvana sind ebenfalls ichlos, aber unentstanden und unvergänglich und deshalb gibt es im Nirvana kein abhängiges Entstehen und kein Leid.

Für das Madhyamika, wie für das ganze Mahayana, sind die *dharmas* des Samsara ebenfalls ichlos, aber auch unentstanden und unvergänglich und logischerweise behauptet es deshalb, Samsara und Nirvana sind identisch. Dann müsste es im Samsara kein abhängiges Entstehen geben und damit auch kein Leid, aber zweifellos gibt es Leid. Wie ist das möglich?

Die Antwort, die Choong im Sinne der Prajnaparamita gibt, lautet: Das Fehlen von ewigen Kernen, ihre Vergänglichkeit, erregt beim Bodhisattva „keinen Widerwillen gegen die Phänomene", die ja aus kanonischer Sicht vergänglich und leidvoll sind. Er verneint nicht, dass Lebewesen, dass Entstehen von Leiden und Buddhaschaft, abhängige Erscheinungen sind. Das Freisein von der Vorstellung von Eigenwesen, von ewigen Kernen, „ist von sich aus eine Befreiung. Wenn aber diese Vorstellung in der Weise beendet wird, dass nicht zugleich auch alle Dharmas aufgegeben werden, sondern lediglich die falsche Vorstellung, die man sich von ihnen gemacht hat, dann führt dieses Erkennen, wenn es vervollkommnet worden ist, zum Allwissendsein mit allen Merkmalen des Buddha."[295]

Leid ist also in der Welt, weil es die Regel gibt: Siehst du Kerne, Substanzen, Eigenwesen, erzeugst du Blockaden und damit Leiden. Leid entsteht in Abhängigkeit von dieser falschen Betrachtungsweise, Nirvana in der Abhängigkeit von der richtigen Betrachtungsweise.

Samsara und Nirvana sind identisch, weil die Eigenschaften ihrer „Bausteine", die *dharmas*, leer von Kernen, Substanzen, Eigenwesen sind. Deshalb ist die Welt leer von allen Beschränkungen und Blockaden, ist sie unermesslich und frei, da letztlich, so Choong, „alles ein Nichts ist".[296]

---

295 Yoke Meei Choong: Zum Problem der Leerheit (shunyata) in der Prajnaparamita. Frankfurt am Main 2006, S. 102.

296 Ebenda, S. 103.

IV.2.3.1.6 Zusammenfassung

Die Wirklichkeit ist ein Gewoge unentwegter Verwandlungen aus einem unentstandenen, unvergänglichen, unermesslichen und kernlosen „Stoff", von dem wir aus reiner Konvention sagen, er würde sich aus *dharmas* (oder Atomen) zusammensetzen. Die Verwandlungen, Gestalten- und Formenbildungen, vollziehen sich nach Regeln. Geregelt ist, welche Gestalten andere bedingen.

Gewöhnliche Menschen nehmen die Gestalten als selbstständig, kern- und wesenhaft wahr. Ein Bodhisattva erkennt den entitätslosen Fließcharakter der gesamten Wirklichkeit, er bejaht ihn und deshalb verschwindet sie ihm nicht. Wer die tiefsitzende Konditionierung auflöst, eine Welt aus Eigenwesen zu denken und wahrzunehmen, tummelt sich wie ein Fisch im Ozean des Seins.

IV.2.3.1.7 Kritik

Das ist ein schönes Bild der Wirklichkeit, aber wenn wir genauer hinsehen, müssen wir feststellen, es ist nicht besonders naturgetreu gemalt.

1. Unteilbarkeit und Illusion

Gegenüber den Elementlehren (Feuer, Wasser, Holz, Erde, Luft u.ä.) stellen die *dharma*-Spekulationen des Buddhismus, vor allem aber die späteren Atomlehren, in der Erforschung dessen, was die Welt im Innersten zusammenhält, einen großen Fortschritt dar.

Dharma- und Atomtheorien werfen das gleiche Problem auf: das der Teilbarkeit. Weder können wir uns endliches noch unendliches Teilen vorstellen, aber praktisch kann es endlich Teilbares geben, ein Ding lässt sich einfach nicht mehr zerkleinern. Griechische Philosophen, namentlich Leukipp und Demokrit, postulierten unteilbar kleinste Teilchen, Atome, das Mahayana bestreitet, um der Nichtselbstlehre willen, die Unteilbarkeit. Dem brahmanischen Seelenmännchen, purusha, wäre damit Tür und Tor geöffnet gewesen. Statt der Atome sollen in der heutigen Physik „eher die Elementarteilchen der Idee Leukipps und Demokrits“ nahekommen und „sie sind … nach heutigem Wissenstand unteilbar“.[297]

Ob nun teilbar oder nicht, auf jeden Fall können sich die *dharmas* zu den unterschiedlichsten Phänomenen formen, je nach den herrschenden Bedingungen. Warum aber sollen wir diese phänomenalen Formen als Illusionen bezeichnen? Nur weil sie keinen festen Kern haben? Schmerzt die Folter weniger, weil ich weiß, dass sie ohne festen Kern und vergänglich ist?

2. Gleichsetzung von Leerheit und *dharmas*

Leerheit bezeichnet auch im frühen Mahayana das Fehlen von etwas, nämlich von *shabava*, Eigenwesen, Kern, inhärenter Entität. Leerheit bezeichnet also etwas nicht Existentes, mit *dharmas* ist aber etwas Existentes gemeint, auch wenn unklar ist, was das genau sein soll, weil es kern- bzw. substanzlos sein soll.

Etwas Nichtexistentes kann keine Eigenschaften haben, etwas Existentes muss Eigenschaften haben, deshalb ist die Gleichsetzung von Leerheit und *dharmas* unsinnig. Existentes muss auch Substanz haben, gleichgültig welche, ob materielle, energetische, informative oder geistige. Jede einigermaßen vernünftige Ontologie benötigt den Substanzbegriff. Die Gleichsetzung von Kernlosigkeit und Substanzlosigkeit ist deshalb unsinnig, genauso wie die Rede von der Nicht-Substantialität des Seienden oder der *dharmas*.

3. Gleichsetzung von Teilen und Ganzem

Wir haben gesehen, dass das frühe Mahayana, die Eigenschaften die es den *dharmas* zuschreibt, auch den *dharma*-Bündeln zuschreibt. Im Einklang mit dem frühen Buddhismus, sagt es deshalb so Merkwürdiges, wie, es gibt keine Häuser, keine Wagen und keine Menschen bzw. Personen, denn allen diesen Dingen fehlt ein bleibender Kern. *Haus, Wagen, Mensch* seien Worte für vereinigte Teile und die

297 http://www.quantenwelt.de/atomphysik/modelle/demokrit.html.

Täuschung, dass sie es wirklich gebe, komme durch den Gebrauch der Worte.[298] Hier unterstellt das Mahayana, ein Ding existiert nur wirklich, wenn es ewig existiert.

Aber wir meinen mit *Person* nicht unbedingt etwas Ewiges und auch nicht etwas fest Umrissenes. Unter Person verstehen wir, in buddhistischer Begrifflichkeit gesprochen, das temporäre, also zeitlich begrenzte Gesamt der fünf Daseinsgruppen. Die 5. Gruppe, das Bewusstsein, lässt den Menschen zu einer Person werden, weil sie ein Bewusstsein seiner Existenz ermöglicht, zu der neben Körper, Wahrnehmung, Gefühl und allen anderen Bewusstseinsinhalten auch die Erinnerung an seine Geschichte gehört. Dass das personale Bewusstsein immer wieder „zusammenbricht", ändert nichts an seiner Existenz und der mit ihr verbundenen Fähigkeit, Leid, Glück und ein Gefühl für Dauer zu empfinden.

Warum nicht einfach sagen, *Haus, Wagen, Mensch* sind Worte für vergängliche *dharma*-Konfigurationen, warum sie als unwirklich, als Täuschung bezeichnen? Weil schon Buddha, das ganze indische Denken, dahin tendierte, Vergängliches als irreal zu diskriminieren? Eine psychologische Erklärung drängt sich auf: Wenn diese Wirklichkeit nur so etwas ist wie ein Traum, eine Fata Morgana, eine Schaumblase, dann sind es auch Schmerz und Leid. Irrealität wird als ein Trostgedanke benutzt.

Der Buddhismus weiß nicht um das fundamentale Phänomen der Emergenz, dass ein Ganzes mehr ist als die Summe seiner Teile, das ein Gebilde, ein *dharma*-Bündel, Eigenschaften aufweist, die kein einzelnes Teil, kein *dharma*, aufweist. Mit den Teilen eines Autos kann ich nicht fahren, aber baue ich sie auf die richtige Weise zusammen, ist nun eine, für vormoderne Zeiten, unglaublich neue Eigenschaft in der Welt. Genauso verhält es sich vermutlich mit dem, was wir leichtfertig Geist nennen, wir werden in uns keine Geistsubstanz finden, auch kein Seelenmännchen, sondern nur mentale

298 Siehe Bronkhorst, Johannes: Die buddhistische Lehre. In: Bechert, Heinz u.a. (Hrsg.): Der Buddhismus I. Der indische Buddhismus und seine Verzweigungen, Stuttgart 2000. S. 85-90.

Fähigkeiten, die von vielen Teilen abhängen, fehlen welche, fehlen uns auch die entsprechenden Fähigkeiten.

4. Unplausible Wiedergeburt

Weil ein Ganzes mehr kann als die Summe seiner Teile, verfügen tote und lebendige Dinge über viele Eigenschaften, die einem Teil fehlen. Interessant wäre es zu wissen, wie viele und welche Teile notwendig sind, damit ein Mensch Selbst- und Weltwissen erlangt. Braucht er alle *skhandas* oder nur bestimmte oder gar keine? Auf jeden Fall wissen wir, ein Gehirn in Nährlösung reicht nicht, um Selbst- und Weltwissen aufzubauen, ein Gehirn muss dafür Teil eines Körpers sein. Allein deshalb ist es unwahrscheinlich, dass es Wiedergeburt gibt, gleich ob Strebungen, Bewusstsein oder alle vier psychischen *skhandas*, alle außer dem körperlichen, weitergegeben werden. Wir wissen bis heute nicht, wie diese Teilchenbündel den Verlust des Körpers überleben sollten.

5. Theorieinduziertheit der Wahrnehmung

Eine einfache, aber wichtige Frage, die in der buddhistischen Literatur nie gestellt wird: Welchen Realitätsgehalt haben die Versenkungszustände, die Samadhis, auf die sich angeblich die buddhistischen Erkenntnisse stützen?

Die Sarvakas und Pratyekabuddhas sollen nicht fähig sein, den illusionären Rest der *dharmas* zu bewahren, weil sie die Prajnaparamita, das Weisheitssutra, nicht kennen. Der Einwand liegt nahe, dass die Bodhisattvas, Buddhas und alle anderen Meditierenden nur das wahrnehmen, was ihren Konzepten entspricht. Sind es „konzeptionslose Konzepte“, was hier nichts anderes meint, als keine Kerne zu visualisieren, dann wird kernloses visualisiert. Denn um nichts anderes als um Visualisierungen, um selbst geschaffene Vorstellungen kann es sich bei diesen Versenkungszuständen handeln, denn kein Meditierender kann sein Gehirn (wer will, seinen Geist) als Teilchenmikroskop benutzen. Mit dem Volksmund gesagt: Wie es in den Wald hineinruft, so schallt es heraus.

IV.2.3.2 Die Mittlere Lehre

IV.2.3.2.1 Was ist Mittlere Erkenntnis?

Ein Überschreiten der Gegensätze?

Der indische Philosoph Nagarjuna (2./3. Jhd.) gilt als der bedeutendste und auch als der schwierigste Denker des Mahayana. Manchmal heißt es, er sei der Gründer der Shunyata- oder Madhyamika-Schule, was nicht besagt, dass er ein Autor der Prajnaparamita war. Madhyamika bedeutet „Mittlerer Weg" und mit ihm ist nicht nur einer der Handlungen gemeint, sondern auch einer der Erkenntnis. Buddhisten kennzeichnen buddhistische Lehren gerne als „tiefgründig", „essentiell" und „subtil". Diese Eigenschaften sollen vor allem die Lehren Nagarjunas auszeichnen, der einzige buddhistische Philosoph der „mit der Scheitelerhebung eines Buddha dargestellt"[299] wird.

Nach der Hinayana-Schule der Sarvastivadins sollte alles ewig, nach der der Sautrantikas alles nur für einen Augenblick existieren. Die sogenannte Mittlere Erkenntnis des Nagarjuna wird häufig so verstanden, dass sie solche extremen Gegensätze, wie auch den von Sein und Nichts, für falsch halte. Solche Gegensätze seien nur scheinbare, in Wirklichkeit existieren sie nicht, es gebe da etwas anderes, etwas dazwischen oder etwas Drittes, was oft Leerheit, *shunyata,* genannt wird.

Für manche Interpreten ist das Werk Nagarjunas vor allem der Aufhebung von Scheinwidersprüchen dieser Art gewidmet. Eine mittlere Erkenntnis, die extreme Gegensätze meiden will, würde auf die Existenz von Dingen übertragen bedeuten: Weder existieren sie, noch existieren sie nicht, sie haben eine mittlere Existenzweise, oder, was hier dasselbe wäre, eine unaussprechliche, von Niemandem verstehbare.[300] Das würde das Fundament der Logik,

299 Schumann, Hans Wolfgang: Handbuch Buddhismus. Kreuzlingen / München 2000, S. 189.

300 Siehe Weber-Brosamer, Bernhard / Back, Dieter M.: Die Philosophie der Leere. Wiesbaden 2005, S. 105.

etwas kann nicht gleichzeitig existieren und nicht existieren, in Frage stellen.

Folgende Verse Nagarjunas aus dem 25. Kapitel seines Hauptwerkes, dem *Mulamadhyamakakarika* (abgekürzt MMK) kann man im Sinne eines Überstiegs der Logik verstehen:

„16. Die Unterscheidung von Sein und Nichts trifft nicht auf den Begriff von Nirvana zu.

Wäre er aus Sein und Nichts gebildet, dann würden ihn [den Begriff Nirvana, AB] (auch) Nicht-Sein und Nicht-Nichts bilden.

17. Bezüglich des Wiederkehrenden (Buddha) sprach man nach seinem Verlöschen nicht von (seinem) Sein oder Nichts, und man sprach auch nicht von (seinem) Sein und Nichts, bzw. (seinem) Nicht-Sein und Nicht-Nichts.

18. Bezüglich des Wiederkehrenden spricht man (auch) gegenwärtig nicht von (seiner) Existenz (Sein) oder Nichtexistenz (Nicht-Sein), und man spricht auch nicht von (seinem) Existieren und Nichtexistieren, bzw. (seinem) weder Existieren noch Nichtexistieren.“[301]

Ähnliche Worte gebrauchte Shariputa als Antwort auf die Behauptung des Mönches Yamaka, dass ein Erlöster nach dem Tode nicht mehr existiere.

Verständlich, dass solche Worte auch den Kennern der Begriffswelt Nagarjunas große Schwierigkeiten bereiten, westlichen wie östlichen, Wissenschaftlern wie Buddhisten. Mir scheint Nagarjuna hier in jeder Zeile einen Gegensatz von Sein und Nichts, von Existenz und Nichtexistenz, zu bestreiten. Oder bestreitet er ihn nur für die Begriffe von Sein und Nichts?

301 Nagarjuna: Die Lehre von der Mitte. Chinesisch-Deutsch. Übersetzt von Lutz Geldsetzer. Hamburg 2010, S. 86/87.

Welche Logik verwandte Nagarjuna?

Verbirgt sich hinter solchen Zeilen eine besondere Logik und wenn ja, welche? Der Philosoph Lutz Geldsetzer, einer der Übersetzer der „Mittleren Lehre“, zählt vier „Einschätzungen“ zur Logik Nagarjunas auf: 1. Er benutzt die „allgemein menschliche Logik“ wie sie Aristoteles formulierte. 2. Er denkt dialektisch, wie später Hegel, Widersprüche werden hier „zum Vehikel wahrer Erkenntnis“. 3. Nagarjuna greift vor auf die „transzendentale Logik im Sinne Kants und Fichtes“, in der die Voraussetzungen der Logik selbst zum Thema gemacht werden. 4. Seine Logik dient nur der Heranführung an das Unsagbare, an die erlösende Botschaft, die „mit logischen Mitteln nicht erfaßt werden könne. Das sei eine besondere ‘orientalische Logik’, die von der westlichen ganz wesentlich zu unterscheiden sei.“[302]

Leerheit als epistemisch-therapeutische Geste

Im Sinne einer „orientalischen Logik“ soll für Nagarjuna der zentrale Begriff Leerheit einer sein, der nicht „als *positive* Behauptung über die Natur der Wirklichkeit“ aufgefasst werden darf. Mit Leerheit weise er jegliche Ansicht zurück, da „alle philosophischen Positionen an inneren Widersprüchen kranken und unhaltbar sind.“[303] Das heißt, Leerheit meint kein ontologisches Merkmal, kein Kennzeichen des Existierenden, sondern eine epistemisch-therapeutische Geste, nämlich die der Zurückweisung jeder Behauptung, die zugleich eine befreiende Erkenntnis jenseits der Sprache auslöse. In die Erlösung tritt man ein, wenn man alle falschen Meinungen aufgibt. Da alle Meinungen falsch sind, bedeutet das, alle Meinungen aufzugeben. So versteht der zeitgenössische Zen-Lehrer David Loy Nagarjuna.

302 Geldsetzer, Lutz in Nagarjuna: Die Lehre von der Mitte. Chinesisch-Deutsch. Übersetzt von Lutz Geldsetzer. Hamburg 2010, S. 138/139.

303 Loy, David: Nondualität. Frankfurt/M. 1988, S. 35.

Die Behauptung, wahre Sätze über die Welt sind unmöglich, ist allerdings ein Widerspruch in sich. Wenn jede Behauptung falsch ist, wie Nagarjuna nach Loy und anderen Interpreten behauptet haben soll, dann müsste diese schon mal richtig sein.

Nicht nur Buddhisten würden, so Geldsetzer, Nagarjunas „Dialektik" falsch interpretieren, „auch viele westliche Interpreten tun es". Für Geldsetzer war Nagarjuna überhaupt kein dialektischer Denker, einer, der aus widersprüchlichen Behauptungen zu einer neuen Wahrheit fortschreitet. Seine Argumente sollen nicht als Behauptungen, sondern als Vermutungen formuliert sein. Die Lösung für widersprüchliche Behauptungen liege für Nagarjuna „im 'mittleren Weg' zwischen Pro- und Contra-Argumenten", was ein „buddhistisches Spezifikum" darstelle.[304]

Nach Geldsetzer wollte Nagarjuna mit bestimmten widerspruchsvollen Argumenten, bzw. Behauptungen, zeigen, dass keine von den angebotenen Alternativen wahr sein kann. Sie konnten nicht wahr sein, weil sie für Nagarjuna von falschen Voraussetzungen ausgingen, Antworten auf Fragen verlangten, die sich überhaupt nicht stellten.[305] Im Sinne von falsch angebotenen Alternativen werden manchmal auch die Antworten Buddhas auf die Frage bezeichnet, ob ein Thatagata, ein Erlöster, existiere oder nicht oder beides. Seine durchgängig verneinenden Antworten seien Zurückweisungen der dargebotenen Alternativen Sein oder Nichtsein.

Überraschenderweise verwandte für Geldsetzer Nagarjuna trotzdem die „allgemein menschliche", die aristotelische Logik, also die der Identität, des verbotenen Widerspruchs und des ausgeschlossenen Dritten. Ihre Basis ist das Postulat, entweder etwas existiert oder es existiert nicht, ein Drittes gibt es nicht (man kann Wahrscheinlichkeiten des Existierens angeben und sie als dritte Möglichkeit bezeichnen, was an dem Entweder-Oder aber nichts ändert).

304 Geldsetzer, Lutz in Nagarjuna: Die Lehre von der Mitte. Chinesisch-Deutsch. Übersetzt von Lutz Geldsetzer. Hamburg 2010, S. 145.

305 Ebenda, S. 146.

IV.2.3.2.2 Weder Sein noch Nichts?

Mittleres Sein?

Wenn der Philosoph Gregor Paul Recht hat, basiert die Mittlere Erkenntnislehre auf einem speziellen Verständnis des Seins. Wie für Geldsetzer, war auch für Paul Nagarjuna kein Denker, der den Widerspruchssatz missachtete oder ihn gar als ungültig betrachtete. Bei genauer Lektüre würde ersichtlich, dass widersprüchliche Identitätsbehauptungen (etwas existiert und gleichzeitig nicht) auf ungenauen Interpretationen beruhen. Widersprüchliche Identitätsbehauptungen würden erst in späteren esoterischen Sutras, wie dem Lotus-Sutra, auftauchen.

Nach Nagarjuna soll Buddha „reines Nicht-Sein wie ewiges Sein, beständige Identität wie völlige Andersheit“[306] bestritten, stattdessen eine uneingeschränkte Flussontologie vertreten haben. Nach ihr kann „nichts aufgrund eigener Kraft und nichts bleibend, sondern stets nur in Abhängigkeit von anderem und gleichsam nur für einen Augenblick“ existieren.[307] Anders gesagt: Da alles fließt, sich alles ständig verändert, ist kein Element, keine Erscheinung, fassbar, identifizierbar, kann man nicht sagen, es ist dies oder es ist jenes, es existiert oder es existiert nicht, es flutscht uns ständig durch die Finger. In diesem Sinne meint 'Existieren' etwas Mittleres. „Grob gesagt“, charakterisiert „Buddha 'Existieren' als eine mittlere Form des Daseins“.[308]

Für diese „mittlere Position“ sollen „in einschlägigen Erörterungen oft nur Begriffe wie 'Sein' und 'Nicht-Sein' gebraucht werden“,[309] so dass der Eindruck entsteht, Buddha behaupte, es gebe weder Existierendes (Sein), noch gebe es Nicht-Existierendes (Nichts), also muss es ein Drittes geben, etwas jenseits von Existenz und Nichtexistenz; der Buddhismus folge damit einer anderen Logik.

306 Paul, Gregor: Philosophie in Japan. München 1993, S. 67.

307 Ebenda, S. 66.

308 Ebenda, S. 67.

309 Ebenda, S. 67, siehe auch S. 124-126.

Die Begriffe Sein und Nichts in buddhistischen Texten sind nach dieser Interpretation Abkürzungen für das Verständnis von Existenz als eines permanenten Prozesses von Werden und Vergehen, in dem die Erscheinungen nicht fixiert werden können.

Die verblüffenden Identitätsbehauptungen in den Mahayana-Texten, wie „Sein ist Nichts, Leben ist Tod“, welche den Eindruck eines höheren Wissens vermitteln, entsprechen nach dieser Interpretation nicht der traditionellen buddhistischen Philosophie. Diese Behauptungen müssen deshalb auch nicht transzendiert werden. Erst aus ihrem ursprünglichen Zusammenhang gerissen und verabsolutiert, ergibt sich die Notwendigkeit, da diese Behauptungen jetzt unverständlich geworden, einer „Überschreitung der Logik“.

Ich füge hinzu: Die Schwierigkeit oder Unmöglichkeit, die Dinge zeitlich und räumlich zu fixieren, widerlegt nicht den Identitätssatz, A = A, und damit auch nicht die aristotelische, „westliche Logik“, wie die „östliche Logik“ gerne behauptet. Die Schwierigkeit oder Unmöglichkeit der Fixierung von Objekten bedeutet nur, dass die Identität nicht festgestellt werden kann. Zumindest nicht bei sehr schnellen Objekten. Wer den fließenden Charakter des Seins als ein Argument gegen den Identitätssatz verwendet, verwechselt die Definition der Identität mit der Feststellung der Identität. So gesehen ist aber die Rede falsch, Sein sei eine mittlere Daseinsform, müsste es nicht heißen, es gibt nur fließendes Sein?

Sein oder Werden?

Pauls Interpretation, Nagarjuna und Buddha leugnen nicht den Identitätssatz, würden nicht alle Anhänger Buddhas und schon gar nicht alle Nagarjunas teilen. Die Logik stützt sich auf Ontologie, die ‘westliche’ auf die schon genannte minimale, dass etwas nicht zugleich existieren und nicht existieren kann. Wenn der Buddhismus einer anderen, einer speziellen Logik folgt, dann muss er einer anderen Ontologie folgen. Das glauben Anhänger östlicher Philosophien. Anhänger des Buddhismus meinen, er würde eine Philosophie des Werdens lehren, die im Gegensatz zur und über der abendländischen

Seinsontologie stehe. Die abendländische Seinsontologie, so der Nagarjuna-Verehrer Andreas Goppold, beruhe auf „irgendetwas unverrückbar Daseiendem". Dagegen sage die Lehre vom abhängigen Entstehen, das Leben „ist ein Prozess, ein immerwährendes Werden". „Eine Welt, deren Basis auf einer „Onto"-Logie des Prozesses aufgebaut ist, ist für die Ontologie des Seienden eben leer, weil es mit keiner Kategorie dieser Ontologie zu erfassen ist. Das Werden ist transkategoriell." [310]

Fundamental für ein Verständnis des Nirvana sei „das Erkennen der Realität des 'Werdens', für die das Nirvana die Antwort ist. Wenn wir sehen, daß 'Werden' eine fundamentale ontologische Kategorie ist, die das statische 'Sein' verneint, dann gibt es keine Notwendigkeit für ein statisches ontologisches Substrat, welches dem 'Prozess des Werdens' als Fundament unterliegt."[311]

Jenseits von Sein und Werden oder was will uns Nagarjuna sagen?

Verkündete Nagarjuna tatsächlich eine Philosophie des Werdens? Für die Übersetzer und Kommentatoren des MMK, Bernhard Weber-Brosamer und Dieter Back, wird für Nagarjunas Denken „folgendes deutlich: 1. Sein Seinsbegriff ist absolut, umfassend und statisch. Daraus folgt, 2. daß ein Werden und damit jede Veränderung eines Seienden für ihn völlig ausgeschlossen ist." [312] Dementsprechend heißt es im ersten Vers des ersten Kapitels im MMK:

„1.1 Nirgends und niemals findet man Dinge, entstanden
aus sich
aus anderem
aus sich und anderem zusammen
ohne Grund (d.i. weder aus sich noch anderem)."[313]

---

310 Goppold, Andreas: Die Logik der Lehre von der Leere: Die Shunyata des Nagarjuna. 1994. Abschnitt 4.3, zitiert nach http://www.noologie.de/shunya01.htm.

311 Zit. nach ebenda, Abschnitt 4.5.

312 Weber-Brosamer, Bernhard / Back, Dieter M.: Die Philosophie der Leere. Wiesbaden 2005, S. 2.

313 Zitiert nach ebenda, S. 2.

Im ersten Vers des 2. Kapitels heißt es:

„2.1 Das [bereits] Gegangene wird nicht gegangen; ebensowenig wird das [noch] Nicht-Gegangene gegangen. Getrennt vom Gegangenen und Nicht-Gegangenen, wird auch das gegenwärtig Begangene nicht gegangen."[314] Kurz: Gehen ist ein Ding der Unmöglichkeit. Nichts entsteht, nichts geht, und nach den Versen 7.26 bis 7.30 gibt es auch kein Vergehen. Sehr seltsam für eine Werdensphilosophie. Nagarjuna widmete das MMK ihm, dem „völlig Erwachten", dem „besten aller Lehrer... der die beglückende, alle Entfaltung auflösende Lehre vom abhängigen Entstehen verkündete,
[die bedeutet:]
Nichtvergehen, Nichtentstehen,
Nichtabbrechen, Nichtandauern,
Nichteinheit, Nichtvielheit,
Nicht-zur-Erscheinung-Kommen, Nichts aus ihr Verschwinden [oder: nicht Kommen, nicht Gehen, AB]".[315]

Was will uns Nagarjuna damit sagen? Vielleicht das: Die wahre Natur des Seins liegt jenseits der Gegensätze Vergehen – Entstehen, Ende – Dauer, Einheit –Vielheit, Kommen – Gehen, (also auch nicht ewiger Stillstand), die wahre Natur des Seins ist letztlich ewige Glückseligkeit, Nirvana, du musst sie nur erkennen.

Die meisten Interpreten deuten Nagarjuna im Sinne Loys, was den gerade von mir formulierten Worten entspricht. Diese Interpretation bedeutet auch: Nagarjuna wollte tatsächlich beweisen, dass keine Lehre, kein Denken, die Wirklichkeit trifft, dass sich alle Interpretationen in unauflösbare Widersprüche verstricken, nicht nur extreme Gegensätze. Mit den Worten von Dieter Back, „daß mit den Mitteln der Sprache die Suche nach der Wirklichkeit hinter den Phänomenen scheitern muß ... und damit auch das diskursive Denken, den wahren Sachverhalt nicht erfassen bzw. wiedergeben kann".[316]

314 Zitiert nach Weber-Brosamer, Bernhard / Back, Dieter M.: Die Philosophie der Leere. Wiesbaden 2005, S. 11.

315 Zitiert nach ebenda, S. 1.

316 Ebenda, S. 7. In diesem Sinne auch Zotz, Volker: Geschichte der buddhistischen Philosophie. Hamburg 1996, S. 123-136.

Die wahre Natur des Seins kann nur erfahren werden, aber vielleicht nicht einmal das, weil man die Erfahrung, während der Erfahrung, gar nicht bemerkt.

Was ist mit meinem gegenüber Loy vorgebrachten Einwand, wer behauptet, alle Lehren seien falsch, behauptet zumindest eine als wahr, erzeugt damit einen Widerspruch, woraus folgt, dass die Aussage, alle Lehren seien falsch, nicht richtig sein kann. Um einem solchen Einwand zu begegnen „und dadurch unwiderlegbar zu sein," gibt Nagarjuna, nach Zotz, auch „die Leerheit seiner eigenen Argumentation" zu.[317]

Aber diese Argumentation ändert nichts an dem von Nagarjuna produzierten Paradox, einem von der Sorte der Kreterlüge: Ein Kreter sagt, alle Kreter lügen. Wie man diesen Satz auch dreht und wendet, die Wahrheit über das Lügenverhalten der Kreter können wir nicht ermitteln. Wenn Nagarjuna behauptet, alle Lehren sind widersprüchlich, auch diese ist widersprüchlich, dann können wir nicht ermitteln, ob wirklich alle Lehren widersprüchlich sind bzw. falsch sind.

Sehen wir uns an, ob Nagarjunas Argumentationen überzeugen, ob sie tatsächlich beweisen, dass gegensätzliche Behauptungen über die Natur des Seienden (und Nichtseienden) immer zu unlösbaren Widersprüchen führen oder auf eine andere Weise scheitern.

Nichts entsteht?

Für den Buddhologen Johannes Bronkhorst hängt sich Nagarjuna „an den Wortlaut des Satzes … um daraus Schlußfolgerungen über die Erscheinungswelt zu ziehen. Dabei stellt sich für Nagarjuna heraus, daß dies zu Unmöglichkeiten und Widersprüchen führt. Die Sätze zeigen in dieser Weise, daß die Erscheinungswelt nicht wirk-

317 Zotz, Volker: Geschichte der buddhistischen Philosophie. Hamburg 1996, S. 316, Anm. 17. Nach Weber-Brosamer, Bernhard / Back, Dieter M.: Die Philosophie der Leere. Wiesbaden 2005, S. 111, heißt der früheste Kommentar zum MKK, wahrscheinlich 100 Jahre später entstanden, Akutobhaya, wörtlich „Die [Kommentarschrift, die] von nirgendher mehr etwas zu fürchten hat".

lich besteht." Als Beispiel führt Bronkhorst den Satz an, „der Krug entsteht". Nagarjuna nimmt solche Sätze wörtlich und fragt dann, wie kann der Krug entstehen, wenn er noch nicht da ist? „Zur Ausführung irgendeiner Aktivität, muß der Krug ja da sein. Die Aktivität, in diesem Fall, ist Entstehen. Der Krug muß also da sein, um entstehen zu können. Aber wenn er schon da ist, braucht er nicht mehr zu entstehen, weil er eben schon da ist."[318]

Bronkhorst vermutet, dass „es für Nagarjuna, als Buddhist, wahrscheinlich selbstverständlich war, daß Analyse der Erscheinungswelt und Analyse von sprachlichen Sätzen auf dasselbe hinauslaufen. Sprache und Erscheinungswelt stimmen ja überein, gerade weil die Erscheinungswelt durch die Sprache bedingt wird. Der Satz 'der Krug entsteht' beantwortet deswegen notwendigerweise eine Sachlage in der Erscheinungswelt, wo es deshalb einen Krug, und eine Aktivität des Entstehens geben müßte. Weil dies aber unmöglich ist – wenn es schon einen Krug gibt, braucht er nicht mehr zu entstehen – zeigt diese Analyse, was die Buddhisten eigentlich schon von vornherein wußten, nämlich, daß die Erscheinungswelt keine absolute Wirklichkeit ist."[319]

Eine solche Philosophie würde den Unterschied zwischen Sätzen *über* die Wirklichkeit und *der* Wirklichkeit verwischen, da Sätze diese irgendwie hervorbringen sollen. Eine solche Philosophie würde, metaphorisch gesprochen, behaupten: Der Finger, der auf den Mond deutet, ist irgendwie für die Erscheinung des Mondes verantwortlich.

Die Erscheinungswelt, unsere alltägliche Realität, verhält sich aber meist nicht so, wie es die Sprache suggeriert. So gibt es in der Wirklichkeit nicht im wörtlichen Sinn einen Krug, der entsteht, sondern Ton, welcher zu einem Krug geformt und gebrannt wird und dann ein Krug geworden ist.

---

318 Bronkhorst, Johannes: Die buddhistische Lehre. In: Bechert, Heinz u.a. (Hrsg.): Der Buddhismus I. Der indische Buddhismus und seine Verzweigungen, Stuttgart 2000, S. 153.

319 Ebenda, S. 153/154.

Statt aber, wie Bronkhorst, zu sagen, für Nagarjuna stimmen Sprache und Erscheinungswelt überein, könnte man auch sagen: Nagarjuna nimmt die Sprache wörtlich und beweist dann, dass die Wirklichkeit nicht so sein kann, wie die Sprache behauptet. Sehen wir uns die Sache mit dem Entstehen noch einmal genauer an.

Der zitierte Vers 1.1 aus dem MMK lässt sich mit Zotz so zusammenfassen: Dinge entstehen „weder (1) aus sich selbst, noch (2) aus anderem, noch (3) aus beiden, noch (4) ohne Ursache."[320]

Dass Dinge nicht aus sich selbst entstehen, ist eine allgemein anerkannte Annahme. So entstand für die christliche Theologie nur Gott aus sich selbst. Aus Nagarjunas Sicht behaupteten allerdings die Sarvastadins die Selbstentstehung, da sie den *dharmas* Eigenexistenz, einen unvergänglichen Kern, zusprachen.

Warum aber sollen Dinge, wie Nagarjuna behauptet, nicht aus anderem entstehen, nicht durch anderes verursacht werden, wie wir allgemein annehmen? So nehmen wir z.B, an, dass die Erhitzung von Wasser Dampf entstehen lässt und die Verschmelzung von Same und Ei ein Kind. Nach Nagarjuna deshalb nicht, weil, so Zotz, 1. eine Ursache „nur in bezug auf eine Wirkung 'Ursache'" ist. „Ohne eingetretene Wirkung nennt man nichts 'Ursache'. Damit setzt die Ursache eine Wirkung voraus. Muß die Wirkung aber vor der Ursache sein, bedarf sie sie derer nicht als Grund des Entstehens. Erfordert Vorangehendes zum Hervorkommen das Folgende, widerstreitet dies dem erlebten Ablauf der Welt und erweist, wie diese nicht sein kann, was sie dem Menschen ist."

Auch das Überdenken des Verhältnisses von Ursache und Wirkung führe 2. zu keiner sinnvollen Erklärung: Existiert die Wirkung in der Ursache, würde das Identität von Ursache und Wirkung bedeuten und damit müssten Dinge aus sich selbst bestehen, was unmöglich ist.

Verbirgt sich die Wirkung nicht in der Ursache, sondern ist sie etwas Neues, widerspricht das der Erfahrung, dass Ursachen keine be-

320 Zotz, Volker: Geschichte der buddhistischen Philosophie. Hamburg 1996, S. 128.

liebigen Wirkungen, sondern „gesetzmäßig vorherbestimmte“ nach sich ziehen. „Von diesem nicht lösbaren Problem schließt Nagarjuna auf die Hinfälligkeit der Kausalität und mit ihr verbundener Begriffe: ‘Darum existiert keine aus Ursachen bestehende und keine nicht aus Ursachen bestehende Wirkung. Gibt es aber keine Wirkung, wie könnte es Ursachen und Nicht-Ursachen geben?’“[321] (MMK 1,14)

Da weder (1), Selbstverursachung noch (2) Andersverursachung, zutreffen, kann auch (3) eine Kombination von beiden nicht zutreffen.

Was ist mit (4), wonach es offensichtlich keine Dinge ohne Ursachen geben soll? Das wäre die Gegenthese und sie ist genauso wahr, denn, dass „etwas ohne bestimmte Ursache entsteht, ist ebenfalls nicht denkbar. Schließlich erfährt der Mensch einen geregelten Kosmos klarer Abfolgen, in dem nicht einem Hasen Hörner wachsen oder am Firmament Blüten aufgehen, wie klassische indische Beispiele für Unmögliches lauten.“[322]

Mit diesen Überlegungen zeigte Nagarjuna für Zotz, dass weder Ursachen und Wirkungen, noch Nicht-Ursachen und Nicht-Wirkungen bewiesen werden können. Anschließend versucht Zotz, den Widerspruch Nagarjunas, dass dieser doch auch Ursachen annimmt, mit dem Hinweis auf die „zwei Wahrheiten“ zu erklären. Zu ihnen später.

Meines Erachtens hat Nagarjuna mitnichten bewiesen, dass es keine Ursache-Wirkungsverhältnisse geben kann. Der erste Argumentationsfehler verbirgt sich in folgenden Sätzen: Eine Ursache sei „nur in bezug auf eine Wirkung ‘Ursache’. Ohne eingetretene Wirkung nennt man nichts ‘Ursache’. Damit setzt die Ursache eine Wirkung voraus. Muß die Wirkung aber vor der Ursache sein, bedarf sie sie derer nicht als Grund des Entstehens.“ Hier wird wieder einmal die Sprache mit der Realität gleichgesetzt, Zeichen mit Bezeichnetem. Dass wir beide Begriffe, Ursache und Wirkung, benötigen, um einen zu verstehen, besagt aber noch nichts über das Verhältnis der

321 Zotz, Volker: Geschichte der buddhistischen Philosophie. Hamburg 1996, S. 129.

322 Ebenda.

durch sie bezeichneten Dinge in der Wirklichkeit. Weil der Begriff Ursache den Begriff Wirkung voraussetzt (um verständlich zu sein), heißt das nicht, die Wirkung muss in der Realität der Ursache vorausgehen. Dass wir das Formen eines Tons, Ursache für das Entstehen eines Kruges nennen, heißt nicht, dass der Krug, die Wirkung, dem Formen des Tons vorausgehen muss.

Den Fehler aus der begrifflichen Abhängigkeit auf eine sachliche oder reale Abhängigkeit zu schließen, begeht Nagarjuna sehr oft. So wenn er glaubt, dass das konventionelle Denken schon daran scheitert, einen Vater als Erzeuger, Ursache seines Sohnes zu fassen. Der Vater würde nämlich erst durch den Sohn möglich, also kann es den Vater vor dem Sohn gar nicht gegeben habe, damit kann es aber auch nie einen Sohn geben. Dass der Vater vorher einfach ein Mann war, dieser naheliegende Einwand scheint Nagarjuna, nach den Ausführungen von Zotz, nicht in den Sinn gekommen zu sein. Zotz räumt zwar ein, dass Nagarjuna solche Trugschlüsse begangen habe, aber man werde ihm mit diesem Vorwurf „nicht gerecht". Vater und Sohn müsse man als einen exemplarischen Fall für viele andere Fälle sehen, „die ein Wesen oder Ding konstituieren. Schüler und Lehrer, Mann und Frau, Täter und Tat, Hörer und Gehörtes". Dass es immer beider Seiten bedarf, damit etwas *auf eine bestimmte Weise* (z. B. als Schüler und Lehrer) existieren kann, beweise, dass nichts aus sich selbst existieren kann.

Aber wie schon gesagt, wer bestreitet das? Beim Vater-Sohn-Beispiel beging Nagarjuna den Fehler, von der Nichtexistenz eines Vaters vor der Existenz eines Sohnes auf die Nichtexistenz eines *möglichen* Vaters zu schließen. Wenn es in einem Raum keinen Hörer und nichts Gehörtes gibt, weil gänzliche Stille herrscht, bedeutet das nicht, dass keine Personen im Raum sind.

Die anschließenden Überlegungen (2), welche beweisen sollen, dass auch das Überdenken des Verhältnisses von Ursache und Wirkung zu keiner sinnvollen Erklärung führt, sind viel zu vage, um sie als Argumente zu benutzen. Was soll es heißen, dass die Wirkung in der Ursache existiert oder die Ursache in der Wirkung?

Dass sich Wirkungen vorhersagen lassen, wie im Argument (4) vorgebracht, liegt am naturgesetzlichen Verhalten der Dinge, wie es auch im Krugbeispiel zutage tritt. Dieses Verhalten beweist die Existenz von Ursache und Wirkung, legt diese offen. Im Gegensatz zu den Ausführungen Nagarjunas, die ganz und gar nicht „die Ohnmacht logisch-systematischen Denkens offenlegen", wie Zotz meint, noch dazu, „indem er sich dessen Macht bedient".[323]

Übersteigt Nagarjuna die Logik?

Tatsächlich benutzt Nagarjuna bei seinen Argumentationen, wie auch Geldsetzer meint, die „aristotelische", „westliche", „dualistische", „normal menschliche" Logik. Das ist so, weil ohne sie gar kein Argumentieren, ja nicht einmal ein verständliches Sprechen möglich wäre. Nagarjuna zeigt mit seinen Argumenten nicht die Unzulänglichkeit des Denkens, der Sprache, der Zeichen oder gar des Argumentierens, sondern nur die Unlogik seiner Argumentation.

Wenn jemand die Logik hinter sich lässt, indem er den Satz vom Widerspruch für ungültig erklärt und prinzipiell missachtet, begibt er sich in das Reich der Beliebigkeit, dann ist tatsächlich alles möglich, dann kann ein „Schuh ein Schnitzel sein" (Gregor Paul) und Hitler ein Buddha.

Die zwei Wahrheiten

Warum sollte jemand, der in das Reich der Beliebigkeit eingetreten ist, die Lehre Buddhas für wahr halten und ihr folgen? Völlig konsequent leugnet Nagarjuna sogar die Existenz einer buddhistischen Lehre, so heißt es in MMK 25,4 „nirgendwo wurde irgendeinem durch den Buddha irgendein Dharma gelehrt".[324] Und trotzdem folgt

323 Siehe dazu Zotz, Volker: Geschichte der buddhistischen Philosophie. Hamburg 1996, S. 130-131.

324 Weber-Brosamer, Bernhard / Back, Dieter M.: Die Philosophie der Leere. Wiesbaden 2005, S. 100.

er der nichtexistierenden Lehre, beachtet aufs Genaueste die vielen Regeln eines Mönchs und erlangt den Stand der Heiligkeit.

Wie löst er diesen Widerspruch?

Mit der seltsamen Lehre von den zwei Wahrheiten. Sie findet sich schon im Kanon, wird aber im Mahayana entscheidend verändert. Alles, was existiert, kann für den Buddhismus in zwei Hinsichten betrachtet werden, in einer relativen, konventionellen Hinsicht und einer absoluten, höchsten, letztlichen. Dementsprechend gibt es eine relative, konventionelle, vorläufige und eine absolute, höchste, letztliche Wahrheit.

Diese Unterscheidung löst für Nagarjuna den Widerspruch, dass keine Lehren existieren und wir doch einzig und allein der des Buddhas folgen müssen. Für die Prajnaparamita, Nagarjuna und schließlich das ganze Mahayana wird die erlösende, die absolute Wahrheit, *paramartha satya*, erkannt und erreicht durch das Hören und Befolgen der konventionellen Wahrheit, *samvriti satya.* Deshalb, so Lamotte, muss man sich „den Konventionen unterwerfen", „denn nur mit ihrer Hilfe ist das Nirvana zu erreichen, etwa so wie man ein Gefäß benutzt, um Wasser zu schöpfen."[325]

Im Kanon waren mit der *konventionellen* Wahrheit die bei Menschen gebräuchlichen Ausdrucksweisen gemeint, wie die Rede von einer Person, einem Wagen oder einem Haus, die es aber, aus der Sicht der absoluten Wahrheit, nicht geben soll.[326]

Mit der *letztlichen* Wahrheit ist im Kanon gemeint, dass das Leben ein bloßer Prozess von sich verändernden Phänomenen ist, ein *Entstehen in Abhängigkeit*, in der kein Selbst zu finden ist.

In der Prajnaparamita ist aber diese Wahrheit, die des *Abhängigen Entstehens,* Teil der konventionellen Wahrheit und die Leerheit aller Erscheinungen, das Fehlen von Eigenexistenz, eines Kerns, wird mit der absoluten oder letztlichen Wahrheit identifiziert.

---

325 Lamotte, Etienne: Der Buddha, Seine Lehre und Seine Gemeinde, in: Bechert, Heinz / Gombrich, Richard (Hrsg.): Der Buddhismus. München 1984, S. 99.

326 Siehe http://www.palikanon.de/wtb/paramattha.html.

Mit dieser „königlichen Logik“ bannen die zwei Wahrheiten die Gefahr der Extreme des Eternalismus, des Ewigkeitsglaubens und des Nihilismus, des Vernichtungsglauben, „den größten Fehlern, die einer Philosophie unterlaufen können“.[327] So der zeitgenössische Lama Gonsar Tulku. Diese königliche Logik bannt also die Lehren der Sautrantikas und der Sarvastivadins.

Das Extrem des Nihilismus, der vollständigen Vernichtung der Dinge, soll vermieden werden, weil alle Dinge in abhängiger und bezogener Weise bestehen. Weil alle Dinge leer von eigenständigem Bestehen sind, soll das Extrem des Eternalismus vermieden werden, der Vorstellung, sie würden ewig sein. Und „dadurch wird die Auffassung und Anschauung zum Mittleren Weg hin gelenkt“.

Weil Armut und Diebstahl, Sinneswahrnehmungen und Bewusstsein in abhängiger Weise bestehen, also nur zusammen auftreten, sollen sie nicht vollständig vernichtet werden? Weil sie keine ewigen Kerne haben, sollen sie nicht ewig bestehen? Was aber dann?

Erlösung nur ohne Selbst?

Nagarjuna betont, dass Erlösung nur möglich ist, wenn es *keine* Personen, *keine* ewigen Kerne, kein Selbst gibt. Warum? Weil er zu der Schlussfolgerung gelangte, gäbe es unteilbare und damit ewige Kerne, hätten „Wesen und Dinge … ein unveränderliches Sein“, könnten sich nicht bewegen. „Augenschein und Erfahrung beweisen, daß dies nicht zutrifft.“[328] Nach MMK 24,16 wären Dinge *mit* Kern „grund- und bedingungslos“, würden deshalb nicht in Abhängigkeit existieren, würden deshalb nicht von anderen Dingen bewegt. Das sei aber absurd, die Dinge entstehen offensichtlich und das in gegen-

327 Gonsar Tulku: Philosophische Grundlagen des Buddhismus 2. Die Philosophie des Buddhismus, Die drei Kernpunkte des Weges. Vorlesungen am Institut für Philosophie der Universität Frankfurt. Frankfurt am Main 2006, S. 13-16; Gonsar Tulku: Philosophungen am Institut für Philosophie der Universität Frankfurt. Frankfurt am Main 2006, S. 17.

328 Schumann, Hans Wolfgang: Handbuch Buddhismus. Kreuzlingen / München 2000, S. 188.

seitiger Abhängigkeit, und „dies ist es, was wir 'Leerheit' nennen."[329] (MMK 24, 18)

Aber muss eine Welt aus unteilbaren Dingen „eine ewige, steinerne Welt, eine Welt des stillstehenden Seins"[330] sein, wie Nagarjuna behauptet? Warum sollten sich unteilbare Elemente nicht bewegen können, denken wir an kleine Kugeln oder an Elementarteilchen, die sich zu den verschiedensten Gebilden formen lassen?

Hier rächt es sich wieder, dass Nagarjuna, wie auch die Autoren der Prajnaparamita, meist nicht zwischen Atomen, *dharmas*, und *dharma*-Bündeln unterscheiden, denn auf die letzten beiden würde Nagarjunas Spekulation zutreffen: Würden sich *dharmas* und *dharma*-Bündel nicht verändern, würde sich tatsächlich nichts verändern, denn jede für uns mit bloßem Auge sichtbare Veränderung ist eine der Formen der *dharma*-Bündel. Aber wenn die Welt im Innersten aus kleinen festen Teilen zusammengehalten wird, bedeutet das nicht, dass sie eine steinerne sein muss.

Gibt es nur Sinneswahrnehmungen?

Eine ontologische Position in Bezug auf unsere Wahrnehmungs- und Erkenntnissituation ist der sogenannte Phänomenalismus.

Für ihn existiert alles, was wir wahrnehmen, nur in unserer Wahrnehmung. Ob und was unabhängig von unserer Wahrnehmung existiert, wissen wir nicht. Alles, was wir wahrnehmen, ist ein Produkt unseres Geistes bzw. unseres Gehirns, im Zusammenspiel mit der Wahrnehmung. Sie ist jedoch auch ein Produkt des Geistes bzw. des Gehirns. Jeder Mensch lebt daher in einer Welt, die sich nur aus den Erscheinungen seines Geistes bzw. seines Gehirns zusammensetzt.

---

329 Zit. nach Egidy, Holm von: Beobachtung der Wirklichkeit. Differenztheorie und die zwei Wirklichkeiten in der buddhistischen Madhyamika-Philosophie. Heidelberg 2004, S. 185.

330 Schumann, Hans Wolfgang: Handbuch Buddhismus. Kreuzlingen / München 2000, S. 193.

Nagarjuna scheint der materialistischen Variante dieser Philosophie anzuhängen. Klar formuliert er sie in seinem kleinen Werk *Bodhicittavivarana,* dort lauten Vers 22, 23 und 24:

Was immer an Subjekt und Objekt
dem Bewusstsein erscheint:
Es gibt nirgendwo äußere Objekte
unabhängig von ihrer Wahrnehmung.

Es gibt also keine äußeren Dinge
in der Art von Seiendem
Die Wahrnehmungen des individuellen Bewusstseins
erscheinen als Formen.

Die Getäuschten sehen Illusionen, Fata Morganas,
Städte magischer Geistwesen
und so weiter.
Formen werden auf die gleiche Weise wahrgenommen.[331]

Für Geldsetzer vertritt Nagarjuna einen besonderen Phänomenalismus. Sein Leerheitsbegriff erschöpfe sich auch nicht in einer „mittleren" Existenzweise, für Nagarjuna schließe er ein, dass die Erscheinungen nicht „auf objektive oder subjektive 'Träger' verweisen". Die Erscheinungen, das heißt, alles, was wir wahrnehmen, sind nicht Erscheinungen von etwas, von Dingen an sich, sie *werden weder durch einen Geist, noch durch ein subjektives Bewusstsein hervorgebracht, sie sind nichts außer der Sinneswahrnehmung,*[332] Phänomene wie ein Traum, eine Fata Morgana, ein Echo.

Wenn Geldsetzer Recht hat, wäre das ein fundamentaler Unterschied zum Phänomenalismus der Nur-Geist-Schule, den wir anschließend betrachten werden. Es sei, so Geldsetzer, „gerade der Grundgedanke der Lehre von der Leerheit, daß sie alle diese vermeintlich täuschenden bzw. rein subjektiven Phänomene völlig

331 Nagarjuna: Bodhicittavivarana – Erläuterung des Erleuchtungsgeistes. Frankfurt 2015, S. 13.

332 Siehe Geldsetzer, Lutz in Nagarjuna: Die Lehre von der Mitte. Chinesisch-Deutsch. Übersetzt von Lutz Geldsetzer. Hamburg 2010, S. 122.

gleichberechtigt in die Reihe aller übrigen Erscheinungen einordnet". Deshalb kann „es so etwas wie Täuschung gar nicht geben".[333]

Wer bringt die sinnlichen Wahrnehmungen und den, der sie wahrnimmt, hervor? Sie bringen sich gegenseitig hervor, denn sie „erscheinen in ständiger Kontinuität. Kontinuität aber bedeutet hier Wechsel vom Erscheinen zum Verschwinden. Da kann es keine Anfänge oder Enden, kein phänomenales Bestehen oder Vergehen, auch keine Einschnitte und Unterscheidungen geben." [334]

Falls ich diese Deutung richtig verstanden habe, behauptet dieser Phänomenalismus, es gibt nichts als Sinneswahrnehmungen, Sinneswahrnehmungen nehmen Sinneswahrnehmungen wahr, die nach den Regeln des Entstehens in Abhängigkeit auftauchen und verschwinden.

Aber gleich welchen Phänomenalismus Nagarjuna vertritt, keine Version ist plausibel.

Dass die Prajnaparamita einem dem Phänomenalismus analogen Fehler beging, habe ich schon erläutert, den der Gleichsetzung oder der Vermischung von Sprache und Erscheinungen, die ja unsere Alltagsrealität bilden. Dass Sprache im wörtlichen Sinn Dinge hervorbringt, braucht nicht ernsthaft diskutiert zu werden. Das ist eine Idee aus der magischen Kindheit der Menschheit, zu schön um wahr zu sein, dann könnten wir wirklich zaubern.

Ein analoger Fehler ist der phänomenalistische, in welchem Wahrnehmung und Erscheinung (= Alltagsrealität) gleichgesetzt werden.

IV.2.3.2.3 Was erlöst?

Irrtum als Ursache des Leids

Was ist für Nagarjuna die Ursache, der Grund, die Wurzel des Leids und weiß er einen klaren Weg zur Erlösung von ihm? Um es vorwegzunehmen, ich habe weder eine klare Erklärung für die

333 Ebenda, S. 127.
334 Ebenda, S. XI.

Ursache(n) des Leidens noch einen klaren Erlösungsweg bei Nagarjuna erkennen können.

Das 23. Kapitel des MMK thematisiert die Ursache oder Ursachen des Leidens.

Nach dem 1. Vers dieses Kapitels soll das Trio Leidenschaft, Hass und Verblendung der Vorstellung, *samkalpa*, entsprungen sein. Leidenschaft (Gier), Hass und Verblendung (Unwissenheit, Irrtum) sind wiederum bedingt durch Vorstellungen von rein, unrein, richtig und falsch.

Das Anhaften, *klesa*, an unheilsamen Wünschen und Einstellungen, wie dem Trio Gier, Hass und Verblendung oder der Eifersucht, dem Lügen und dem Zweifel, entsteht „durch Reines, Unreines und Irrtum; sie existieren nicht aufgrund eines Eigenseins. Deshalb haben die Anhaftungen keine wirkliche Realität."[335] (23,2)

Nagarjuna will uns hier wieder sagen, dass es das Eine ohne das Andere nicht gibt, und sie deshalb auch keine wirkliche Realität haben, weder Anhaften, noch Reines und Unreines, Wahrheit und Irrtum (siehe auch 23,6). Unklar ist noch, warum alle diese Phänomene überhaupt in der Welt sind.

Existieren sie unabhängig von einem erkennenden Subjekt? Wird es sich solcher Phänomene wie Gier, Hass, Rein und Unrein durch Benennung bewusst? Oder erzeugt ein Subjekt diese Phänomene, etwa durch Sinneswahrnehmungen, Vorstellungen, durch begriffliche Unterscheidung, also durch Benennen? Irrtum und Wahrheit existieren sicher nicht unabhängig von einem denkenden Subjekt, aber wie verhält es sich mit Rein und Unrein, Gier und Hass? Sind sie nur ein Produkt eines denkenden Subjekts?

In 23,7 heißt es, die Sinneswahrnehmungen, einschließlich des Denkens, bilden „die sechsfache Grundlage" für Leidenschaft (Gier), Hass und Verblendung (Irrtum). Nach der Interpretation von

335 Das 23. Kapitel des MMK hier immer zitiert nach Weber-Brosamer, Bernhard / Back, Dieter M.: Die Philosophie der Leere. Wiesbaden 2005, S. 85-88.

Geldsetzer sind die Sinneswahrnehmung die „ursprünglichen Wurzeln der drei Verführungen“[336] des Übels.

Aber laut 23,8 sind die Sinneswahrnehmungen, Gestalt, Laut, Geschmack (auch Begriffe) etc. „[von den Dingen] losgelöst“, nur „Vorstellungen“, nach 23,9 nur „Luftspiegelung“.

Und Nagarjuna fragt, wie Reines, Unreines und Irrtum entstehen können, wenn die Sinneswahrnehmungen Luftspiegelungen gleichen? In 23,10 die Antwort: „Das Reine existiert nicht unabhängig, [denn, um es zu erfassen] müssen wir uns das Unreine vor Augen führen. Weil das Reine [also] bedingt ist, deshalb kommt es nicht vor.“ Das Gleiche gilt nach 23,11 für das Unreine.

Vor Augen führen kann nichts anderes heißen, als es sich bewusst machen. Das Bewusst-Machen verlangt ein Benennen. Streng genommen heißt das nicht, durch das Benennen wird das Reine oder Unreine geschaffen, sondern eben nur, dass es dadurch bewusst wird. Da uns Nagarjuna aber im gesamten Kapitel keinen anderen Grund mehr für die Entstehung von Reinem und Unreinem liefert als das Sich-vor-Augen-führen müssen wir wohl annehmen, dass er dieses und damit das Benennen als Grund für Rein und Unrein ansieht. Benennen verlangt unterscheiden und schließt häufig ein Bewerten mit ein (in einem gewissen Sinn ist jedes Benennen ein Bewerten). Wir unterscheiden und bewerten meist mit Worten, deshalb spricht man beim Bewerten auch von begrifflichem Unterscheiden. Wir unterscheiden die Dinge nach verschiedenen Kategorien, wie groß, klein; schön, hässlich; nützlich, schädlich; gut, schlecht; angenehm, unangenehm usw. Schönes, Angenehmes wollen wir behalten, haften an ihm. Verlieren wir es, leiden wir, werden zornig oder traurig und gieren danach, es wieder zu erhalten. Also: Würden wir die Dinge, die Welt, das Leben, nicht bewerten, nicht denken, würden wir nicht leiden.

Die Vorstellung, begriffliches Unterscheiden sei die Ursache des Leidens und Nicht-Unterscheiden führe zum Heil, wird besonders

336 Geldsetzer, Lutz in Nagarjuna: Die Lehre von der Mitte. Chinesisch-Deutsch. Übersetzt von Lutz Geldsetzer. Hamburg 2010, S. 127.

im Zen-Buddhismus betont. Deshalb rückt in ihm das Nicht-Denken, die schweigende Meditation, in den Mittelpunkt der Erlösungspraxis.

Nagarjuna formuliert die Behauptung, dass das begriffliche Unterscheiden, und damit das Denken, die Ursache des Leidens ist, nach der Übersetzung Geldsetzers schon im Kapitel 18: „Erlösung kommt durch die Vernichtung von Karma und Anhaftungen. Karma und Anhaftung kommen aus unterscheidenden Vorstellungen, sie kommen aus der begrifflichen Entfaltung." (MMK 18.5)

Die Verse 23,15 bis 23,20 lassen sich so zusammenfassen: Wenn wir Auffassungen, Vorstellungen, Samkalpas, Denken aufgeben, realisieren wir, dass es weder Reines, Unreines, Wahrheit und Irrtum gibt, noch jemanden, der diese haben könnte.

Und aus „der Vernichtung der Irrtümer folgt, daß auch das Nichtwissen vernichtet wird; ist das Nichtwissen vernichtet, sind auch die Tatabsichten (*samskara*) usw. vernichtet" (23,23). Und damit die ganze 12-Gliedrige-Wiedergeburtskette, von der Nichtwissen und Tatabsichten die ersten zwei Glieder sind.[337] Was nichts anderes bedeutet, als die vollkommene Erlösung erreicht zu haben.

Der Irrtum, die Verblendung, die Unwissenheit ist letztlich der Glaube, dass etwas *nicht* in Abhängigkeit existiert und deshalb seine Auflösung nicht in unserer Macht steht. Der Leiden verursachende Irrtum ist, dass Gier, Hass und Unwissenheit unabhängig, „an sich", existieren und deshalb von uns, die wir auch nicht „an sich" existieren, nicht aufgegeben werden können. Indem wir den Geist zur Ruhe kommen lassen, geben wir diesen Irrtum auf.

Richtig ist auf jeden Fall, wenn der Geist zur Ruhe kommt, wenn wir nicht mehr denkend bewerten, keine begrifflichen Urteile mehr fällen, wir uns jenseits von Wahrheit und Irrtum befinden. Auch mögen wir in solchen Zuständen der Stille den Eindruck haben, dass wir auf irgendeine Weise nicht mehr sind, zumindest nicht mehr der Mittelpunkt des Universums, aber weil etwas in Abhängigkeit exis-

337 Siehe Weber-Brosamer, Bernhard / Back, Dieter M.: Die Philosophie der Leere. Wiesbaden 2005, S. 88, FN 114.

tiert, heißt das noch lange nicht, dass es in unserer Macht liegt, es aufzulösen.

Welche der vielen Unterscheidungen, der vielen Begriffe, sollen wir aufgeben? Alle? Wir brauchen doch die allermeisten, um uns mit anderen und, genauso wichtig, mit uns selbst zu verständigen. Über viele Dinge können wir uns nur klar werden, wenn wie sie 'auf den Begriff bringen'.

Im MMK 18,2 heißt es, der Adept muss nicht die ganze Begriffswelt aufgeben, um erlöst zu werden, es genügt „die Seelen-Idee zu verwerfen" und „Ich- und Mein(gedanken)" „stillwerden" zu lassen, so „wird man bescheiden und unegoistisch". Ohne Ich- und Meingedanken auch kein Ergreifen, *updadana*, einer Wiedergeburt.

Das klingt wesentlich einfacher, als alles begriffliche Unterscheiden aufgeben zu müssen, aber was ist mit rein, unrein, gut, böse usw.?

Absolute Wahrheit konkret

Nach dem Nagarjuna-Kommentator Candrakirti (6. Jhd.) genügt es nicht, die Nichtexistenz einer Seele, eines Selbst zu erkennen, so jemand würde die wirkliche Wirklichkeit der Daseinsgruppen, der *skhandas,* noch nicht verstehen. Deshalb „würden noch immer Anhaftung und die anderen (Leidenschaften) erzeugt; denn sie gehen aus dem" falschen Verständnis der *skhandas* „hervor, deren endgültige Natur (-nämlich die Leerheit-) er noch nicht erkannt hätte".[338] Also erst die fehlerfreie Erkenntnis der Leerheit, der absoluten Wirklichkeit, erlöst. Sie kann, wie wir wissen, nur mit Hilfe der konventionellen Wahrheit erkannt werden. Auch die Weisen müssen sich der konventionellen Sprache bedienen, evozieren deshalb beim Hörer die konventionelle Wirklichkeit, selbst wenn sie die letztliche meinen.[339]

338 Zitiert nach Gergin, Ulas: Das Konzept der Leerheit in der buddhistischen Erkenntnistheorie im Fünften Buch des uigurischen Goldglanzsutra (Altun Yaruk Sudur). Frankfurt am Main 2013, S. 141/142.

339 Siehe ebenda, S. 127.

Wie haben wir uns den Übergang von konventioneller zu letztlicher Wahrheits- und Wirklichkeitserkenntnis vorzustellen? Nun: Der Adept betrachtet die Welt mit der konventionellen Wahrheit, der des Entstehens in Abhängigkeit, er sieht und wird sich einer Welt voneinander abhängender Objekte bewusst. Von hier aus betrachtet er die Welt auf die absolute Wahrheit der Leerheit hin und die Objekte werden zu so etwas wie Schaumblasen, Zaubertrug, Flammenschein, Fata Morganas.

Hier ein konkretes Beispiel, welches Holm von Egidy in seiner Arbeit über Nagarjuna anführt. Nach Egidy sieht, wer einen roten VW Golf „korrekt in weltlicher Hinsicht erkennt", „auch eine Eigenexistenz, also dass da ein wirkliches Auto steht, das so und so ist" (Eigenexistenz, *shabava*, meint eigentlich nicht „wirklich", sondern etwas mit einem ewigen Kern). „Dann wird der Unterscheidungskomplex, durch den der rote Golf unterschieden ist und der Hinweis, wodurch auf den Golf Bezug genommen wird, aufgehoben. Das ist aber nicht so gemeint, dass gewissermaßen der rote Golf vom Bildschirm verschwindet, wie wenn man die Video-Kamera ausschaltet. Das Objekt verschwindet nicht aus dem Erkennen. Wenn das geschähe, hätte man zuviel negiert." Was macht man stattdessen? „Prozedural wird jeder Beobachtungsanteil Schritt für Schritt getilgt, ohne das Objekt zu verlieren, sondern es vielmehr schließlich ohne Differenzen zu haben, und d. h. seine Leerheit zu erkennen. Der Beobachter, also das Bewusstsein, 'ist' dann in dieser Erkenntnis die Leerheit des roten Golfs."[340]

Und das war's und lässt ein paar Fragen offen: Wie soll ich einen roten Golf ohne Differenzen, d. h. ohne Formen, Materialität und ohne Farbe wahrnehmen? Als ein luftiges Etwas, wie eine Fata Morgana, eine Schaumblase? Aber selbst die haben Formen, Farbe und Materialität, wenn auch blasse und verschwommene. Und: Das Bewusstsein *ist* ein roter Golf ohne Differenzen? Was soll ein rotes, differenzloses Golf-Bewusstsein sein? Golf und Bewusstsein jetzt

340 Egidy, Holm von: Beobachtung der Wirklichkeit. Differenztheorie und die zwei Wirklichkeiten in der buddhistischen Madhyamika-Philosophie. Heidelberg 2004, S. 223.

ein- und dasselbe? Die ewige existentielle Frage schließt sich hier an: Existiert der Golf (nun) unabhängig von meinem Bewusstsein oder nicht? Ist das Ganze nur eine autosuggestiv erzeugte Bewusstseinseinheit mit einem Objekt oder kann ich jetzt tatsächlich nicht mehr von diesem Golf überfahren werden, weil ich seine Substanzlosigkeit erkannt und verwirklicht habe und vielleicht sogar der Golf selbst bin?

An die von Egidy geschilderten, an filmische Traumsequenzen erinnernden, Wahrnehmungsmodi wird im Mahayana der Unterschied zwischen Arhats, Bodhisattvas und Buddhas festgemacht. Ein Buddha erkennt nämlich „alle Objekte beständig in beiden Arten ihres Bestehens“, er nimmt sie „ununterbrochen sowohl in ihrer konventionellen als auch in ihrer letztlichen Art direkt wahr. Zuvor ist einem dies nicht möglich. Die Arhats wie auch die Bodhisattvas sehen die Letztliche Wirklichkeit nur dann direkt, wenn sie sich auf sie konzentrieren, wobei sie dann aber die Konventionelle Wirklichkeit nicht sehen; und sie nehmen nur noch die Konventionelle Wirklichkeit, aber nicht mehr die Letztliche Wirklichkeit wahr, wenn sie, um für das Wohl der anderen Wesen tätig zu sein, aus dieser Konzentration heraustreten.“[341] So Lama Gonsar Tulku. Warum aber sollen solche Wahrnehmungsspielereien etwas mit Erlösung zu tun haben?

IV.2.3.2.4 Kritik

1. Unklare Ontologie

Der grundlegende Irrtum Nagarjunas ist die Vermengung von Sprache und Wirklichkeit, die sich in dem Schluss zeigt, begriffliche Abhängigkeit beweise sachliche. Weil ich den Begriff „rein“ nur zusammen mit seinem Gegenbegriff „unrein“ verstehe, heißt das nicht, dass es beide Dinge geben muss oder ‘an sich’ keinen von beiden,

341 Gonsar Tulku: Philosophische Grundlagen des Buddhismus 1. Die Vier Edlen Wahrheiten, Karman-Klesa-Avidya. Vorlesungen am Institut für Philosophie der Universität Frankfurt. Frankfurt am Main 2006, S. 31.

wie Nagarjuna folgert. Unabhängig davon, ob ich diese Begriffe kenne oder nicht, gibt es ‘reine’, wohltuende und ‘unreine’, giftige Nahrung.

Die Vermengung von Sprache und Wirklichkeit ist Ausdruck der ontologischen Unklarheit der ganzen Mahayana-Philosophie.

2. Unglaubwürdige Soteriologie

Die Prajnaparamita und Nagarjuna auf einen einfachen Nenner gebracht: Wenn ich erkenne, dass alle Phänomene, die Leiden verursachen, nicht mehr sind als Luftspiegelungen, hervorgebracht durch Vorstellungen, Begriffe, durch Denken, dann verschwinden die leidvollen Phänomene, einschließlich des Phänomens Ich, und ‘ich’ erfahre die Leerheit von allem.

Das bedeutet, dass Leid weder durch das Begehren noch durch die Vergänglichkeit, sondern durch das Bewerten der Objekte verursacht wird. Erst Bewerten schafft Begehren und vielleicht auch den Eindruck der Vergänglichkeit.

Denken, begriffliches Unterscheiden, Bewerten ist sicher eine Ursache für Gefühle und Emotionen, aber dass es nicht die ‘Wurzelursache’ sein kann, liegt auf der Hand:

Objekte, Ereignisse, bereiten Schmerzen und ziehen Leiden nach sich, auch wenn wir sie nicht denkend bewerten. Ein Unfall bereitet Schmerzen, der Verlust eines geliebten Menschen bereitet Leid, ohne dass wir diese Vorgänge begrifflich fassen müssen. Auch Tiere, Wesen ohne begriffliches Unterscheiden, sind gierig, zornig und leiden, beispielsweise wegen Hunger, Einsamkeit oder Unfreiheit. Dem ist so, weil nicht nur das Denken bewertet: Unsere biologischen Programme und unser Unbewusstes mit seinen gespeicherten Erfahrungen, bewerten unsere Umwelt pausenlos, auch wenn wir nicht denken.

Mit unserem Denken und Sprechen können wir unsere Psyche und auch andere lebende Wesen beeinflussen, aber längst nicht in dem Maße, dass wir dadurch leidfreie Wesen werden. Schon gar nicht können wir mit unserem Denken zaubern, die Dinge dieser

Welt im wörtlichen Sinn verändern. Schwefel wird nicht blau, wenn wir ihn uns blau denken.

Die Behauptung, es genüge, das Selbst aufzugeben, um erlöst zu werden, ist zumindest dunkel, um nicht zu sagen unsinnig. Würde es heißen, den Egoismus oder den Ich-, Seelenglauben aufzugeben? Der Glaube an eine Seele hat mit Egoismus bzw. Selbstlosigkeit erst einmal nichts zu tun. Atheisten glauben nicht an eine Seele, können aber egoistische wie auch selbstlose Menschen sein.

Nicht egoistisch zu sein, läuft im Buddhismus darauf hinaus, völlig gier- und trieblos zu sein. Das würde heißen, überhaupt keine Bedürfnisse mehr haben zu dürfen, ob künstliche oder natürliche. Bedürfnisse, auch „lebensnotwendige", bedeuten ja Gier, sie zu befriedigen, bedeutet Egoismus.

Absolute Selbstlosigkeit, keinerlei Ich- und Meingedanken, sind nicht einmal widerspruchsfrei zu denken, geschweige zu leben. Ist es nicht höchst egoistisch, nach Leidfreiheit zu streben? Wir können höchstens unvernünftige Egoismen aufgeben, aber leidfreie Wesen und auch noch der absoluten Wahrheit der Leerheit inne werden wir dadurch sicher nicht.

3. Unsinnige Zwei-Wahrheiten-Methode

Die Methode, von der konventionellen Wahrheit zur absoluten fortzuschreiten, kann im Mahayana nicht gelingen, denn es lehrt ja, dass es keinen Unterschied zwischen der Selbst- oder Kernlosigkeit der *skhandas,* des Abhängigen Entstehens und der angeblich höherstufigen Leerheit gibt. Ein- und derselbe Sachverhalt wird damit nur aus verschiedenen Perspektiven betrachtet und deshalb mit verschiedenen Begriffen benannt.

Sinn würde es ergeben, wenn die konventionelle 'Wahrheit', wie im Kanon, der Irrtum wäre, dass die *skhandas* einen Kern haben, dann wäre die Erkenntnis der Kernlosigkeit zwar keine höhere Wahrheit, aber zumindest die Erkenntnis der Wahrheit in dieser Frage.

Eine Methode, eine 'Logik', eine Lehre, welche glaubt, mit einem Jenseits von Sein und Nichts, Existenz und Nichtexistenz operieren zu müssen, ist schlicht und einfach eine unsinnige, die zugegebenermaßen nicht einmal die verstehen, die sie aufstellen. Dass das Nirvana und der Vollendete weder etwas Seiendes noch Nicht-Seiendes seien, ist nach dem Nagarjuna-Kommentator Candrakirti (7. Jhd.) von Niemandem zu verstehen, weder durch „empirische Erkenntnis" noch durch übernatürliches Wissen, *jnana*.[342] Auch der buddhistische Guru, der die Kritik seiner Schüler als Ausdruck geistiger Unreife, als ein „Klammern an Konzepten" zurückweist, verfügt über kein höheres Wissen, einfach, weil es keines gibt. Nur das Abhängige Entstehen birgt eines, wenn man die Kausalität leugnet, denn dann müssen die abhängigen Phänomene auf magische Weise zusammenfinden. Aber warum sollte dem so sein, wenn die Kausalität das 'Zusammenfinden' problemlos erklärt?

4. Unglaubwürdige Befreiung

Wegen fundamentaler ontologischer Unklarheiten kann das Mahayana einfache, aber „essentielle" Fragen nicht beantworten: Warum sollen die Wahrnehmung und Erkenntnis der Leerheit, wie immer sie sich darbieten, wie immer sie zu verstehen oder nicht zu verstehen sind, irgendeine Erlösungsrelevanz besitzen? Was soll daran leidmindernd sein, dass Gegenstände genauer betrachtet, in Zeitraffer oder mit entsprechenden Suggestionen, kernlos und wie Schaumblasen, wie Fata Morganas wirken?

Die in Versenkungszuständen gewonnenen Wahrnehmungsperspektiven, ob real oder, was höchstwahrscheinlich ist, auf Suggestion beruhend, ändern nichts an unserer Alltagssituation, in der es gasförmige, flüssige, weiche und feste Gegenstände gibt, in und mit denen wir leben müssen und die uns töten können. Ist es nicht grotesk zu glauben, unser ganzes Elend rühre von der Einbildung her, es gäbe ewige Kerne oder Substanzen?

342 Siehe Weber-Brosamer, Bernhard / Back, Dieter M.: Die Philosophie der Leere. Wiesbaden 2005, S. 99, FN 133.

Alle Phänomene sind nach der Leerheitskonzeption *dharma*-Bündel, welche sich nach den Regeln des Entstehens in Abhängigkeit bilden und sich irgendwann wieder auflösen müssen. Auch der personale Geist, das personale Bewusstsein, das ein Kontinuum von augenblickshaften Zuständen sein soll, so Lama Gonsar Tulku, ist ein temporärer, der, zur endgültigen Auflösung verurteilt, durch die Welten und Zeiten wandert. Dann braucht es nicht die Mühen des buddhistischen Weges, um leidfrei zu werden. Da Nirvana und Samsara identisch sein sollen, gilt, nichts Erlöstes kann nach den Auflösungsprozessen übrigbleiben, in welcher Seinssphäre auch immer. Nicht anders sieht es der Materialismus.

Der kleine Unterschied besteht in der Einschätzung der Lebensdauer eines Geist- oder Bewusstseinsbündels. Für den Materialismus überlebt es nicht den Tod eines lebendigen Organismus, was wir doch auch als Erlösung bezeichnen können.

Diesen Schluss zogen ja schon die Sarvastivadins, wie auch der bereits zitierte Mönch Yamaka, die behaupteten, dass Erlösung in einem endgültigen Erlöschen besteht, in einem „*nirvana* ohne Rest".[343] Keine attraktive Position für eine Religion, aber innerhalb ihres Theorierahmens die einzig folgerichtige.

Die Leerheitsphilosophie ist also an der großen Aufgabe, Wiedergeburt und Nirvana zu plausibilisieren, gescheitert. Gelungen ist ihr eine vertiefte Mystifizierung des ganzen Buddhismus und sie bediente sich dabei für diesen Zweck altbewährter Mittel: Abstrakter, verkürzender, damit mehrdeutiger, damit „tiefgründiger" Rede.

Diese Rede liegt auf der schon geschilderten Überbietungslogik von Tominaga Nakamoto: Will man nicht direkt ins Nichts springen, geht es begrifflich nicht höher hinauf als zur „absoluten Wahrheit" der „Leerheit".

Neben dem Wunsch, verehrter Verkünder oder zumindest Anhänger der höchsten Lehre zu werden, dürften ihre schon genannten tröstlichen Konnotationen ein Grund für die Beliebtheit der Leer-

343 Der XIV. Dalai Lama in Brück, Michael von: Weisheit der Leere. Wichtige Sutra-Texte des Mahayana-Buddhismus. München 2000, S. 13.

heitsphilosophie sein. Es ist, als wollte sie sagen: Du musst das Leben, das Ganze, nicht so ernst nehmen, die Mühsal, die Enttäuschungen, die Erniedrigungen, die ganzen Sorgen und Ängste, alles letztlich Illusion, Zaubertrug, Schaumblase, leer, nichtig, nichts, aber irgendwie auch Glückseligkeit.

Die Lehrentwicklung von leer zur Leerheit wird im Mahayana manchmal als die Zweite Drehung des Rades der Lehre bezeichnet. Aus Hinayana-Sicht war aber eine Drehung des Rades nie nötig, denn Buddha soll keine Geheimlehren hinterlassen haben, wie es das Mahayana behauptete, um, aus Hinayana-Sicht, seine eigenen Schöpfungen als Buddhawort auszugeben. Im A III, 32 sagt Buddha: „Die vom Vollendeten verkündete Lehre und Zucht, ihr Mönche, leuchtet offen, nicht im geheimen.“[344]

Wenn es schon keine Seele, keine ewige personale Bewusstseinsentität gibt, gibt es vielleicht eine andere Art von Geist, eine Art Allesgeist. Das wird die Nur-Geist-Lehre behaupten.

IV.2.4 Die Nur-Geist-Lehre

Die Nur-Geist-Lehre, Vijnanavada, die zweite große Richtung des Mahayana, soll im 4. Jahrhundert entstanden sein. Ihre bekanntesten Vertreter heißen Asanga und Vasubandhu. In Indien ist die Nur-Geist-Lehre im 11. Jahrhundert ausgestorben, sie lebt aber im tibetischen Buddhismus weiter, auch in China und Japan gibt es Schulen, die sich auf diese Richtung stützen, sie sind eindeutig dem sogenannten phänomenalistischen Idealismus zuzurechnen.

Für das Vijnanavada gibt es keine vom Geist wesenhaft verschiedene äußere Wirklichkeit, nur Geist bzw. Bewusstsein existiert. Was uns als Materie erscheint, muss also ein Aggregatszustand des Geistes sein.

Was ist Geist? Der Begriff *vijnanavada* verweist auf die 5. Daseinsgruppe, Pali *vinnana*, der gewöhnlich mit Bewusstsein übersetzt wird. Für die Nur-Geist-Schule ist Bewusstsein ein Teilbereich

344 http://www.palikanon.com/angutt/a03_124-133.html.

des Geistes, wenn auch der hauptsächliche. Im Abschnitt *Was gibt es und warum ist das wichtig?* habe ich schon darauf hingewiesen, dass im Mahayana mit Geist die Daseinsgruppen 2 bis 5 gemeint sind.

Nach dem tibetischen Lama Gonsar Tulku ist der Geist „dasjenige an den Fünf Gruppen, was klar und erkennend ist",[345] die Gegenstände erfasst, ihre Eigenschaften und ihre Beziehungen ermittelt und das sind eben die Gruppen oder Skhandas 2 bis 5, Gefühle,Wahrnehmungen, Wille, und Bewusstsein. „Klar" meint bei Gonsar, es ist frei von materiellen Eigenschaften (die es nach seiner, der Nur-Geist-Schule, eigentlich gar nicht geben kann).

Der Geist kann für die buddhistische Philosophie unter anderem nach seinen „Eigenschaften", „Tätigkeiten" „Kräften" und „Fähigkeiten" untergliedert werden. Entsprechend den Sinneswahrnehmungen kann das Bewusstsein eingeteilt werden in Sehbewusstsein, Riechbewusstsein usw. bis hin zum Denkbewusstsein.

Der Geist soll kein kompaktes, kein „festes und unauflösbares Stück" sein, sondern „eine Kontinuität, eine zeitliche Abfolge, ein Fluss, ein Strom der sich aus vielen jeweils gleichartigen, sehr ähnlichen Teilen zusammensetzt, aus in diesem Sinn kontinuierlich fortlaufenden Teilen".[346] Die buddhistische Philosophie weiß, nach Lama Gonsar Tulku, auch die Länge eines Geistaugenblicks genau, er dauert „eine sehr kurze Zeitspanne", nämlich das „Fünfundsechzigstel der Dauer des Klanges des Fingerschnalzens".[347]

Für die Nur-Geist-Lehre, ebenso wie für den westlichen phänomenalistischen Idealismus, ist die Annahme, dass äußere Objekte, zum Beispiel ein Apfel, die Sinnesorgane, zum Beispiel die Augen, reizen, eine Spekulation. Sicher sind für die Nur-Geist-Lehre nur die

345 Gonsar Tulku: Philosophische Grundlagen des Buddhismus 3. Tod und Wiedergeburt, Die Leerheit der Dinge, Analytische und Konzentrative Meditation. Vorlesungen am Institut für Philosophie der Universität Frankfurt. Frankfurt am Main 2006, S. 9.

346 Ebenda.

347 Gonsar Tulku: Philosophische Grundlagen des Buddhismus 2. Die Philosophie des Buddhismus, Die drei Kernpunkte des Weges. Vorlesungen am Institut für Philosophie der Universität Frankfurt. Frankfurt am Main 2006, S. 8.

Inhalte des Geistes und diese „sind unsere eigenen Geistesprodukte: Die Dinge, die wir zu sehen, fassen, riechen glauben, sind bloße Ideationen“,[348] Ideenprodukte.

Im Lankavatara-Sutra heißt es: „Es gibt keine sichtbaren (Objekte), die Außenwelt ist Geist, darum sieht man eine Vielfalt. Körper, Besitz und Umwelt sind nur Geist, so sage ich“ (LS 3,33).[349] Und: „Toren bilden sich ein, die Formenwelt (rupa) sei eine Zusammenballung von Qualitäten, Atomen oder Substanzen. Es gibt aber kein einziges noch so winziges Atom, und darum ist eine äußere Welt nicht vorhanden“ (Lsag 441). Und noch deutlicher: „Es gibt keine sichtbare Außen(welt), wie die Toren sich einbilden“ (Lsag 624).[350] Das ganze Universum ist nur Projektion unseres individuellen Bewusstseins, wie der Traum nur Projektion eines Träumers ist. Aber auch das individuelle Bewusstsein wird geträumt, ist nur ein Phänomen im Bewusstsein eines einzigen großen Bewusstseins.

Die Nur-Geist-Lehre setzt das große Bewusstsein, den großen Geist, gleich mit Soheit, Leerheit, Nirvana oder Essenz der Wirklichkeit. Sie enthält die vielen individuellen zeitlich begrenzten Ichs. Erlösung geschieht durch die Erkenntnis, dass das Ich-Bewusstsein eine Täuschung, eine Fata Morgana ist, was es Eins werden lässt mit dem großen Bewusstsein. Verblendet ist, wer sich darüber nicht im Klaren ist, das erzeugt Karma-Samen, „Vorstellungen von etwas in Wahrheit Unwirklichem“.[351]

Nun wird mit einer Idee operiert, die bis dahin in der buddhistischen Philosophie keine Rolle spielte, das sogenannte Speicherbewusstsein oder Grundbewusstsein, *alayavijnana,* vergleichbar dem Unbewussten der westlichen Psychologie. Beim Tod sollen nämlich die Karma-Samen in dieses Bewusstsein hinabsinken.

Buddhismusforscher vermuten, mit dieser Vorstellung sollte ursprünglich das Problem gelöst werden, wie ein Yogi wieder

---

348 Schumann, Hans Wolfgang: Handbuch Buddhismus. Kreuzlingen / München 2000, S. 205.

349 Zit. nach ebenda, S. 207.

350 Zit. nach ebenda.

351 Ebenda, S. 210.

Bewusstsein erlangen kann, der in den „Erreichungszustand des Auslöschens“ eingetreten ist, in dem es weder Vorstellung noch Empfindung gibt. Die Antwort lautete, weil es ein unberührtes Speicher- oder Grundbewusstsein gibt, das trotzdem weiterexistiert und das die „Samen der aktiven Bewußtseinsformen enthält“.[352] Die Vorstellung eines Grundbewusstseins stammt wahrscheinlich aus nichtbuddhistischen Kreisen in denen die Versenkungspraktik des „Auslöschens“ geübt wurde, so bei den Jainas.

Das Grundbewusstsein bot sich nun auch an, eine plausible Erklärung für den Wiedergeburtsprozess zu liefern. „So kam man dazu, das Alayavijnana als individuelles Substrat des Kreislaufes der Wiedergeburten, und sogar der Befreiung zu betrachten.“ Es diente auch „als Verbindung zwischen Werken und ihrer Auswirkung“ und „als Träger von Eindrücken (*vasana*) und Samen (*bija*) oder war selber ein Samen, künftiger Auswirkung. Es war die Grundlage des ‘Ich’-Gefühls … und das Prinzip, das, nach dem Tode, eine neue Existenz anfängt.“[353]

Im Mahayana entwickelte es sich damit zu einem Selbst, welches die karmischen Taten in Form von Samen aufbewahrt, über die verschiedenen Wiedergeburten trägt und Grundlage des Ich-Bewusstseins bildet.[354] Es wurde zu etwas, was der Buddhismus zwar leugnet, nämlich so etwas wie ein Selbst, „aber auf irgendeine Weise doch auch benötigt“ (Bronkhorst) um eine akzeptable Wiedergeburtstheorie anbieten zu können.

War das Grundbewusstsein, Alayavijnana, als Quasiselbst etabliert, war es nur noch eine Frage der Zeit, bis man den „Großen Geist“ als Selbst definierte. Schon im Nirvana-Sutra des Mahayana, nicht in dem des Kanons, wurde die Buddhanatur als „das wahre

352 Bronkhorst, Johannes: Die buddhistische Lehre. In: Der Buddhismus I. Die Religionen der Menschheit. Begr. von Christel Matthias Schröter, fortgef. von Peter Antes. Bd. 24.1, Stuttgart / Berlin 2000, S. 170.

353 Ebenda.

354 Siehe Bronkhorst, Johannes: Die buddhistische Lehre. In: Bechert, Heinz u.a. (Hrsg.): Der Buddhismus I. Der indische Buddhismus und seine Verzweigungen, Stuttgart 2000, S. 170.

Selbst“ bestimmt. In der englischen Übersetzung des Sutra heißt es: „The True Self of the Buddha-Nature is like the diamond, which cannot be crushed.“[355]

Der faschistische Zen Meister Hakuun Yasutani (1885-1973) erklärte dementsprechend, die Erleuchtung, Kensho, „ist die unmittelbare Erkenntnis, dass Sie mehr sind als dieser kümmerliche Körper und dieser begrenzte Verstand. Negativ ausgedrückt, ist es die Vergegenwärtigung, dass das Weltall nicht außerhalb von Ihnen besteht. Positiv gesagt, erleben Sie das Weltall als sich selbst.“[356]

Damit gelangte der Buddhismus wieder an den vom kanonischen Buddhismus bestrittenen Ausgangspunkt der Entwicklung, dass es ein Selbst, *atman*, gibt und dass dieses mit dem Ganzen, der Weltseele, dem großen Geist, *brahman,* identisch ist.

Diese verheißungsvolle Behauptung erfreut sich unter Anhängern mystischer, sogenannter nondualistischer Weltbilder, großer Beliebtheit, vor allem in der hinduistischen Variante namens Advaita-Vedanta.[357] Auch wird sie nicht selten durch Erfahrungen „bestätigt“, denn das Erleben der Einheit von Ich und All geschieht relativ häufig, ist aber einfach erklärbar: als Regression, Rückgang, in ein Einheitserleben im Mutterbauch und als Abkömmling der sexuellen Vereinigungserlebnisse. Mystische Vereinigungserlebnisse, wie auch solche die durch Drogen ausgelöst werden, verstehen Neurobiologen als ein Nebenprodukt der entwicklungsgeschichtlich vorausgehenden sexuellen Vereinigungserlebnisse.[358]

Bei sexueller Betätigung wie bei Drogeneinnahme belohnt uns das Gehirn mit Einheits- und Geborgenheitsgefühlen. Auch „einspitzige“ Meditation, holotropes Atmen und andere Trancemethoden verhelfen zur „Alleinheit“. Diese „mystischen“ Vereinigungserlebnisse versteht der Erlebende als eine grandiose Statuserhöhung,

---

355 http://webzoom.freewebs.com/nirvana-sutra/convenient/Mahaparinirvana_Sutra_Yamamoto_Page_2007.pdf, S. 103.

356 Loy, David: Nondualität. Frankfurt am Main 1988, S. 54.

357 Siehe dazu Näheres in Alfred Binder: Mythos Zen. Aschaffenburg 2009.

358 Siehe Fischer, Peter: Philosophie der Religion. Göttingen 2007, S. 133.

zugleich entlasten sie ihn von Ängsten vor Schicksalsschlägen, vor allem von der Angst vor dem Tod.

Der kanonische Buddha weist aber die Vorstellung eines Ichs im Sinne der Gleichung, Welt und Selbst sind eins, ausdrücklich zurück. Aus dem Blickwinkel des Hinayana ist diese Gleichung die größtmögliche Ketzerei. Buddha lehnt sie im Kanon sogar wortwörtlich ab. In M 22.I.136 sagt er: „Da sieht der wohlbelehrte edle Anhänger auch diesen Glaubensatz: 'Welt und Selbst sind eins, das werde ich nach dem Tode sein, beständig, dauernd, ewig, dem Wandel nicht unterworfen, ewig gleich werde ich so bestehen bleiben', also an: Das gehört mir nicht, das bin ich nicht, das ist nicht mein Selbst."[359] Zu der Behauptung der Upanischaden, Welt und Selbst seien eins und deshalb werde ich nach dem Tode ewig sein, sagt Buddha also, ein solches Selbst gehört mir nicht, habe ich nicht, bin ich nicht. Dem Menschen, der den Erlösungsweg gehen will, rät Buddha nach S 35,30 IV.23: „Er wähnt sich nicht als das All, wähnt sich nicht im All, wähnt sich nicht aus dem All, wähnt nicht: 'Mein ist das All'."[360]

Buddha soll auch der Ansicht gewesen sein, dass „die Welt für jeden nur dann existiert, wenn sie Inhalt seines Bewusstseins (vijnana) geworden ist",[361] aber er setzte voraus, dass die Objekte, die der Mensch wahrnimmt, tatsächlich existieren, „denn die Sinnesorgane können nur mit Formen, Tönen usw. in Berührung treten, die als äußere Gegebenheiten vorliegen".[362] Buddha lehrte also den sogenannten indirekten Realismus, wonach unsere Sinnesorgane und unser Gehirn mehr oder minder treue Widerspiegelungen der Außenwelt erzeugen, aber nicht den Phänomenalismus der Nur-Geist-Lehre, wonach eine Außenwelt gar nicht existiert.

Auch Nagarjuna lehnte die Nur-Geist-Lehre ab, aber nicht deren Phänomenalismus. Obwohl er ungefähr ein Jahrhundert vor der Ent-

359 Scheel, Theodor: Das Nicht-Selbst. Stammbach / Herrnschrot o.J., S. 60.

360 Zit. nach ebenda, S. 118.

361 Schumann, Hans Wolfgang: Handbuch Buddhismus. Kreuzlingen / München 2000, S. 204.

362 Ebenda, S. 205.

stehung der Nur-Geist-Lehre gelebt haben soll, polemisiert er gegen sie. Für Nagarjuna waren Grundbewusstsein, Bewusstsein und Geist etwas Illusorisches und Flüchtiges. Nach Interpretation des Übersetzers von Nagarjunas *Bodhicittavivarana*, Christian Lindtner, muss man die Verse 26-56, das sind 31 von 112, als Widerlegungen der Grundlagen der Nur-Geist-Lehre verstehen.[363]

Der materialistische Philosoph Mario Bunge sieht das Hauptproblem der Geistphilosophien in ihrer Unfähigkeit, uns zu sagen, was Geist überhaupt sein soll. Sie haben weder eine Theorie noch eine Definition des Geistes. „Allenfalls wird gesagt, was der Geist nicht ist, nämlich nicht materiell, nicht räumlich, nicht lokalisierbar usw."[364] Ähnliches äußerte sogar schon Nagarjuna in seiner Argumentation gegen die Nur-Geist-Lehre. Vers 40 und 41 in seinem *Bodhicittavivarana* lauten:

Geist ist bloß ein Name
Er ist nichts jenseits dieses Namens.
Auch Bewusstsein ist nur ein Name.
Der Name selbst hat keine eigene Natur.

Die weisen Lehrer des Jainismus
fanden keinen existierenden Geist,
weder innen noch außen
noch zwischen den beiden.
Geist ist illusorischer Natur.[365]

Bunge meint, Geistphilosophen, Idealisten, können vor allem nichts zur Erklärung der Phänomene der Welt beitragen, sie haben „für jedes Problem bereits eine Antwort parat: Die 'Tätigkeit' des immateriellen Geistes. … Doch etwas, das alles erklärt, erklärt nichts."[366]

Unabhängig von der Frage, was Geist sein soll, wirft das phänomenalistische Seinsmodell viele Probleme auf. So die Frage, in

363 Siehe Lindtner, Christian in Nagarjuna: Bodhicittavivarana – Erläuterung des Erleuchtungsgeistes. Frankfurt am Main 2015, S. 6.
364 Bunge, Mario / Mahner, Martin: Über die Natur der Dinge. Stuttgart 2004, S. 145.
365 Nagarjuna: Bodhicittavivarana – Erläuterung des Erleuchtungsgeistes. Frankfurt am Main 2015, S. 18.
366 Bunge, Mario / Mahner, Martin: Über die Natur der Dinge. Stuttgart 2004, S. 146.

welcher Form die Menschen existieren, die ich wahrnehme: Sind sie nur von mir erzeugte Sinneswahrnehmungen bzw. Bewusstseinsphänomene oder eigenständige Personen mit eigenem Bewusstsein, die selbst Sinneswahrnehmungen erzeugen? Sind sie eigenständige Personen, würden sie für mich zur Außenwelt gehören, und die abgelehnte realistische Situation wäre wieder hergestellt. Existieren sie nur in meinem Bewusstsein, unterhalte ich mich, wenn ich mich mit jemandem unterhalte, immer nur mit mir selbst (obwohl ich die Gedanken des eingebildeten Partners nicht kenne). Wer kann das ernsthaft glauben?

So seltsam es klingen mag, der Phänomenalismus wirft auch die Frage auf, ob die Dinge, die ich wahrnehme, eine Rückseite haben, denn er bedeutet ja, dass immer nur existiert, was ich zurzeit wahrnehme. Eine Rückseite der Dinge nehme ich in der Regel aber nicht wahr. Auch müsste ich meine Wohnung, wenn ich sie verlasse, nicht abschließen, denn in dem Moment, indem ich ihr den Rücken kehre, muss sie zu existieren aufhören. Und genau genommen kann die Welt erst existieren, seitdem ich existiere und alle Zeugnisse der Vergangenheit müssen Täuschungen sein. Schlussendlich zieht der Phänomenalismus einen endlosen Skeptizismus nach sich. Auch der große Träumer könnte nicht sicher sein, dass er nicht auch ein Traum im Traum eines noch größeren Träumers ist.

Dem Phänomenalismus liegt die Verwechslung von Existenzwahrnehmung und Existenzbeweis zugrunde. Eine Existenzwahrnehmung sagt uns noch nicht, wie das Wahrgenommene wirklich ist, beziehungsweise, was hinter ihm steckt. Ähnlich wie es noch nicht bewiesen ist, dass ein Mensch ein Dieb ist, weil ich gesehen habe, dass er jemand anderem eine Geldbörse entriss und mit dieser flüchtete. Er könnte auch der Besitzer der Geldbörse gewesen sein.

Um zu beweisen, dass etwas nur als Sinneswahrnehmung existiert, benötige ich eine Theorie von dem Dasein der Dinge, die alle Wahrnehmungsereignisse dieser Welt plausibel erklärt. Der Phänomenalismus ist keine solche Theorie, wie die angeführten Einwände zeigen.

Auch unter soteriologischem Gesichtspunkt kann man die Nur-Geist-Lehre nicht gerade befriedigend nennen. So wie sich ein Wassertropfen im Ozean auflöst, löst sich nach dieser Lehre mein individuelles Bewusstsein im Ozean des Geistes auf. Mich mit buddhistischen oder anderen Erlösungspraktiken zu quälen, würde nur bedeuten, meine unvermeidliche Selbstauflösung zu beschleunigen.

IV.2.5 Tantrayana

IV.2.5.1 Geschichte

Das Tantrayana, der Weg des Tantra, wird auch Vajrayana, diamantenes Fahrzeug, genannt.

Es begann sich im 2. Jahrhundert in Indien aus außervedischen, schamanistischen Praktiken zu entwickeln. Sie fanden zuerst Eingang in den Brahmanismus und dann in das Mahayana. Das Tantrayana ist in der Praxis eine polytheistische Religion, auch wenn die Götter, Yidams, als eigene Projektionen betrachtet werden können. Seine Philosophie kombiniert Leerheits- und Nur-Geist-Lehren.

Der Tantrayana verbreitete sich vor allem in Tibet und der Mongolei, aber auch in anderen buddhistischen Ländern. Eine der größten japanischen buddhistischen Sekten ist die tantrische Shingonshu, die im 9. Jahrhundert gegründet wurde. In Tibet sickerte der Buddhismus, schon in tantrischer Form, ab dem 7. Jahrhundert ein. Er wurde mit lokalen schamanistischen Praktiken angereichert, so dass der tibetische Buddhismus seine ganz eigene abergläubische Färbung erhielt.

IV.2.5.2 Praktiken

Im Tantrismus wird mit schamanistischen, okkulten, esoterischen, mit einem Wort, abergläubischen Praktiken versucht, die Erlösung, aber auch weltliche, materielle Vorteile, zu erlangen. Der Adept unterzieht sich verschiedenen Initiationen, übt magische Praktiken aus und hofft, übermenschliche Kräfte zu erwerben. Eine außerordentlich appetitliche Praktik ist das Trinken des Urins und das Essen des Kots eines Gurus. Besonders begehrt sind die Ausscheidungen des jeweiligen Dalai Lamas. Weniger gewohnheitsbedürftige Praktiken sind exzessive Sutrenrezitationen und Visualisierungen. Wer sich selbst als Buddha visualisiert, soll dadurch seine Buddhawerdung unterstützen. Andere häufig verwendete Hilfsmittel waren und sind Mantras, Mandalas und Mudras.

Mantras sind Wörter und Silben, die keine oder kaum eine Bedeutung haben, vergleichbar unseren Zaubersprüchen Abrakadabra und Hokus Pokus. Das beliebteste tibetische Mantra lautet *om mani padme hum.*

Ein Mandala ist eine „Darstellung eines bestimmten kosmischen Raumes. Oft repräsentiert es die Wohnstätte einer Gottheit oder das Land eines Buddha."[367] Ein Mandala gibt diesen Raum in Miniatur wieder, so wie eine Modelleisenbahn eine Landschaft.

Mudras sind Gesten der Hände und Füße mit symbolischer Bedeutung. Sie finden sich schon im klassischen indischen Tanz. Im Tantrismus werden ihnen bestimmte Wirkungen zugesprochen und deshalb werden sie rituell eingesetzt.

Als die Tibeter und die Chinesen den in Indien entwickelten Tantrismus übernahmen, stellte sich die Frage, ob die Mantras ihre Kraft verlieren, wenn sie übersetzt werden. Diese Frage stellt sich heute noch bei westlichen Buddhisten, auch bei der Rezitation der Sutren. Westliche Zen-Buddhisten rezitieren sie gerne auf Japanisch, obwohl sie dieser Sprache nicht mächtig sind.

IV.2.5.3 Die 3-Körper-Lehre

Im Tantra spielt die sogenannte 3-Körper-Lehre, *trikaya,* eine wichtige Rolle. Damit wir Menschen besser verstehen, was Buddhananatur ist, wird sie in drei Körper unterteilt, so die offizielle Begründung dieser merkwürdigen Lehre.

367 Freiberger, Oliver / Kleine, Christoph: Buddhismus. Göttingen 2011, S. 217.

Auch für sie gibt es Anknüpfungspunkte im Kanon. Nach dem Buddhismusforscher Hans Joachim Klimkeit kommen „in den verschiedenen Schichten der Erzählungen vom Verscheiden des Buddha … unterschiedliche Konzeptionen“ über die Natur des Buddhas „zum Ausdruck“. So die orthodoxe Konzeption, Buddha sei zwar ein großer Lehrer, aber eben nur ein sterblicher Mensch. Die orthodoxe Konzeption gibt Lamotte wieder, wenn er schreibt, die körperliche Gestalt des toten Buddha ist für Götter und Menschen „unsichtbar“, und „nutzlos“ wäre es, „irgendwo nach ihr zu suchen“. Sein „wahrer Körper“ ist „bildlich gesprochen“,[368] die Lehre, unabhängig von der Zeit, unabhängig davon, ob sie gehört wird. Seine Anhänger verehren also, im Idealfall, nicht die Person, sondern die Lehre. Sie verehren die Person für die vollkommene Vermittlung der Lehre und als ihre vollkommene Personifikation.

In den Sterbeerzählungen wird aber auch schon eine verklärende Konzeption sichtbar, nach der Buddha ein transzendentes, übernatürliches Wesen gewesen sei. Es finden sich hier „schon Ansätze der im Mahayana voll ausgebildeten ‘Drei-Körper-Lehre’“. Das „eigentliche Wesen des Buddha“ ist demnach „transzendent, geistig … das Wesen seiner Lehre. Folglich wird vom transzendenten ‘Leib der Lehre’ (*dharmakaya*) gesprochen. Davon ist jener in der Meditation sichtbare Körper unterschieden, der in der geistigen Anschauung ‘genossen’ wird und folglich auch ‘Genuß-Körper’ (*sambhogakaya*) heißt. Schließlich nimmt der Buddha aber auch einen irdischen Leib an, und dieser wird als ‘Verwandlungskörper’ (*nirmanakaya*) bezeichnet.“[369]

Nach dem Nirvana-Sutra soll „die Essenz des Selbst“, „das wahre Selbst“ des Thatagatgarbha sein, was Buddha-Embryo bedeutet und wiederum ein anderes Wort für Buddhanatur ist. Kein Wesen

368 Siehe Lamotte, Etienne: Der Buddha, Seine Lehre und Seine Gemeinde, in: Bechert, Heinz / Gombrich, Richard (Hrsg.): Der Buddhismus. München 1984, S. 44.

369 Klimkeit, Hans-Joachim: Die Heilsgestalten des Buddhismus. In: Bechert, Heinz u.a. (Hrsg.): Der Buddhismus I. Der indische Buddhismus und seine Verzweigungen, Stuttgart 2000, S. 231.

soll ohne dieses Selbst sein, welches „keinen Tod kennt“.[370] Mit anderen Worten: Leerheit = Geist = Buddhanatur = das wahre Selbst.

Dass diese Lehre nicht wirklich mit der *shunyata*-Lehre kompatibel ist, wird an ihrer Entwicklung deutlich. In der Tathagatagarbha-Tradition wurde die Vorstellung ausgebildet, alle Lebewesen tragen die eigene Buddhaschaft in einer verhüllten Form schon immer in sich. Verhüllt wurde sie durch äußerliche Verunreinigungen, durch Leidenschaften, durch Verblendung, *klesa*.[371] Reinigt sich der Adept wird der Buddha-Embryo, das Thatagatgarbha, zum *dharmakaya,* zum „Körper der Lehre“ mit den vollkommenen Eigenschaften eines Buddhas. „In ihrem Wesen sind also Tathagatagarbha und Dharmakaya identisch. Dazu kommt, daß der Tathagatagarbha als etwas wirklich Bestehendes dargestellt wird. Es handelt sich hier tatsächlich um eine höchste Wirklichkeit, die mit der Lehre von der universalen Leerheit von Hause aus nichts zu tun hat.“[372] Denn, so muss man vielleicht hinzufügen, die Buddhakörper sind quasi Dinge, Kerne, die in jedem existieren und sein wahres Selbst sein sollen.

Die Unvereinbarkeit der Tathagatagarbha-Lehre, als einer Lehre von einem wahren Selbst, mit der *shunyata*-Lehre wurde abgeschwächt, indem man behauptete, die Tathagatagarbha-Lehre „sei nicht definitiv, sie sei interpretationsbedürftig (*neyartha*), nicht wörtlich so gemeint (*nitartha*)“.[373] So der Buddhologe Johannes Bronkhorst.

370 Siehe https://de.wikipedia.org/wiki/Buddha-Natur.

371 Siehe Bronkhorst, Johannes: Die buddhistische Lehre. In: Bechert, Heinz u.a. (Hrsg.): Der Buddhismus I. Der indische Buddhismus und seine Verzweigungen, Stuttgart 2000, S. 165.

372 Ebenda.

373 Ebenda, S. 166.

IV.2.6 Resümee

Im Buddhismus wohlgesonnenen Darstellungen wird der Buddhismus als ein organisches Ganzes behauptet. Zwar nicht fix und fertig vom Meister hingestellt, wie es Theravada-Anhänger glauben, aber im Laufe der Geschichte seien Lehre und Praxis zu etwas ganz Vollständigem und Rundem gewachsen; so als hätten Baumeister vieler Generationen an einem wunderbaren Palast gearbeitet. Im Grunde, so heißt es in solchen Darstellungen, gibt es gar keine verschiedenen buddhistischen Lehren, die verschiedenen Schulen haben die eine Lehre nur verfeinert und vertieft.

Allein schon geografische Gründe sprechen gegen ein solches Bild. Viele buddhistische Gemeinden waren von Anfang an isoliert, wussten nichts von den Entwicklungen anderer Gemeinschaften. Sie reagierten wohl eher auf die jeweiligen Konkurrenzreligionen. Das gilt auch und insbesondere für das Mahayana. „Es wäre ein großer Fehler, zu denken, alle Buddhisten haben immer der inneren Konsistenz ihrer Vorstellungen nachgestrebt." Erst spätere Denker versuchten, die vielen „Vorstellungen in ein Gesamtbild zusammenzufassen".[374]

1. Heillose Ontologie

Das grundlegende Problem mit der Philosophie des Mahayana ist ihre unklare Ontologie, eine Philosophie des Werdens ohne Substanz, mit kernlosen Entitäten, von denen man weder sagen kann, dass sie sind, noch dass sie nicht sind. Vielleicht aber nicht einmal eine Werdensphilosophie, da nichts kommt und geht, entsteht und vergeht. Vielleicht ist das, was da nicht kommt und nicht geht, Geist, was immer das sein soll, vielleicht auch nicht.

Genauso unklar ist das Verhältnis von Sprache, Sinneswahrnehmungen und Wirklichkeit: Beeinflusst, bestimmt oder erschafft gar

374 Bronkhorst, Johannes: Die buddhistische Lehre. In: Bechert, Heinz u.a. (Hrsg.): Der Buddhismus I. Der indische Buddhismus und seine Verzweigungen, Stuttgart 2000. S. 163.

die Sprache die Sinne und / oder deren Inhalte, Objekte? Existieren die Inhalte, z. B. Tisch, Stuhl und Bett, tatsächlich nur in einem Bewusstsein und wenn ja, in welchem, in meinem oder z. B. in dem meines Nachbarn? Und bringt nur das Bewusstsein, kraft seines Vermögens zu unterscheiden, alles Leid dieser Welt hervor?

Wie ist die zum Teil tödlich harte Konsistenz der Welt zu erklären, die doch eigentlich wie Schaumblasen, eine Fata Morgana, ein Zaubertrug sein soll? Warum stechen Nadeln und können wir durch einen Hammerschlag auf den Kopf getötet werden? Erzeugen wir durch begriffliches, dualistisches, konzeptionelles Denken tatsächlich eine Realität, welche die Konsistenz von Stahl und Beton hat? Dann verfügen wir, ohne es zu wissen, tatsächlich über magische, über gottgleiche Fähigkeiten. Warum aber leiden und verletzen sich auch Wesen, die zu einem konzeptionellen Denken gar nicht fähig sind, wie wahrscheinlich alle Tiere?

Fragen wir Anhänger des tibetischen Buddhismus, ob Bodhisattvas, Dhakinis und böse Mächte wirklich existieren, lautet die Antwort häufig: Du kannst diese Wesen auch als Bilder deiner Psyche verstehen. Das klingt zwar schön tolerant, würde aber einen erheblichen Unterschied machen und war nicht eigentlich unsere Frage. Diese Antwort ist auch Folge und Ausdruck der unklaren Ontologie der Mahayana-Philosophie.

2. Unmögliches und notwendiges Selbst

Wie auch das nichtbuddhistische Samkha-Yoga und die Jainas, vertrat der Früh- und Theravada-Buddhismus eine dualistische Ontologie. Nach ihr zerfällt die Welt in eine leidvolle materiell-sinnliche und eine leidfreie (geistige?) Sphäre und wie für alle damaligen indischen Lehren, war es auch für den Buddhismus die Gier, welche die fühlenden Wesen an die leidvolle materiell-sinnliche Welt kettet. Da es aber für den Buddhismus kein Selbst geben sollte, stellte sich die Frage, was wird da erlöst und wie und wo soll das unbegreiflich Erlöste sein? Bei dem Versuch, diese Frage zu beantworten, hat sich die Mahayana-Philosophie, „so scharfsinnig sie im einzelnen sein mag, schon fast bis zur Selbstentäußerung“ an die brahmanische Seite „angeglichen“.[375] Die Angleichung bestand in der wachsendenden Gleichung: Tiefe = Unermesslichkeit = Leerheit = Tathagata = Buddhanatur = Speicherbewusstsein = Geist = Selbst.

Für die Madyamika-Schule des Mahayana verlangte Erlösung die Erkenntnis der Leerheit der Welt (von unzerstörbaren Entitäten), für die Vijnanavada-Schule verlangte sie zusätzlich die Erkenntnis, dass alle Trennungen Täuschung sind und die ganze Welt das Spiel eines einzigen großen Geistes. So gesehen erklärten Madyamika und Vijnanavada den Frühbuddhismus für prinzipiell falsch, für den es ja gerade darum ging, die Trennung zu vervollkommnen. Vereinfacht gesagt: Im Hinayana wird Erlösung angestrebt mittels Distanzierung von allem, was ist, im Mahayana mittels Identifizierung mit allem, was ist. Damit kehrte das Mahayana endgültig zum All-Selbst der Upanischaden zurück, das der kanonische Buddha ausdrücklich ablehnte.

Indem das Mahayana Samsara und Nirvana zu den zwei Seiten ein- und derselben Medaille erklärte, rehabilitierte es allerdings die sinnliche Welt. Sie war damit nicht mehr nur ein widerwärtiger Begierdensumpf, den es so schnell wie möglich auszutrocknen galt, aber der Weg zur Erlösung, zur befreienden Leerheitserkenntnis wurde dadurch nicht klarer.

Für das Mahayana ist die Erkenntnis der Leerheit erlösungsentscheidend, aber warum wegen ihr alles Leiden überwunden sein soll, kann es nicht plausibilisieren. Und der paradoxe Geist der Vijnanavada-Philosophie, ein Selbst, welches kein Selbst sein darf, wirkt wie ein dem Buddhismus hinzugefügter Fremdkörper.

Eine Weltinterpretation, die in allen fundamentalen Fragen so nebulös bleibt, wie der Buddhismus, kann auf Dauer nicht helfen. Eine solche Interpretation vermittelt keine tragfähige psychische Sicherheit und nötigt deshalb zum Sprung in den Glauben: Alles Trübe, Unverständliche, Unvereinbare wird sich irgendwann restlos auflösen und bis dahin helfen dir übernatürliche Wesen.

375 Schneider, Ulrich: Der Buddhismus. Darmstadt 1997, S. 187.

3. Eine klare Ontologie

Haben die antiken griechischen Materialisten die Sache mit dem Entstehen und Vergehen nicht besser erfasst, als die Mahayana-Philosophen? Der Grundsatz ihrer Ontologie lautete: Aus nichts kann nichts werden, und etwas kann nicht zu nichts werden; deshalb muss Seiendes ewig sein, aber keines der von ihm hervorgebrachten Gebilde. Bei Epikur (3. Jhd. v.u.Z.) findet sich auch eine kurze Begründung für diesen Grundsatz. Er benötigt für sie keine breiten begrifflichen Analysen über Entstehen, Gehen und Vergehen, die letztendlich wertlos sind, weil in ihnen Begriff und Sache heillos vermischt werden.

Epikur schreibt an Herodotos: „Erstens: Nichts wird aus dem Nichtseienden. Denn sonst würde Alles aus Allem werden, ohne daß es eines Samens bedürfte. Und wenn das Verschwindende ins Nichtseiende unterginge, dann wären schon alle Dinge zugrunde gegangen, da das, worin sie sich auflösten, nichts wäre.“[376]

Also Substanzontologie? Ja.

Die oben zitierte Kritik Goppolds an den westlichen Substanzontologien unterstellt, sie würden behaupten, es gäbe ein „unverrückbar Daseiendes“, ein „statisches Sein“ und einen „Prozess der Erzeugung von Existenz“. In Wirklichkeit gäbe es ein unfassbares Werden, woraus folgt, dass es kein „statisches ontologisches Substrat“ brauche.

Veränderung, Bewegung ist eine Eigenschaft von etwas, wo nichts ist, kann sich nichts bewegen, verändern, kann nichts werden. Deshalb muss in jeder Ontologie der *Begriff* Substanz logisch dem *Begriff* Bewegung vorgeordnet sein. In der Sache scheinen sie aber zusammenzufallen, Substanz scheint es nicht ohne Bewegung zu geben, damit ist sie ein Kennzeichen für Seiendes.

So wie es keine Substanz ohne Eigenschaft gibt, und keine Eigenschaften ohne Substanz, wir trennen sie nur begrifflich, so gibt es keine Substanz ohne Veränderung und keine Veränderung

376 Epikur: Brief an Herodotos. Zit. nach Voit, Ludwig (Hrsg): Lesebuch der Antike. Bd. 2, Griechischer Hellenismus und römische Republik, o.J., S. 97.

ohne Substanz. Eine Substanzontologie ist deshalb immer auch eine Flussontologie. Eine Ontologie, die, wie die buddhistische, ohne Substanz auskommen möchte, ist eine unsinnige. Auch die von Esoterikern gerne zitierte Quantenphysik kommt nicht ohne Substanz aus.

Es gibt aber tatsächlich Dinge, die sich nicht ändern, nämlich sogenannte ideelle, man kann auch sagen, fiktive Dinge. Das sind Dinge, die der Mensch schafft, konstruiert, so Begriffe und Zahlen. Ein Baum oder Pferd verändert sich, der Begriff Pferd oder die Zahl 3 verändern sich nicht, wachsen und sterben nicht, so wird die Zahl 3 nicht zur Zahl 4 und das Wort Baum nicht zum Wort Pferd. Ich kann diese Begriffe nur austauschen und zu einem Pferd „Baum“ sagen, was Pferd und Baum aber völlig gleichgültig lässt.[377]

4. Leerheit und Quantenphysik

Wie viele Esoteriker und manche Buddhisten, glaubt auch der zitierte Andreas Goppold in der Quantenphysik eine Bestätigung für die „Transkategorialität“ des Werdens zu finden. Er glaubt sogar, die moderne „formale Logik“ bestätige Nagarjunas *shunyata*-Begriff. Die Quantenphysik würde auf Realitäten hinweisen, „die unsere bekannten Kategorien des objektiven und subjektiven Seins hinter sich lassen“. Auch „unsere Begriffssysteme“ seien „darüber hinausgekommen. Die formale Logik und Mathematik, wie sie mit Leibniz als einem der großen Urheber gegeben ist, ist ein Symbolismus, der auf seine Weise etwas macht, was Nagarjuna vorweggenommen hat. Die formalen Sprachen der Logik operieren mit ihren Zeichen rein auf der Basis der Erscheinung des Zeichens, völlig unbeachtet einer Bedeutung des Zeichens. Nagarjuna hat mit seiner Logik der Leere etwas vorweggenommen, das die Erscheinungen der phänomenalen

377 Siehe Bunge, Mario / Mahner, Martin: Über die Natur der Dinge. Stuttgart, 2004, Kap. 2.2.

Welt genauso inhaltsleer und bedeutungslos macht, wie die logischen Symbole der formalen Sprachen inhaltsleer sind."[378]

Dass die formalen Sprachen der Logik mit Zeichen rein auf der „Basis der Erscheinung des Zeichens" arbeiten, ist doppelter Unsinn. 1. Zeichen erscheinen nicht wie Sterne am Himmel, auch nicht im Geist, sondern sind von uns Menschen geschaffen, sind tatsächlich gedankliche Konzepte, mit denen wir die Wirklichkeit besser handhaben können. 2. Wenn Gleichungen der formalen Sprachen der Logik „völlig unbeachtet einer Bedeutung des Zeichens" arbeiten, dann sind sie inhaltsleer, so inhaltsleer wie es die Gleichung 2+2=4 ist. Sie sagt mir nicht ob ich Euro, Äpfel oder Birnen zusammenzähle. Wenn Realwissenschaften, von der Quantenphysik bis zur Betriebswissenschaften, nur mit Gleichungen ohne Bedeutungen arbeiten würden, wären diese Wissenschaften sinnlos, weil inhaltsleer, sie würden nämlich im buchstäblichen Sinn nichts über die Welt aussagen. Alle Gleichungen, wie einfach oder kompliziert auch immer, müssen vom Menschen mit Bedeutungen gefüllt werden, damit sie einen praktischen Sinn haben.

Die Quantenphysik berührt auch nicht unser Verständnis von objektiv und subjektiv. Es gehört zu den Mythen des modernen Weltbildes, dass die Quantenphysik bewiesen habe, die Daseinsweise eines Quantenobjekts sei vom Beobachter abhängig, Subjekt und Objekt, Erkennender und das Erkenntnisobjekt, seien nicht mehr feststellbar und Kausalität, Verursachung, sei eine Fiktion. Es ist hier nicht der Ort, diese Mythen zu widerlegen. Schuld an ihnen ist die erste Generation der Quantenphysiker, von denen einige ihre physikalischen Experimente mit der damals populären phänomenalistischen Philosophie deuteten.

Diese falsche Deutung, die sogenannte Kopenhagener Deutung der Quantenphysik, soll aber zum Glück, so der Philosoph und Quantenphysiker Mario Bunge, nie einen Einfluss auf die tatsächli-

378 Goppold, Andreas: Die Logik der Lehre von der Leere: Die Shunyata des Nagarjuna. 1994. Abschnitt 4.7, zitiert nach http://www.noologie.de/shunya01.htm.

che Theoriebildung in den Naturwissenschaften und der Forschung gehabt haben. [379]

Weder die formale Logik, noch die Quantenphysik stützen eine Existenzform jenseits von Existieren und Nichtexistieren, damit auch nicht die Existenz von etwas, von dem man weder sagen kann, dass es existiert, noch dass es nicht existiert.

Wie das bei vielen Weltanschauungen der Fall ist, haben auch dem Buddhismus die vielen Unklarheiten in Lehre und Praxis nicht geschadet, sie wurden von der Masse wahrscheinlich auch nicht bemerkt. Die Intellektuellen trieben die Unklarheiten über Jahrhunderte an und trugen dazu bei, dass sich der Buddhismus zu einer der großen religiösen Kulturen der Menschheitsgeschichte entwickelte. An seinem Versprechen gemessen, den Menschen den Weg zur endgültigen Erlösung zu zeigen, ist er allerdings völlig gescheitert, niemand scheint sie, zumindest zu Lebezeiten, erreicht zu haben. Was allerdings, angesichts der biologischen Konstitution fühlender Wesen, auch nicht möglich ist.

379 Siehe dazu und zur Widerlegung der modernen Mythen über die Quantenphysik Bunge, Mario / Mahner, Martin: Über die Natur der Dinge. Stuttgart 2004, Kap. 4.2.

V. Ist der Buddhismus eine Wissenschaft?

V.1 Nur auf die eigene Erfahrung kommt es an!

Eines der meist zitierten Buddhaworte lautet: Glaube nichts, was du nicht selbst erfahren hast.

Ich habe allerdings keine Quellenangabe für dieses Wort gefunden. Aus manchen der Worte Buddhas lässt sich diese Überzeugung aber erschließen, so wenn er den Brahmanen vorwirft, den Aufstieg zu einem Himmel zu verkünden, den sie selbst noch nie gesehen haben.

Allerdings behaupteten die Seher der Brahmanen, die Yogis der Vorzeit, die Jinas des Jainismus, die Asketen der Upanischaden, alle damaligen indischen Religionen, ihre Lehren beruhten auf Erfahrungen, vorzugsweise auf solchen in besonderen Versenkungszuständen. So sollen die Rishis der brahmanische Schule der Vaisesika direkt die eigene Seele und Substanzen wie den Äther, die Zeit, die Atome, den Wind und das Denkorgan wahrgenommen haben.[380] Wie war das möglich, wenn es gar keine Seele gibt?

---

380 Siehe Bronkhorst, Johannes: Die buddhistische Lehre. In: Bechert, Heinz u.a. (Hrsg.): Der Buddhismus I. Der indische Buddhismus und seine Verzweigungen, Stuttgart 2000, S. 142.

An manchen Stellen des Kanons geben Brahmanen in der Diskussion mit Buddha zu, dass sie von ihnen aufgestellte Behauptungen nicht erfahren haben. So räumen sie in DN I.192, ein, dass sie noch nie „eine Welt gesehen, die vollkommen selig ist, oder ein Selbst festgestellt, das auch nur einen Tag oder eine Nacht vollkommen selig war".[381] Aber anscheinend haben sie ein Selbst festgestellt. Da sich die religiösen Erfahrungen der Inder stark widersprechen, muss mit diesen Erfahrungen irgendetwas faul sein.

Annahmen, Theorien, Ängste und Wünsche bewirken bestimmte Erlebnisse und verführen uns zu bestimmten Interpretationen von Erlebnissen. Dass brahmanische Seher etwas wahrnahmen, was sie für eine Seele hielten, ist durchaus möglich, ebenso das buddhistische Mönche nie eine Seele wahrnahmen, sondern etwas, das sie als Leere interpretierten. Sie sahen alle, was ihre Theorie verlangte oder interpretierten das, was ihre Theorie verlangte, in Gesehenes hinein.

Erfahrungen sind notwendigerweise theorieinduziert, wie ich in Bezug auf den Hellblick und die Wissensschulung schon deutlich gemacht habe. Im Falle der buddhistischen Schulung wirken die Konzentrationsübungen der Sammlungsschulung, *samadhi*, wie Hypnoseeinleitungen. Die Hypnoseinhalte sind die induzierten Theorien. Für die emotionale und visuelle Erfahrung dieser Inhalte spielt es keine Rolle, ob sie richtig oder falsch sind.

Für Wahrheit braucht es mehr als individuelle Wahrnehmungen. Wir müssen sie mit anderen Erfahrungen und bewährten Theorien vergleichen, schauen, ob sie zusammenpassen und ob sie sich bewähren. Das bedeutet nicht, dass wir in einem Teufelskreis gefangen und alle unsere Ansichten über die Welt fragwürdig sind. Wenn unsere Erfahrungen eine widerspruchsfreie und kohärente Sicht ergeben, sie mit anderen überprüften Theorien übereinstimmen, erfolgreiche Anschlusshandlungen erlauben, dann dürfen wir davon ausgehen, dass wir unsere Wahrnehmung richtig interpretiert haben. Ergeben sich widersprüchliche Aussagen, muss an unseren Erfahrungen oder

381 Zitiert nach Bronkhorst, Johannes: Die buddhistische Lehre. In: Bechert, Heinz u.a. (Hrsg.): Der Buddhismus I. Der indische Buddhismus und seine Verzweigungen, Stuttgart 2000, S. 48.

unseren Schlussfolgerungen, etwas faul sein. Wer behauptet, er könne in meditativen Zuständen mit seinem Geist fliegen, was nicht zu unseren bewährten Theorien passt, müsste, um den Verdacht der Lüge oder der Einbildung, auszuräumen, mehr tun, als auf seine Erfahrung zu pochen. Er könnte uns beispielsweise unbekannte, aber überprüfbare, Dinge verraten. Und dann wären wir gezwungen, unsere naturwissenschaftlichen Theorien zu überprüfen.

Die buddhistischen Theorien und Behauptungen über die Wiedergeburtsvorgänge und über die Beschaffenheit des Nirvana sind äußerst unplausibel, von daher ist es unwahrscheinlich, dass sie auf Erfahrungen beruhen. Wir können sie auch nicht überprüfen, die über das Nirvana nicht einmal verstehen.

Dem Ratschlag, glaube nichts, was du nicht selbst erfahren hast, kann in dieser allgemeinen Form nicht gefolgt werden. Wir müssen unzählig viele Dinge glauben, die wir nicht selbst erfahren haben. Wir müssen vielen Menschen vertrauen, sonst wären wir in vielen Situationen nicht entscheidungsfähig, was aber nicht heißt, dass wir alles glauben und blind vertrauen müssen.

Misstrauen ist wichtig, vor allem gegenüber Behauptungen, die nicht überprüfbar sind und nicht zu den allgemein anerkannten Behauptungen gehören, aber existentielle Konsequenzen für uns haben. Denken wir an esoterische Krebsbehandlungen.

V.2 Der Buddhismus kennt keine Dogmen!

Unter einem Dogma versteht man eine Behauptung, einen Lehrsatz, eine Theorie, die zweifelsfrei als wahr gilt oder als wahr genommen werden muss. Manchmal liest man, im Buddhismus gäbe es keine Lehrsätze, keine Dogmen, an die man glauben, die man für wahr halten muss.

Aber wäre es in mein Belieben gestellt, was ich als Buddhist glaube, gäbe es auch kein Kriterium für mein Buddhist sein, wüsste ich selbst nicht, ob ich ein Buddhist bin.

Es gibt aber Kriterien für das Buddhist sein. Offiziell bin ich Buddhist, wenn ich „Zuflucht" nehme zu Buddha, zur Gemeinde und zur Lehre. Inoffiziell bin ich Buddhist, wenn ich an die Lehre des Buddha im Großen und Ganzen glaube und mich einigermaßen ihr entsprechend verhalte. Die Lehre ist zwar umfangreich, aber wenn ich keinen Lehrinhalt als wahr annehme, ist es wenig sinnvoll, mich als Buddhist zu bezeichnen. Um das letzte Ziel, das Nirvana, zu erreichen ist es nach dem Kanon notwendig, folgende sechs „*dhammas*" zu besitzen: „Unerschütterliches Vertrauen zum Buddha, zur Lehre, zur Gemeinde, edle Sittlichkeit, edle Erkenntnis und edle Loslösung."[382] Das sind in die Lehre eingeschlossene dogmatische Voraussetzungen, denn wenn ich sage, nur wenn du diese Lehre als wahr anerkennst und diese und jene Dinge tust, wirst du x erreichen, stelle ich nichts anderes als ein Dogma auf. Allerdings sind Dogmen solange nicht schlimm, solange mich niemand zwingt, an sie zu glauben.

382 Glasenapp, Helmut von, zit. nach Oldenberg, Hermann: Buddha. Sein Leben. Seine Lehre. Seine Gemeinde. München 1961 [1881]. S. 433.

V.3 Wie kam es zum Bild des Buddhismus als einer Wissenschaft?

In der zweiten Hälfte des 19. Jahrhunderts wurde im Westen die sogenannte Esoterik in einigen gebildeten und bürgerlichen Kreisen populär. Esoterik ist ein anderes Wort für Aberglauben, der natürlich schon immer populär war, aber diesen Kreisen wurde er jetzt, unter dem Namen Esoterik, als wissenschaftlich verkauft.

Das 19. Jahrhundert war das Jahrhundert des Glaubens an die Wissenschaft, deshalb sollten nach Möglichkeit auch Religionen, Esoteriken wie die Theosophie und politische Ideen wissenschaftlich sein. Die Unterscheidung zwischen Religion und Wissenschaft war aber dem indischen Denken völlig fremd. Erst im 19. Jahrhundert wurde dem Buddhismus das Etikett Wissenschaft angeheftet.

Intensive Bekanntschaft machte der Westen zuerst mit dem Theravada-Buddhismus und dadurch mit dem Pali-Kanon. Ceylon, heute Sri Lanka, wo er vor ungefähr 2000 Jahren niedergeschrieben wurde, gehörte im 19. Jahrhundert zum englischen Kolonialreich. Für Indienforscher war der Kanon deshalb viel leichter zugänglich als die Mahayana-Sutren, die noch dazu in Chinesisch und Tibetisch überliefert waren, viel schwieriger zu erlernende Sprachen als Pali.

Die westlichen Forscher des 19. Jahrhunderts sollen sich wenig um den tatsächlich gelebten Buddhismus in Süd- und Südostasien gekümmert haben, sie versuchten, anhand der Texte einen ursprünglichen Buddhismus zu rekonstruieren. Die tonangebenden angelsächsischen Forscher waren von Hause aus Protestanten und das Buddhismusbild, das sie entwarfen, wird deshalb auch „protestantischer Buddhismus“ genannt. Er stellte die Elemente in den Mittelpunkt, die heute mit dem Buddhismus assoziiert werden: „Individualismus, Meditation, Rationalität und Friedfertigkeit usw.“[383] So die Religionshistoriker Freiberger und Kleine.

Da der gelebte Buddhismus auch für die Intellektuellen Asiens reformbedürftig war, unterstützten diese die westliche Deutung des

383 Freiberger, Oliver / Kleine, Christoph: Buddhismus. Göttingen 2011, S. 421.

Buddhismus als einer rationalen, modernen Religion. Auch die ceylonesische Mittelschicht und Elite, die in englischen Schulen erzogen wurde, wollte von dem volkstümlichen Buddhismus nichts wissen, er galt ihr als zurückgeblieben und abergläubisch. Diejenigen, die nicht sowieso Christen wurden, identifizierten sich höchstens mit der Philosophie des Buddhismus, aber nicht mit der auf Ceylon gelebten Praxis.

Die asiatischen Gebildeten waren beeindruckt von den westlichen Errungenschaften, den ökonomischen und militärischen Erfolgen, dem Schulsystem und von den Wissenschaften, insbesondere den Naturwissenschaften. Der traditionelle Buddhismus hatte sich nie für wissenschaftliche Erklärungen der Welt interessiert, sie bedeutete ja letztlich sowieso immer nur Leiden. Die asiatischen Modernisten des Buddhismus erkannten nicht nur die westliche Wissenschaft an, sie erklärten den Buddhismus selbst zu einer Wissenschaft, behaupteten, er sei „eine rationale Analyse der Wirklichkeit und der menschlichen Psyche".[384]

Der vom Aberglauben befreite Buddhismus, der nur auf dem Papier existierte, wurde dem Christentum gegenübergestellt, welches „blinden Glauben" verlangte. Diese spezifische Konkurrenzsituation, in der der Westen mit dem ältesten buddhistischen Schrifttum bekannt wurde, war der Grund für sein Buddhismusbild, als das einer vernünftigen, durch logische Schlussfolgerungen nachvollziehbaren Lehre. Manche westlichen Anhänger empfanden sie als so vernünftig und wissenschaftlich, dass sie diese Lehre gar nicht als eine Religion betrachteten, sondern als die älteste von der Menschheit entwickelte Philosophie und Psychologie, die eine praktische Anleitung zur Erreichung der endgültigen Leidfreiheit beinhalteten.

Dieser „moderne" Buddhismus wurde vor allem durch die Theosophen vermittelt. Eines der meist verbreiteten Werke über ihn war der *Buddhistische Katechismus*, der 1881 zum ersten Mal erschien und viele Auflagen erlebte. Sein Autor war der Theosoph Henry

384 Freiberger, Oliver / Kleine, Christoph: Buddhismus. Göttingen 2011, S. 422.

Steele Olcott, der mit Helena Blavatsky 1875 in New York die *Theosophische Gesellschaft* gegründet hatte.

Der Katechismus Olcotts soll, laut Gombrich, eher theosophischen als buddhistischen Glauben beinhalten. Olcott entwarf auch eine buddhistische Flagge, die vom buddhistischen Weltverband *World Fellowships of Buddhists* bis heute benutzt wird. Er führte das Singen von Liedern und Wesak-Karten ein, Karten zu Buddhas Geburts-, Erlösungs- und Todestag. Olcott kopierte also christliche Bräuche.[385] Auch das soziale Engagement, welches der moderne asiatische Buddhismus entwickelte, war eine Reaktion auf die sozialen Einrichtungen im Westen, von denen die Briten auf Ceylon einige geschaffen hatten.[386]

Der moderne, aufgeklärte Buddhismus hatte mit dem realen in den buddhistischen Ländern nichts zu tun, aber „infolge der frühen Verflechtung mit westlichen Gelehrten durchschlagenden Erfolg. Die meisten Merkmale, die wir heute instinktiv mit dem Begriff 'Buddhismus' assoziieren, beruhen auf jener Neuinterpretation, nicht auf der von den meisten Buddhisten gelebten Religion."[387]

Am Bild des Buddhismus als einer wissenschaftlichen Philosophie wird bis heute gemalt, so heißt es von ceylonesischen Professoren „Buddha war der erste große Naturwissenschaftler, der unter den Menschen auftrat" und in seinen Predigten können wir „die Theorien von Marx, Freud und Wittgenstein finden, sogar die Entdeckungen der Astrophysik – galaktische Cluster und das sich ausdehnende Universum".[388]

Theorien mit wissenschaftlichem Anspruch sollten keine Widersprüche enthalten und Aussagen über Vergangenes und Zukünftiges ermöglichen. Vor allem aber müssen sie auf irgendeine Weise überprüfbar sein, je besser überprüfbar, desto wissenschaftlicher. Dass

---

385 Gombrich, Richard: Der Theravada-Buddhismus. Stuttgart / Berlin / Köln 1997 [1988] , S. 190.

386 Freiberger, Oliver / Kleine, Christoph: Buddhismus. Göttingen 2011, S. 421.

387 Ebenda, S. 424.

388 Siehe Gombrich, Richard: Der Theravada-Buddhismus. Stuttgart / Berlin / Köln 1997 [1988], S. 199/200.

die essentiellen Behauptungen über Wiedergeburt- und Erlösung diese Minimalkriterien nicht erfüllen, ist, so hoffe ich, nach den III. und IV. Kapiteln dieses Buches, offensichtlich. Diese Behauptungen sind auch nicht aus dem buddhistischen Theoriefundamenten, der *skhanda*-Theorie und der vom Abhängigen Entstehen, ableitbar. Ableitungen aus ihnen führen zuverlässig ins Nichts. Wenn dann eine Theorie, wie das Mahayana, auch noch behauptet, sie stünde über der Logik, dann kann sie alles sein, wissenschaftlich ist sie auf keinen Fall.

Der buddhistische Therapeut Mathias Ennenbach behauptet öfter, der Buddhismus habe schon vor 2500 Jahren Dinge gewusst, welche die westlichen Wissenschaften erst heute entdecken. Diese Versuche, antiken und mittelalterlichen Weltdeutungen im Nachhinein ein besonderes, ihre Zeit überschreitendes und wissenschaftliches Wissen zuzuschreiben, finden sich in vielen Religionen. Dabei werden fast immer oberflächliche begriffliche Gemeinsamkeiten zwischen einer Religion und einer Wissenschaft benutzt, um die Behauptung der Vorwegnahme wissenschaftlicher Erkenntnisse zu stützen.[389] So ist für Ennenbach die Erkenntnis, dass alle heutigen Menschen von nur wenigen Menschen aus Afrika abstammen, die vor 100.000 Jahren begannen, über die Erde zu wandern, eine Bestätigung des buddhistischen „Themas der Verbundenheit".[390]

Laut Dalai Lama würden für geistige und emotionale Erfahrungen die Buddhisten nur den Sanskritbegriff *Chitta* benutzen, ebenso würden Tibeter und Chinesen diese Erfahrungen nur mit einem Begriff bezeichnen „und demzufolge auch als eine Einheit"[391] sehen. Diese undifferenzierte Begrifflichkeit ist Ennenbach Beweis für eine „einheitliche Betrachtungsweise". Als Psychotherapeut müsste Ennenbach eigentlich wissen, dass es im Raum des „Geistigen" wichtige Unterschiede gibt, so die zwischen Gedanken, Vorstellungen und Gefühlen. Ihre Verbundenheit ändert nichts an ihren Verschieden-

389 Siehe islamische Beispiele in Binder, Alfred: Jahwe, Jesus und Allah. Aschaffenburg 2013.

390 Ennenbach, Matthias: Buddhistische Psychotherapie. Oberstdorf 2011, S. 123.

391 Ebenda, S. 130.

heiten. Auf irgendeine Weise ist ja alles miteinander verbunden, das ist eine triviale und meist nutzlose Wahrheit.

Wissenschaftlichen Ansprüchen genügt auch nicht die in buddhistischen Kreisen beliebte Rede von relativen und absoluten Ebenen, Konzepten, Essenzen oder Elementen. Nach Ennenbach sollen die Aussagen der buddhistischen Texte meist auf einer relativen Ebene liegen, die absoluten Elemente seien „schwieriger, da sie nicht konkret erfahrbar und leicht zugänglich sind". Die absolute Essenz öffne sich in der Praxis, aber sie „steht nicht über der *relativen* Essenz und ist auch nicht wichtiger, sondern sie zeigt eine andere Ebene". Ebenen, Elemente, Essenzen? Ein konkretes Beispiel: „Auf einer *relativen* Ebene können wir über Gefühle, Gegenstände, Grundsätze etc. sprechen, doch auf der *absoluten* Ebene gibt es all diese Dinge nicht wirklich. Wir klammern uns daher nicht an irgendwelche Dogmen, sondern bleiben offen für den Fluss des Lebens."[392]

Wir erfahren nicht, was und wo diese absolute Ebene sein soll, auf der es „diese Dinge nicht wirklich" gibt. Nicht wirklich? Gibt es sie auf dieser Ebene also doch, aber nur zum Schein?

Als Beispiel für die Unzulänglichkeit einer relativen Ebene nennt Ennenbach den Unterschied zwischen der (unzulänglichen, relativen) Beschreibung eines Apfels und der (absoluten) Erfahrung, in einen Apfel zu beißen.

Aber eine Beschreibung eines Apfels dient normalerweise nicht dazu, das Essen eines Apfels zu ersetzen. Deshalb kann man nicht sagen, dass die Beschreibung eine unzulängliche, relative Ebene ist. Wenn ich einen Apfel esse, weiß ich um seinen Geschmack und habe vielleicht meinen Hunger gestillt. Das sind normalerweise die Gründe, um einen Apfel zu essen. Einen Apfel beschreibe ich normalerweise, um sein Aussehen anderen mitzuteilen, vielleicht damit die Leser Apfelsorten bestimmen können. Ennenbach hierarchisiert hier zwei völlig verschiedene Dinge, die des Essens und die einer Beschreibung. Mit relativer und absoluter Ebene hat das überhaupt nichts zu tun. Beide Ebenen sind gleich gültig.

392 Ebenda, S. 33.

Was hat es mit relativer und absoluter Wahrheit tatsächlich auf sich? Jede Aussage ist relativ, und zwar genau in dem Sinne, dass sie immer aus einer Perspektive getroffen wird, werden muss. Die Inhalte der Aussage sind relativ zu dieser Perspektive wahr. Jede Aussage ist absolut wahr, wenn die Inhalte der Aussagen wahr sind. Dass ich gestern im Kino war, ist zum Beispiel relativ wahr zu unserer Zeitrechnung und zu unserem Verständnis von Kino. Dass ich aber gestern im Kino wahr, ist absolut wahr, wenn ich dort war, für alle Zeiten und für alle Welten.

All das schließt nicht aus, dass es einige buddhistische Behauptungen gibt, die wissenschaftlicher Überprüfung standhalten. Das macht den Buddhismus aber noch nicht zu einer Wissenschaft. Das wäre er erst dann, wenn seine 3. und 4. Edle Wahrheit nachweisbar richtig wären, dass vollständige und ewige Leidfreiheit möglich und durch das Gehen des 8-fachen Pfades erreichbar ist.

Was es mit seinem psychologischen Wissen, mit den „jahrhundertealten bewährten psychotherapeutischen Methoden“ auf sich hat, werden wir uns später noch näher ansehen.

V.4. Ist der Buddhismus frei von Aberglauben und Magie?

Wie ist es mit der Freiheit von abergläubischen Vorstellungen und Praktiken dieser wissenschaftlichen Weltanschauung bestellt? Das können wir am besten mit einem Blick auf ihre Alltagspraxis erkennen. Sie und das Handeln ihrer Anhänger charakterisieren eine Weltanschauung mindestens genauso stark wie ihre Lehrinhalte, Ideale, Werte und die Diskurse ihrer Spezialisten.

V.4.1 Rituale, Magie und Meditation

V.4.1.1 Rituale im Buddhismus

Der Aufstieg des Buddhismus zu einer Volksreligion beruhte sicher nicht auf seinen Leidenstheorien, seinen philosophischen Spekulationen oder seinen Meditationstechniken. Wie bei anderen Religionen auch, beruhte sein missionarischer Erfolg auf dem Versprechen, bessere Hilfe bei der Erfüllung diesseitiger und jenseitiger Wünsche zu bieten als Konkurrenzangebote. Diese Hilfen sollten vor allem devotionale Praktiken und Rituale bewirken.

Rituale sind bestimmte Handlungssequenzen, die zu bestimmten Anlässen ausgeführt werden, so bei der Begrüßung und beim Abschied. Jeder Mensch vollzieht und jede menschliche Gruppe benutzt Rituale, oft sind sich die Menschen dessen gar nicht bewusst. Rituale sind an sich nicht unvernünftig, irrational, es kommt einfach darauf an, wie und warum sie ausgeführt werden.

Rituale haben verschiedene Funktionen, die grundlegendste Funktion ist die der Angstminderung. Besonders ersichtlich ist das bei Ritualen, welche den Gruppenzusammenhalt fördern und solchen, die angeblich eine Verbindung zu übernatürlichen Mächten herstellen.

Da das Wesen des Rituals „im Handeln, nicht in der Absicht", liegt, war es für den Buddhismus zuerst einmal uninteressant, denn nach Buddhas Ethik bestimmt die Absicht das Karma. Damit ist das

Ritual sowohl für eine bessere Wiedergeburt als auch für die Erlösung wertlos. Der frühe Buddhismus verbietet zwar keine Rituale, aber er versucht „rituelle Praktiken durch Moral zu ersetzen“.[393] Sie gelten sogar als „eine der Drei Fesseln, die die Menschen ans Dasein in dieser Welt binden“ und zwar im Sinne eines Hängens „an ritualistischen Regeln“, am „Anhaften am Buchstaben statt am Geist der Handlungen“.

Die Brahmanen lebten von der Durchführung von Ritualhandlungen, Gombrich betrachtet die Ablehnung des Rituals deshalb als einen Totalangriff auf den Brahmanismus.[394] Wahrscheinlich zu Unrecht, denn alle Asketenreligionen lehnten Rituale ab, ohne sich damit schon gegen den Brahmanismus zu stellen.

Davon abgesehen, dass man Meditation als ein Ritual verstehen kann, soll das einzige Ritual, welches die frühen Buddhisten pflegten, die 14-tägige Rezitation der Ordensregeln gewesen sein. Bis heute soll es keine buddhistischen Krönungsrituale geben, überhaupt hätten die Buddhisten wenige Rituale selbst entwickelt.[395] Diese sparsame Pflege von Ritualen hat sich auf jeden Fall im Mahayana ins extreme Gegenteil verkehrt, so gibt es in Zen-Klöstern kaum eine Handlung ohne einen ritualistischen Aspekt. Das Zen des Gründers des Soto-Zen, Eihei Dogen (1200-1252) ist eine totalritualisierte Lebensform. Bei Dogen haben die Rituale letztlich einen archaisch-religiösen Sinn: Sie dienen der Erhaltung des Universums, der Ordnung, des Dharmas. Sie sind Wiederholung und damit ständige Erneuerung dieser Ordnung. Ohne die Rituale, vor allem ohne das Meditationsritual des Zazen, würde das Universum über kurz oder lang im Chaos versinken.

In allen Mahayanaklöstern werden übernatürliche Wesen, Bodhisattvas, in ritualisierter Form um Hilfe angefleht und es wird ihnen geopfert. In Hinayanaklöstern werden, ebenfalls in ritualisierter Form, Buddhas Reliquien verehrt und ihm Gaben dargebracht. Die

393 Gombrich, Richard: Der Theravada-Buddhismus. Stuttgart / Berlin / Köln 1997 [1988], S. 77.

394 Siehe ebenda.

395 Ebenda, S. 150

Verehrung von Reliquien in Hinayanaklöstern, ob in ritualisierter oder nichtritualisierter Form widerspricht auch der Behauptung, das Hinayana lehre reine Selbsterlösung.

V.4.1.2 Magische Praktiken

Nach Richard Gombrich verlangten für Buddha nur Teufel Blut- und Tieropfer. Auch religiöse Besessenheit, um „als Medium zu fungieren“, wird, zumindest im Theravada, bis heute abgelehnt. Aber der Buddhismus ist alles andere als eine magiefreie Religion.

So werden im tibetischen Buddhismus Medien exzessiv befragt, tragen Buddhisten Schutzamulette und Talismane, pilgern sie zu heiligen Stätten, hoffen, dass ihnen Rituale bei Krankheiten helfen, für Kinder- und Erntereichtum sorgen und sie vor menschlichen und übermenschlichen Feinden schützen.

Auch wenn die Buddhisten nur wenige Rituale selbst schufen, sondern sie aus anderen Religionen, hauptsächlich den hinduistischen, übernahmen, das Ergebnis ist dasselbe: eine Religion in der Verehrung, Rituale und Aberglaube im Mittelpunkt stehen.

V.4.1.2.1. Sprachmagie

Im Buddhismus vermittelte Sprache nicht nur Inhalte, sie sollte, wie in anderen Religionen auch, die Sprecher reinigen. Dafür war der Klang der Worte mindestens genauso wichtig wie der Inhalt, er musste nicht einmal verstanden werden.

Die reinste Form eines inhaltslosen magischen Sprechens stellt das Rezitieren von Mantras dar, welches im Buddhismus seit dem 2./3. Jahrhundert belegt ist, aber vermutlich schon viel länger praktiziert wurde. Mit ihnen versuchte man vor allem, weltliche Angelegenheiten zu beeinflussen, im Tantrayana aber auch spirituelle. „Im Gebrauch dieser Formeln wird also dem Klang der Sprache eine Wirksamkeit zugesprochen, die vom Inhalt der gesprochenen Wörter abgelöst ist; viele verwendete Silben wie ‘Om’ haben zudem überhaupt keine reguläre semantische Bedeutung."[396] Deshalb übersetzte man keine Mantras ins Chinesische oder Japanische, sondern versuchte den Klang des Originals wiederzugeben.

Im Laufe der Zeit wurde sogar der Inhalt der Sutras zweitrangig, „die rituelle Wirkmächtigkeit des Lautes oder des Zeichens"[397] rückte immer mehr in den Vordergrund.

Ich vermute, das war bei den Mahayanasutren von Anfang an der Fall, sie wurden schon immer wie Trancetexte, wie die Litaneien im Katholizismus, gelesen. „Heutige Mönche und Nonnen in Ostasien verstehen das buddhistische klassische Chinesisch der heiligen Texte mitunter kaum oder gar nicht, was sie nicht daran hindert, sie täglich mit großer Inbrunst zu rezitieren",[398] so die Buddhologen Freiberger und Kleine.

Der Glaube an die rituelle Wirkmacht der Sutras drückte sich nicht nur darin aus, dass man sie bis heute rezitiert, ohne die Sprache und den Inhalt zu verstehen. Man glaubte und glaubt sogar an die magische Wirksamkeit der bloßen Sutrabücher und benutzt sie deshalb als Schutzamulette. Bis heute werden Sutra-Abschrift-Feste gefeiert. Die Herstellung von Sutrakopien wird in dem Glauben praktiziert, es schaffe religiöse Verdienste, reinige also das Karma. Der Reinigungseffekt sollte besonders groß sein, wenn die Sutras mit dem eigenen Blut abgeschrieben wurden. Manche ostasiatische Buddhisten „entfernten sogar Teile ihrer eigenen Haut, um darauf buddhistische Texte oder Bilder … aufzutragen".[399]

Ein besonders abstoßendes Beispiel für den buddhistischen Aberglauben ist die Praxis von japanischen Zen-Nonnen eine Abschrift des Blutteich-Sutras um den Hals zu tragen. „Dieses kurze, wahrscheinlich im 10. Jahrhundert in China entstandene Sutra schildert die Hölle, in der Frauen unvermeidlich leiden müssen, da sie mit ihrem Menstruationsblut und dem bei der Entbindung vergossenen

396 Freiberger, Oliver / Kleine, Christoph: Buddhismus. Göttingen 2011, S. 173.
397 Ebenda, S. 174.
398 Ebenda.
399 Ebenda, S. 178.

Blut die Götter verunreinigen. Die Verwendung einer Kopie des Sutras sollte die Frauen vor dem Sturz in diese Hölle schützen."[400]

Das Frauenbild des Buddhismus war natürlich um keinen Deut besser, als das anderer Religionen. Für den esoterischen Buddhismus erforderte das Betreten heiliger Bezirke besondere rituelle Reinheit, deshalb war „bis ins 19. Jahrhundert hinein Frauen wegen ihrer angeblichen Unreinheit"[401] der Zutritt nicht gestattet, wie heute noch zu hinduistischen Tempeln.

V.4.1.2.2 Verdienstübertragung

Zu den magischen Praktiken muss auch die sogenannte Verdienstübertragung gezählt werden, die sicher erfunden wurde, um die finanzielle Lage des Ordens zu verbessern.

Mit Verdiensten sind Karma-Verbesserungen gemeint, also Handlungen, die zu einer Reinigung des Karmas und damit zu einer besseren Wiedergeburt führen. Das Konzept der Verdienstübertragungen ist schon aus Inschriften an buddhistischen Stätten aus der Zeit des Königs Asoka bekannt. Dort erklärt etwa ein Stifter, dass „er das aus der Spende erwachsene religiöse Verdienst seinen verstorbenen Eltern übertrage".[402] Folglich konnte man durch Geld oder Sachspenden nicht nur sein eigenes zukünftiges Los günstig beeinflussen, analog dem christlichen Ablasshandel, sondern auch das anderer Menschen. Vielsagend auch, dass die Stifter und damit Finanziers von solchen Stätten oftmals Mönche waren, die, hätten sie gemäß den Ordensregeln gelebt, eigentlich über keinen Besitz verfügen konnten.

V.4.1.2.3 Buddha als Wundermann und Gott

Schon im Kanon, unter anderem im Mahaparinirvana-Sutra, wurden Buddha magische Fähigkeiten zugesprochen, so konnte er über das

400 Ebenda.
401 Ebenda, S. 285.
402 Ebenda, S. 194.

Wasser gehen, trübes Wasser durch seine Wunderkraft reinigen, in das Totenreich und die Zukunft sehen und hatte die Macht, ein Weltzeitalter lang zu leben (die er allerdings nicht benutzte). Auf seinem Sterbelager soll es Blüten außerhalb der Blütenzeit geregnet haben und himmlische Musik erklungen sein. Bei den Leichenfeiern griffen sogar zweimal die Götter ein.

Die Macht, ein Weltzeitalter zu leben, nutzte er übrigens deshalb nicht, weil sein Lieblingsschüler Ananda ihn nicht darum bat. Ansonsten würde Buddha noch heute leben, da dieses Weltzeitalter noch lange nicht zu Ende ist.[403] Seltsam, dass ein Wesen mit solch wundersamen Fähigkeiten, einen sich über Tage hinziehenden höchst qualvollen Tod stirbt, weil es verdorbenes Schweinefleisch gegessen haben soll.

V.4.1.2.4 Reliquienverehrung

Zu einem religiösen Personenkult gehört auch die Reliquienverehrung. Sie setzte bei Buddha sofort nach seinem Tod ein, was an dem Streit zu ersehen ist, der um den Besitz seiner Asche und Gebeine entbrannte.

Reliquien sind Körperteile von verstorbenen und als heilig verehrten Personen, aber auch Gegenstände die in ihrem Besitz waren, vor allem solche, die von ihnen berührt wurden.

Devotionalien sind Gegenstände religiöser Andacht, wie Mandalas, Amulette, Gebetsketten, Kruzifixe, Heiligenbilder u.ä. Sie stammen also nicht oder nicht unmittelbar von einer als heilig verehrten Person.

Im Buddhismus werden drei Arten von Reliquien unterschieden:

1. Leibliche: Reliquien vom Körper, wie Knochen, Haare, Zähne. Ihre Verehrung wird durch die Drei Körperlehre begründet.
2. Benutzte Gegenstände von Buddha, wie Almosenschale und Erleuchtungsbaum.

403 Siehe Schneider, Ulrich: Der Buddhismus. Darmstadt 1997, S. 28, 29, 38-40.

3. Erinnerungsstücke, die in Stupas aufbewahrt wurden, und Buddhastatuen.[404]

Historisch betrachtet steht wohl die Verehrung der sterblichen Überreste Buddhas an erster Stelle. Um sie soll kurz nach seinem Tod ein Streit zwischen acht Königen entbrannt sein. Buddhisten errichteten Grabhügel, sogenannte Stupas, um dort sterbliche Überreste, wie Knochen, Zähne, Haare, Asche aufzubewahren und verehren zu können. Diese sogenannte Reliquienverehrung findet sich auch bei vielen anderen Religionen. Stupas soll man besuchen, weil bei ihnen der Geist zur Ruhe kommt und um Opfergaben niederzulegen, womit man religiöse Verdienste erwirbt.

Buddhisten glauben, in den Reliquien sei Buddha selbst gegenwärtig, sie seien von seinen Tugenden durchdrungen und deshalb habe die Verehrung heilbringende Wirkung. Sie glauben auch, durch die Verehrung der Reliquien erwerbe man die gleichen Verdienste, wie man sie durch die Verehrung des lebendigen Buddha erworben hätte. Es werden aber nicht nur Reliquien Buddhas verehrt, sondern auch die von Heiligen, d. h. von bedeutenden Mönchen und Nonnen.

Der buddhistische Reliquienkult erinnert stark an den katholischen, die Überschneidungen gehen sogar soweit, dass bei beiden geglaubt wird, es sei heilbringend, sich in der Nähe eines Heiligen begraben zu lassen.

V.4.1.2.5 Buch- und Bildnisreliquien

Im Buchkult des Mahayana wurden „auch Sutras als Reliquien des Buddha betrachtet und ihre Wirkmacht mitunter größer eingeschätzt als die Zähne oder Knochensplitter des Buddha".[405] Das gleiche gilt für Bilder von Buddha, die nicht als tote Abbilder verstanden wurden, sondern als lebende Bildnisse, welche die Macht der Abgebildeten besaßen. In China wurde der Buddhismus sogar als „Religion des Bildes" bezeichnet. Wegen der schieren Zahl der Bildnisse han-

404 Siehe Gombrich, Richard: Der Theravada-Buddhismus. Stuttgart / Berlin / Köln 1997 [1988], S. 130.

405 Freiberger, Oliver / Kleine, Christoph: Buddhismus. Göttingen 2011, S. 276.

delte es sich für christliche Missionare beim Buddhismus um einen heidnischen Götzendienst.[406] Dabei übersahen sie locker die kultische Bildnisverehrung in der eigenen Religion.

So wie für die Verkündigung der christlichen Lehre im Mittelalter Bilder eine größere Rolle spielten als das gedruckte Wort, so spielten Bildnisse und Statuen bei der Verbreitung des Buddhismus eine größere Rolle als Schriften. Bilder konnten in der Hoffnung auf Hilfe verehrt werden, ohne dass man die Schriften lesen und die Philosophie verstehen musste. Neben Bildnissen und Statuen Buddhas wurden und werden bis heute auch Bildnisse und Statuen von Bodhisattvas und Heiligen verehrt, auch Götter anderer Religionen, meist hinduistische, wie in Thailand. Bilder und Statuen von Gründern buddhistischer Schulen werden ebenfalls verehrt wie Götter.

Der Bilderkult scheint aber nicht nur eine Praxis des Volkes gewesen zu sein. Die ältesten Inschriften an Bildnissen, sie stammen aus dem 1. Jahrhundert, belegen, dass die Auftraggeber in der Mehrzahl Mönche und Nonne waren. Sie scheinen den Bilderkult eingeführt zu haben, der sich dann bei den Laienanhängern verbreitete.

In Thailand wurden die buddhistischen Herrscher selbst zum Gegenstand von Kulten, wobei sich die Buddhisten gerne hinduistischer Rituale bedienten. Bei der Krönung des Herrschers sollte dieser beispielsweise mit der hinduistischen Gottheit Shiva verschmelzen. „Gleichzeitig wurde der König von den buddhistischen Mönchen und der Bevölkerung als Boddhisattva angesehen. Man nannte ihn ‘Heiliger Buddha, unser Herr’ und der Kronprinz wurde als Buddhanankura oder ‘Knospe Buddhas’ bezeichnet.“[407] In Sri Lanka steht die gesamte Erscheinungswelt unter Schirmherrschaft „unseres heiligen König Buddha“.[408]

Alle diese Praktiken und Kulte passen nicht zu dem Bild des Buddhismus, welches der Westen im 19. und 20. Jahrhundert ent-

406 Siehe Freiberger, Oliver / Kleine, Christoph: Buddhismus. Göttingen 2011, S. 277.

407 Ebenda, S. 73.

408 Gombrich, Richard: Der Theravada-Buddhismus. Stuttgart / Berlin / Köln 1997 [1988], S. 148.

warf und welches von einigen östlichen Buddhisten gerne bestätigt wurde: Der Buddhismus sei eine aufgeklärte, rationale Religion, im Grunde eine atheistische, die ausschließlich Selbsterlösung, Erlösung ohne fremde Hilfe, lehre.

Wie himmelweit entfernt von wissenschaftlichem Wissen der Buddhismus tatsächlich wahr, werden die folgenden Ausführungen deutlich machen.

V.4.2 Die Kosmologie des Buddhismus

Den Ausdruck „der Buddhismus ist eine Wissenschaft des Geistes" hat der XIV. Dalai Lama vermutlich von den Theosophen, zu denen er eine enge Verbindung pflegte. Wie für eine typische abergläubische Weltanschauung des 19. Jahrhunderts üblich, wollten die Theosophen auch die Theosophie als eine Wissenschaft des Geistes verstanden wissen. Und wie die Theosophie, wusste auch der frühe Buddhismus auf geistige Weise über geistige Welten auf das genaueste Bescheid. Von diesem großartigen kosmologischen Wissen des Buddhismus findet sich seltsamerweise kein Wort mehr in modernen Lehrbüchern. Das kosmologische Wissen des „allwissenden Buddha", wie es im Kanon ausgeführt ist und von Helmuth von Glasenapp zusammengefasst wurde, gebe ich hier sehr gerafft wieder. Es sollte unter dem Blickwinkel der angeblichen Wissenschaftlichkeit des Buddhismus gelesen werden.

Die kosmologischen Erklärungen beginnen mit einem modern klingenden Satz:

„Das Universum besteht aus unendlich vielen Weltsystemen." Das hört sich nach der Rede von unendlich vielen Paralleluniversen an. Allerdings sind Paralleluniversen bis heute reine Spekulation, es gibt keine Daten, die für ihre tatsächliche Existenz sprechen. Gar nicht mehr modern klingt es, dass Abertausende dieser Weltsysteme oder Paralleluniversen von einem Maha-Brahmas beherrscht werden, der aber „trotz seiner Macht wie alle Wesen der Vergänglichkeit unterworfen" ist.

Jedes Weltsystem, jedes Universum, unterteilt sich in:

1. Eine „Welt der Begierden, in welcher sich eine Erde mit den Höllen darunter und den niederen Götterhimmeln darüber befindet. Diese Weltregion wird von Göttern, Menschen, Gespenstern, Tieren und Höllenwesen bewohnt, welche materielle Körper haben."
2. Eine „Welt der reinen Formen", sie „ist der Wohnsitz bestimmter Götterklassen, welche keine Begierden mehr haben, keinen aus grober Materie bestehenden Körper besitzen und der beiden gröbsten Sinne, des Geschmacks- und Geruchssinn, entbehren."
3. Eine Welt, die von immateriellen Göttern bevölkert wird, „welche nur noch rein geistige, unsinnliche Eindrücke haben und sich beständig im Trancezustand befinden".

Unser Weltsystem ist analog aufgebaut. Wir leben in der untersten der drei Welten unseres Weltsystems, der Welt der Begierden und materiellen Körper. Sie hat vier Kontinente, der „Kontinent, auf welchem Indien liegt", wird *Jambu-dipa* genannt, „weil sich hier ein gewaltiger Rosenapfelbaum befindet".

Das Entstehen und Verschwinden „von Welten geht im gesetzmäßigen Turnus von vier großen Perioden vor sich, von denen jede die Zeit eines Asankheyya", eines unberechenbar langen Weltalters währt. Eine Welt kann nur entstehen, „auf Grund der Voraussetzungen, die in einer untergehenden Welt geschaffen worden sind, denn das noch nicht zur Wirkung gekommene Karma der Bewohner einer untergegangenen Welt bleibt auch während der Zeit, während welcher die unteren Welten nicht da sind, latent bestehen und ist die Ursache dafür, daß eine neue Welt entsteht, in welcher dieses Karma seinen Lohn oder seine Strafe findet". Mit anderen Worten: Nicht einmal nach dem Untergang einer Welt sind die Wesen von ihren karmischen Werken befreit, christlich gesagt, von ihren Sünden erlöst.

Der Untergang einer Welt „beginnt damit, daß Jahrtausende lang kein Regen fällt und daß dann in langen Zeiträumen nacheinander fünf Sonnen erscheinen, die alles austrocknen, so daß schließlich das Wasser des Weltmeeres nur einen Finger hoch steht. Nach einem langen Zeitraum erscheint dann noch eine sechste Sonne, und die Erde samt dem Bergeskönig Sineru beginnt zu rauchen. Schließlich setzt eine siebente Sonne die ganze Erde samt dem Sineru in Brand, so daß selbst die höchsten Gipfel zerbersten." „Die Wesen, die die Höllen, die Erde und die unteren Götterhimmel bewohnten, sind vor Einbruch der großen Katastrophen größtenteils in den Himmel der strahlenden Götter (abhassara) gelangt. ... Sie haben einen geistartigen Körper, nähren sich von Freude, strahlen Licht aus und haben eine sehr lange Lebensdauer. Wenn dann die Zeit kommt, daß eine neue Welt entstehen soll, dann erscheint zuerst der leere Brahma-Palast. Danach scheidet ein Wesen, dessen gutes Karma erschöpft ist, aus der Welt der Strahlenden aus und kommt im leeren Brahma-Palast zu neuem Dasein. Wenn Brahma eine Zeit dort allein gelebt hat, wird es ihm langweilig, und er wünscht sich Genossen. Da nun im Laufe der Zeit dann noch andere Wesen in der Brahma-Welt entstehen, glaubt Brahma, daß er sie geschaffen habe, die Wesen aber nehmen an, daß sie ihr Dasein dem Brahma verdanken, weil er vor ihnen da war, und verehren ihn als den Weltschöpfer. So führt die Unwissenheit Brahmas und die Unwissenheit der Wesen in seiner Welt über ihre frühere Existenz zu dem falschen Glauben an einen Weltschöpfer."

Hemmungslos spekulierte man sich also eine Schöpfungsgeschichte zusammen, welche den Irrtum des Glaubens an einen Schöpfergott erklären sollte.

Unsere jetzige Weltperiode begann mit einer Zeit, in der „die Lebewesen der Erde noch ein unendliche Jahre währendes Leben" hatten, es trat „dann aber eine allmähliche Degeneration ein, die dazu führt, daß die Menschen immer schlechter und schließlich nur noch zehn Jahre alt werden". Ist aber „dieser Tiefstand erreicht, so steigt das Lebensalter nach und nach wieder bis auf 80.000 Jahre. Die Periode, während welcher ein solcher Abstieg oder Aufstieg vor sich geht, wird ein 'antara-kappa' (Zwischenperiode) genannt." Innerhalb eines Weltzeitalters soll es 20 dieser Zwischenperioden geben, in der es immer abwechselnd hinauf und hinunter mit dem Lebensalter geht.

Zu Beginn der 1. Zwischenperiode des 4. Weltzeitalters, „war die Erde mit Wasser bedeckt und ganz finster, denn es gab noch nicht Sonne und Mond.“ Es gab aber schon Wesen, die allerdings noch kein Licht brauchten, „da sie selbst Glanz ausstrahlten“. Sie waren auch geschlechtslos. „Im Verlauf der Zeit verdichtete sich die Erdoberfläche. Ein naschhaftes Wesen kostete aus Neugier von dem rahmartigen Stoffe auf der Erde, andere folgten seinem Beispiel. Da verloren ihre Leiber den natürlichen Glanz, Sonne, Mond und Sterne begannen zu leuchten, es entstand dadurch der Wechsel von Tag und Nacht und die Einteilung der Zeit. In den folgenden Jahrhunderten verdichtete sich die Erdoberfläche immer mehr, es entstanden Pflanzen und schließlich Reis. Die Menschen aber, die jetzt von dieser grobstofflichen Nahrung lebten, wurden immer häßlicher. An den Leibern der Menschen entwickelten sich Geschlechtsteile, und der Liebesgenuß kam auf; dieser galt damals aber noch als so unsittlich, daß die Wesen, um ihm frönen zu können, Häuser bauten, um ihre Laster zu verbergen. Ursprünglich hatten die Wesen den Reis nur nach Bedarf gegessen, und er wuchs immer von selbst nach. Aus Bequemlichkeit kam ein Wesen auf den Gedanken, sich einen Vorrat von Reis für mehrere Mahlzeiten anzulegen. Seitdem wuchs der Reis nicht mehr nach, und die Menschen waren genötigt, ihn anzubauen. Sie teilten deshalb das Land unter sich auf. Ein habgieriges Wesen aß von dem Reis des Feldes eines andern. Zur Rede gestellt, log es, es habe nichts genommen, als es aber wieder beim Diebstahl ertappt wurde, wurde es durch Schläge bestraft. So entstanden Diebstahl, Lüge und Strafe. Um dem eingerissenen Unwesen zu steuern, ernannten die Wesen das schönste von ihnen zum Aufseher. So entstand das Königtum und die Kshatriya-Kaste (die Kriegerkaste). Gewisse Wesen, welche die schlechten Dhammas beseitigen wollten, zogen sich in die Einsamkeit zurück, um zu meditieren: das waren die Brahmanen. Diejenigen von diesen, denen es nicht gelang, in Trance zu kommen, ließen sich in der Nähe der Dörfer nieder und verfaßten Texte (gemeint sind die Veden). Personen, die mannigfachen Geschäften nachgingen, wurden Vaisyas, die gemeinen Leute Sudras. Als Angehörige aller dieser vier Kasten sich von der Welt zurückzogen, entstand das Asketentum der Samanas."[409] Wir sehen, Indien und die Welt sind eins. Deshalb wundert es nicht, dass alle vergangenen und zukünftigen Buddhas aus „der östlichen Hälfte Mittelindiens" kommen, „in einem Brahmanen- oder Kshatriyageschlecht unter gewaltigen Wunderzeichen empfangen und geboren".[410]

Am Beginn unseres Weltalters herrschte eine Reihe von sieben aufeinanderfolgenden weisen und sehr gerechten Kaisern. „Der letzte von diesen hielt sich nicht mehr genau an die Pflichten seiner Würde; die Folge davon war, daß es dem Volke nicht mehr gut ging. Als seine Räte bei ihm vorstellig wurden, sorgte er zwar für Sicherheit im Staate, teilte aber kein Geld an die Armen aus. Als Folge der Armut entstand Diebstahl, als Folge der gegen diesen angewandten Strafen Mord und Lüge. Da büßten die Menschen immer mehr ihre Schönheit und ihre große Lebensdauer ein. Die Menschen, die 80.000 Jahre alt wurden, hatten Kinder, die nur noch 40.000 Jahre lebten, und von Generation zu Generation ging das Lebensalter auf 20.000, 10.000 und schließlich bis auf 100 Jahre zurück (was zu Buddhas Zeit als Höchstalter der Menschen galt). Einst wird die Zeit kommen, wo die Menschen nur 10 Jahre alt werden, die Mädchen werden dann mit 5 Jahren mannbar sein, und minderwertige Körner werden als höchstes Genußmittel gelten. Dann wird alle Ehrfurcht vor Eltern, Brahmanen und Asketen fehlen, Blutschande allgemein gebräuchlich werden und jede Sittlichkeit schwinden. In feindseliger Absicht bekämpfen sich gegenseitig die Menschen. Ihren Höhepunkt erreicht die allgemeine Schlechtigkeit in der 7 Tage dauernden 'Schwertzeit', wenn die Menschen wie wilde Tiere übereinander herfallen und der größte Teil der Menschheit dabei umkommt. Einige gute Menschen aber werden sich in die Wälder zurückziehen und so diese furchtbare Woche überleben. Diese Menschen werden dann wieder die Sittengebote einhalten, und dadurch werden alle Zustände in der Welt besser werden.

409 Glasenapp, Helmuth von: Nachwort des Herausgebers, in: Oldenberg, Hermann: Buddha. München 1961 [1881], S. 436-439.

410 Oldenberg, Hermann: Buddha. München 1961 [1881], S. 303.

Das Lebensalter verdoppelt sich von Generation zu Generation, bis schließlich die Menschen wieder 80.000 Jahre alt werden. In dieser Zeit werden die Mädchen mit 500 Jahren mannbar werden, und es wird nur noch drei Arten von Schmerz geben: Wunsch, Hunger und Alter. Dann wird Jambu-dipa überaus dicht bevölkert sein, und in Ketumati, der größten seiner 84.000 Städte, wird ein Cakkavattj namens Sankha regieren und der neue Buddha Metteyya auftreten. Diese glückliche Zeit wird gleich allen vorangegangenen nur von befristeter Dauer sein und wieder anderen Perioden Platz machen, denn das Rad des Geschehens geht immer weiter, und der Buddhismus kennt keinen Zustand ewiger Vollendung." Der Buddhismus wollte, wie Glasenapp feststellte, alle Erscheinungen des Lebens erklären. Er tat dies auf eine Weise, die uns heute kindlich, naiv und phantastisch erscheint, aber für die damaligen Zuhörer wahrscheinlich vernünftig und logisch wirkte. Alle indischen Religionen und nicht nur sie, boten solche märchenhaften Erklärungen an. Sie haben so wenig mit Wissenschaften zu tun, wie Börsenmakler mit Ethik.

Die Konzeption des Ganzen, so Glasenapp, sei „jedenfalls alt, und es liegt keinerlei Grund vor zu glauben, daß sie nicht wenigstens in ihrer leitenden Idee auf Buddha zurückgehen könnte. Die starke Familienähnlichkeit, die sie, ungeachtet vieler Differenzen mit den Vorstellungen der Jainas aufweist, spricht ebenfalls für ihr hohes Alter."

Die „buddhistische Kosmographie und Welthistorie", zeigt aber auch, „daß schon der ältere Buddhismus genauso wie der Jainismus von Anfang an ein abgerundetes System der Weltdeutung gewesen ist, nicht eine rein praktische Lehre, der alle metaphysischen Probleme gleichgültig waren und die auf viele philosophische Fragen keine Antwort gegeben hat und auch nicht gehen wollte".[411] Mit der vielgepriesenen antimetapyhsischen Haltung Buddhas, seiner Weigerung, über Dinge etwas zu sagen, welche nicht für die Befreiung dienlich sind, ist es also nicht weit her.

411 Glasenapp, Helmuth von: Nachwort, in: Oldenberg, Hermann: Buddha. München 1961 [1881], S. 439-443.

V.4.3 Ist der Buddhismus eine Religion?

Warum taucht eigentlich immer wieder die Frage auf, ob der Buddhismus eine Religion ist? Aus westlicher Sicht wohl deswegen, weil er einen Schöpfergott ablehnt. Auffällig ist, dass in den Vier Edlen Wahrheiten keine religiösen Begriffe verwendet werden, da ist weder von Geistern noch von Göttern die Rede, nicht von Opfer, Schuld, Sühne und auch nicht, wie so gerne in den monotheistischen Religionen, von Unterwerfung und Gehorsam. Stattdessen überwiegen psychologische und ethische Begriffe, wie Leid, Gier, rechte Rede, rechtes Handeln usw. Für eine Lehre, die im frühen indischen Feudalismus entsteht, 500 Jahre vor Jesus und 1000 vor Mohammed, erstaunlich und sicher ein Grund, warum es den westlichen Entdeckern schwerfiel, sie der Religion zuzuordnen.

Was ist eigentlich eine Religion? Darf sie keine wissenschaftlichen Erkenntnisse enthalten, muss sie Naturgesetze als zweitrangig betrachten oder gar leugnen und einen Schöpfergott behaupten? Selbstverständlich muss sie das alles nicht, eine Weltanschauung ist dann eine religiöse, wenn sie transzendente, übernatürliche Kräfte, Mächte und Welten behauptet. Dass macht der Buddhismus allemal, wie wir gerade gesehen haben. Er verneint keine Götter, keine Geister, keine Dämonen und ihre Welten. Er verneint nicht einmal den Glauben an ihre Hilfe. Ein Grund für den Erfolg seiner Bekehrungsversuche war unter anderem, dass er nicht die Aufgabe der alten Götter verlangte, wenn er sie auch oft mit Bodhisattvas ersetzte. „Echter Glaube“ an Buddha und Bodhisattvas ist nicht nur im „gemeinen“ Volk verbreitet und auch nicht auf das Mahayana beschränkt, wovon sich jeder Tourist in Theravadaländern wie Thailand, Myanmar oder Sri Lanka überzeugen kann.

Der Buddhismus ist also zweifellos eine Religion, eine Religion durch und durch.

VI. Ist der Buddhismus eine Religion der Gewaltlosigkeit und des Mitgefühls?

„Um allen Lebewesen in ihrem unvermeidlichen Leiden zu helfen, legen wir die sanfte Rüstung des Mitgefühls an, das nicht nur den Menschen, sondern allen lebenden Wesen gelten soll, den Sichtbaren wie den Unsichtbaren."

S.H.XVI.Gyalwa Karmapa[412]

VI.1 Eine Kaufmannsethik

Buddha ist der Inbegriff eines friedlichen Weisen und der Buddhismus gilt als die friedlichste aller Religionen, die nicht nur Mitgefühl mit allen fühlenden Lebewesen lehrte, sondern sie auch lebte. Eine Religion die also nicht, wie beispielsweise das Christentum, Nächstenliebe predigte, aber Kreuzzüge unternahm, Abtrünnige oder vermeintlich Abtrünnige folterte und Waffen weihte. Schon gar nicht führte ihr Gründer, wie der des Islam, selbst Kriege.

Sittlichkeit und Rechtschaffenheit sollen „die Grundlage von allem"[413] sein, auch wenn sie ihre Vollkommenheit erst von der

412 Zitiert nach den Mailnachrichten des Tibethaus Frankfurt, dem Chömail vom 7.10.2010.

413 Oldenberg, Hermann: Buddha. München 1961 [1881], S. 269.

Weisheit erhalten. Das ist, nach Oldenberg, das Fundament des Buddhismus; es ist also ein ethisches.

Neben den üblichen ethischen Verboten, wie dem Tötungs-, Diebstahls-, Unkeuschheits- und Lügenverbot hebt der Buddhismus besonders Achtung und Mitgefühl für alle Lebewesen hervor. Für Gombrich ist die Stärke des Buddhismus seine Mitleidsethik.[414]

Die buddhistische Ethik ist aber auch eine des Nutzens, eine sogenannte funktionalistische oder Interessensethik. Das Interesse ist das der Erlösung. Gombrich nennt sie auch eine Kaufmannsethik, „Stil und Inhalt der Morallehre des Buddha mußte Geschäftsleute ansprechen". Seine Ethik stütze sich auf umsichtige Überlegungen, „Unmoral zieht fünf Nachteile nach sich: Armut, schlechten Ruf, soziale Verzagtheit, Angst auf dem Totenbett und eine schlechte Wiedergeburt. Moralisches Verhalten hingegen hat fünf Vorteile zur Folge, von Reichtum in diesem Leben bis zu einer guten Wiedergeburt im nächsten. Dies ist nur eine Erweiterung unseres Sprichworts, daß Ehrlichkeit am längsten währt."

Aus ökonomischer Perspektive kann die Achtsamkeit „als Sparsamkeit verstanden"[415] werden. Den Laienanhängern soll Buddha nie geraten haben, auf Besitz zu verzichten. Er lobte Reichtum, „der rechtmäßig durch eigene Anstrengungen erworben wurde. Damit kann jemand für seine Angehörigen und Freunde richtig sorgen" und natürlich für den Orden. Mit Spenden konnte man sich zwar nicht die Erlösung kaufen, aber „einen Platz im Himmel" und eine günstige Wiedergeburt. „Das ist die rationale Ethik des Kaufmanns",[416] resümiert Gombrich.

Oldenberg urteilt, dass „das Sittliche seinen Wert allein daher [empfängt], daß es Mittel zum Zweck ist, im kleinen das Mittel zu den geringen Zielen glücklichen Lebens hienieden oder in künftigen

---

414 Siehe Gombrich, Richard: Der Theravada-Buddhismus. Stuttgart / Berlin / Köln 1997 [1988], S. 157.

415 Ebenda, S. 86.

416 Ebenda, S. 87.

Daseinsformen, im großen die Vorbereitung für die Erreichung des höchsten, absoluten Zieles der Erlösung".[417]

Ein schon erwähnter weiterer und grundsätzlicherer Vorwurf an die buddhistische Ethik lautet, dass sie eigentlich nicht möglich ist, weil der Buddhismus ein verantwortliches Subjekt mit seiner Nicht-Selbst-Lehre leugnet. Besonders könne die Leerheitsphilosophie des Mahayana „in bestimmten Zusammenhängen ethische Normen relativieren oder gar entwerten."[418] In bestimmten Zusammenhängen sicher, aber es braucht nicht den Glauben an ein Selbst im Sinne einer Seele, um ethisches Verhalten zu verlangen oder zu begründen und den Vorwurf einer Interessensethik kann man gegen jede Ethik erheben, ob sie nun eine religiöse oder weltliche ist. Im täglichen Leben spielen Begründungen für ethisches Verhalten meist sowieso keine Rolle.

Das Fehlen eines Selbst führt aber zusammen mit der Wiedergeburtstheorie zu einer fundamentalen unethischen Konsequenz: Nach buddhistischer Lehre ist ein Wesen Erbe der Sünden eines verstorbenen Wesens, muss also die Folgen seines schlechten Verhaltens büßen, ohne das verstorbene Wesen wirklich zu sein. Von einer Ethik im Sinne einer ausgleichenden Gerechtigkeit, was sicher ein Zweck der Karmaidee war, kann man hier also nicht sprechen.

Auch darf man bezweifeln, ob Buddhisten tatsächlich mitfühlender als andere mit Menschen und anderen Lebewesen umgegangen sind. Allein, dass der Orden spätestens ab dem 5. Jahrhundert selbst Sklaven besaß und „Gläubige ausdrücklich für den Unterhalt von Klostersklaven Geld spendeten und das daraus resultierende Verdienst allen Lebewesen dargebracht wurde",[419] lässt erkennen, dass Mitgefühl entweder nicht sehr ernst genommen oder ziemlich anders verstanden wurde als heute.

417 Oldenberg, Hermann: Buddha. München 1961 [1881], S. 270.

418 Freiberger, Oliver / Kleine, Christoph: Buddhismus. Göttingen 2011, S. 229.

419 Gombrich, Richard: Der Theravada-Buddhismus. Stuttgart / Berlin / Köln 1997 [1988], S. 168.

VI.2 Das Lehrer-Schüler-Verhältnis

Buddha lebte in einem entstehenden Feudalsystem, in dem es, wie im alten Griechenland, eine relative Mitbestimmung der Bevölkerung gab. Sein Vater war oberster Verwalter der Sakya-Republik, die Oberhoheit besaß der König von Kosala. Wichtige Fragen wurden von einer Ratsversammlung öffentlich diskutiert und zwar solange, bis ein Konsens hergestellt wurde. Schumann vermutet, dass Buddha sein Redetalent und seine Überzeugungskraft von seinem Vater erbte,[420] vielleicht auch die demokratische Gesinnung, welche die Ordensatzung widerspiegelt. Der Buddhist Stephen Batchelor meint, im Frühbuddhismus sei das Verhältnis von Lehrer und Schüler ein eher freundschaftliches gewesen, der meist ältere Lehrer half seinem jüngeren Freund mit seinem Erfahrungsschatz.

Im Mahayana wird aus diesem Freundschaftsverhältnis ein Meister-Schüler-Unterordnungsverhältnis. Der Meister, Guru, verfügt über ein besonderes Wissen, welches der Schüler nur durch absoluten Gehorsam erwerben kann. Damit war physischem und psychischem Missbrauch Tür und Tor geöffnet. Auch die Pädagogik litt unter dem Verhältnis, denn es wurde schwierig bis unmöglich, Lehre oder Lehrer in Frage zu stellen,

Die Entwicklung eines Unterordnungsverhältnisses im Buddhismus scheint parallel zu der im Hinduismus verlaufen zu sein, „die übergroße Hingabe (*bhakti*), die in Unterwerfung (*prapatti*) und Knechtschaft (*daysa*) gegenüber dem Guru zum Ausdruck kam“, soll sich in der Mitte des ersten Jahrtausends unserer Zeitrechnung entwickelt haben. Allerdings finden sich solche Forderungen schon im 3. Jahrhundert v.u.Z. in hinduistischen Schriften, Analoges in den Pali-Kommentaren, welche eine Zufluchtnahme kennen, „bei der man seine Arbeit den Drei Juwelen in freiwilliger Knechtschaft widmet“.[421]

---

420 Siehe Schumann, Hans Wolfgang: Der historische Buddha. München 1995, S. 31.

421 Gombrich, Richard: Der Theravada-Buddhismus. Stuttgart / Berlin / Köln 1997 [1988], S. 175.

VI.3 Gewalt im Buddhismus

Keine Schriftreligion hat Gewalt so eindeutig abgelehnt wie der Buddhismus. Aber auch für ihn gilt, das Theorie und Praxis manchmal weit auseinanderklaffen. Hier einige Beispiele für buddhistische Gewalt: Der buddhistische birmesische Herrscher Alaungpaya (Regierungszeit 1752-1760) versuchte das Volk der Mon auszurotten, auch soll er 3000 Mönche von Elefanten zertrampeln haben lassen. Trotzdem betrachtete er sich als einen Boddhisattva und zukünftigen Buddha, „was ihm seiner Ansicht nach auch die religiöse Legitimation verschaffte, einen brutalen Krieg gegen Thailand anzuzetteln". Ausdrücklich auch, „um in Thailand den Buddhismus erblühen zu lassen. Die birmanische Religionspolitik dieser Zeit, in der im Namen des Buddhismus Kriege geführt wurden, wird mitunter als 'buddhistischer Imperialismus' bezeichnet."

Der buddhistische birmesische Herrscher Mindon Min, er regierte von 1853 bis 1878, förderte Pali-Studien, rief ein „fünftes Konzil" (1868-1871) ein und ließ eine verbesserte Neuauflage des Pali-Kanons erarbeiten. Aber „trotz seiner buddhistischen Frömmigkeit verzichtete er nicht auf den alten Brauch des Menschenopfers. Als er 1857 die Hauptstadt von Amarapura nach Mandalay verlegte, ließ er unter den Grundmauern seiner neuen Hauptstadt 52 Menschen als Bauopfer lebendig begraben, damit diese in Wächtergeister transformiert die Stadt schützen sollten. Diese grausame Maßnahme konnte jedoch nicht verhindern, dass die Stadt 25 Jahre später von den Briten erobert wurde."[422]

Der ceylonesische König Dutthagamani führte im zweiten Jahrhundert einen Krieg gegen tamilische Eroberer. Er hängte eine Reliquie des Buddha an seine Lanze und ließ sie von der Sangha segnen. Nach dem blutigen Sieg versicherten ihm die Mönche, nur anderthalb menschliche Wesen seien getötet worden, „ein Buddhist und ein teilweise zum Buddhismus Bekehrter. Die übrigen seien nicht besser als Tiere." Mit dieser gerade für Buddhisten einleuchtenden

422 Freiberger, Oliver / Kleine, Christoph: Buddhismus. Göttingen 2011, S. 63.

Logik wird bis in die Gegenwart Blutvergießen „im Namen des sogenannten singhalesisch-buddhistischen Nationalismus“[423] gerechtfertigt.

In Sri Lanka ist der Theravada seit 2000 Jahre Staatsreligion, in Tibet regieren seit ungefähr 1000 Jahren Mahayana-Buddhisten. Beide Länder haben sich sehr unterschiedlich entwickelt, aber mindestens eine Gemeinsamkeit teilen sie: Die staatlichen Institutionen waren weder von Mitgefühl noch von Gerechtigkeit geprägt. Armut wurde nicht bekämpft, sondern Dank extremer Ausbeutung nie beseitigt. Dass Gerechtigkeit nicht als Tugend im Buddhismus auftaucht, ist bezeichnend, aber die des Mitgefühls müsste doch, wenn sie denn wirklich gelebt wird, zu gerechten Verhältnissen führen. Mitgefühl scheint also nicht, oder nur sehr wenig, das Handeln der Menschen bestimmt zu haben.

Der Mahayana-Buddhismus enthält einen Missionsauftrag. Seine Anhänger geloben, das vollständige Erwachen hinauszuschieben, bis alle fühlenden Lebewesen befreit wurden. Das Verhältnis zur Gewalt ist bei Religionen mit einem Missionsauftrag, wie wir aus der Geschichte wissen, ein problematisches. Ist sie der Machtvergrößerung dienlich, finden diese Religionen ein theoretisches Schlupfloch, um Gewalt, einschließlich Folter und Mord, zu rechtfertigen. So ist es kein Wunder, dass das *Sutra vom Vollständigen Verlöschen*, das Mahaparinirvana-Sutra, „sogar die gewaltsame Bekämpfung oder die Hinrichtung Andersgläubiger, die sich gegen den Mahayana-Buddhismus erheben“,[424] empfiehlt.

423 Carrithers, Michael B.: „Sie werden die Herren der Insel sein“: Buddhismus in Sri Lanka. In: Bechert, Heinz / Gombrich, Richard: Der Buddhismus – Geschichte und Gegenwart. München 1989, S. 157.

424 Freiberger, Oliver / Kleine, Christoph: Buddhismus. Göttingen 2011, S. 435.

VI.4 Die Wirklichkeit des tibetischen Buddhismus

Ich habe schon darauf hingewiesen, dass das alte Tibet, das Tibet bis zum chinesischen Einmarsch 1950, ein besonders extremes Beispiel für das Auseinanderklaffen von Theorie und Praxis des Mitgefühls bietet. Wie so oft liegen zwischen Mythos und Wirklichkeit Welten. Der Dalai Lama wird heute auf der ganzen Welt kultisch verehrt, dass er das Oberhaupt eines der erbarmungslosesten diktatorischen Systeme war, die es auf dieser Erde gab, wissen seine Anhänger nicht oder wollen es nicht wissen. Hier nur wenige Informationen zu den Verhältnissen im alten Tibet von dem Tibetkenner Colin Goldner.[425] Nach Goldner konnten „selbst Forscher und Reisende, die dem tibetischen Buddhismus und der klösterlichen Kultur des Landes mit grundsätzlichem Interesse, vielleicht sogar mit Hochachtung oder Sympathie begegneten, ... die in Tibet vorgefundenen sozialen Verhältnisse nicht befürworten“. Die „Theosophin und glühende Verehrerin der tibetisch-buddhistischen Kultur, Alexandra David-Néel“, die 1924 nach Tibet gelangte, „war abgestoßen von der Machtbesessenheit und Korruptheit der Mönchskaste (...); desgleichen vom Elend, in dem die Masse der Tibeter lebte. Und selbst bei Heinrich Harrer finden sich Töne, die als Kritik gewertet werden könnten (auch wenn sie vermutlich nicht als solche gemeint waren): ‘Die Herrschaft der Mönche in Tibet ist einmalig und läßt sich nur mit einer strengen Diktatur vergleichen. Mißtrauisch wachen sie über jeden Einfluß von außen, der ihre Macht gefährden könnte.’“

Die moderne Geschichtsschreibung weiß längst, „daß Tibet bis zum Einmarsch der Chinesen keineswegs die ‘friedvolle und harmonische Gesellschaft’ war, die der Dalai Lama ständig beschwört. Für

425 Siehe zum alten Tibet: Ettinger, Albert: Freies Tibet? Staat, Gesellschaft und Ideologie im real existierenden Lamaismus. Frankfurt am Main 2014; Ettinger, Albert: Kampf um Tibet: Geschichte, Hintergründe und Perspektiven eines internationalen Konflikts. Frankfurt am Main 2015; Goldner, Colin: Dalai Lama – Fall eines Gottkönigs. Aschaffenburg 2008.

die große Masse der Bevölkerung war das 'alte Tibet' tatsächlich die 'Hölle auf Erden', von der in der chinesischen Propaganda immer die Rede ist, und aus der das tibetische Volk zu befreien als Legitimation und revolutionäre Verpflichtung angesehen wurde für den Einmarsch von 1950. Tibet war überzogen von einem engmaschigen Netz an Klöstern und monastischen Zwingburgen, von denen aus das Land und die Menschen beherrscht und gnadenlos ausgebeutet wurden. (...) Gesetzgebung, Gerichtsbarkeit, Polizei und Militär lagen ebenso in den Händen von Mönchsbeamten wie Bildungs- und Gesundheitswesen, Grundbesitz sowie jedwede sonstige Verwaltung. Neben und zusammen mit dem allgegenwärtigen Klerus hatten zudem einige alte Aristokratenfamilien Macht und Einfluß bewahrt. Der relativ kleinen Blutsaugerschicht in den Klöstern und Palästen (zusammen zwei bis drei Prozent) ... stand die große Masse der ... Bevölkerung als 'Leibeigene' beziehungsweise 'unfreie Bauern' ... gegenüber. Die Steuer- und Abgabenlasten, die diesen Menschen aufgebürdet wurden, drückten sie unter die Möglichkeit menschenwürdiger Existenz." Bis in das 20. Jahrhundert hinein gab es sogar Formen der Sklaverei. Die überwiegende Mehrzahl der Menschen des „alten Tibet" „lebte unter indiskutablen Bedingungen, ihre Behausungen und ihre Ernährung waren katastrophal; Bildung oder Gesundheitsversorgung existierten nicht." Wie in der Hindu-Gesellschaft Indiens gab es auch in Tibet eine strenge Hierarchie an Kasten, einschließlich einer Kaste von „Unberührbaren", zu der Bettler, Prostituierte, Musiker, Fischer und Schmiede zählten. „Privilegien beziehungsweise benachteiligte Lebensumstände wurden erklärt und gerechtfertigt durch die buddhistische Karmalehre, derzufolge das gegenwärtige Leben sich allemal als Ergebnis angesammelten Verdienstes respektive aufgehäufter Schuld früherer Leben" darstellt.[426] „Infolge des feudalistischen Leibeigenschaftssystems", so die chinesische Sichtweise, „bot Tibet vor der Befreiung ein jämmerliches Bild von politischer Korruption, wirtschaftlicher Stagnation und kultureller Rückständigkeit. (...) Die drei großen Feudal-

426 Colin Goldner: Dala Lama – Fall eines Gottkönigs. Zweite, erweiterte Auflage, Aschaffenburg 2008, S. 22-24.

herren – die reaktionäre örtliche Regierung von Tibet, die Klöster und der Adel ... beuteten die breiten Volksmassen ... bis aufs Mark aus.“[427] (Es wird diese Beurteilung nicht unwahr durch die Barbarei, die Verbrechen und die politischen Fehler, die von den kulturrevolutionären „Befreiern“ selbst begangen wurden).[428]

Obgleich der Dreizehnte Dalai Lama 1913 das Abhacken von Gliedern unter Verbot gestellt hatte, wurden derlei Strafen noch bis in die 1950er Jahre hinein vorgenommen. „Da Buddhisten die Tötung eines Lebewesens prinzipiell untersagt ist, wurden die Delinquenten oftmals bis nahe an den Tod heran gefoltert und dann ihrem Schicksal überlassen; starben sie nun an den Folgen der Tortur, war dies durch ihr eigenes Karma bedingt.“[429] So Colin Goldner.

Die Dalai Lamas, die Reinkarnationen des Bodhisattvas des Mitgefühls, regierten Tibet seit 1578.

Buddhismus und Hinduismus, vielleicht alle asiatischen Religionen, müssen sich den Vorwurf gefallen lassen, sich Jahrhunderte lang ziemlich gleichgültig gegenüber dem Schicksal der Benachteiligten verhalten zu haben. Die Priesterkaste des Hinduismus entwickelte die wahrscheinlich perfideste Herrschaftsideologie der bisherigen Menschheit, nach ihr ist der Aufstieg in eine höhere Kaste nur durch eine bessere Wiedergeburt, also nur durch den Tod, möglich.

---

427 Heberer, Thomas: Das alte Tibet war die Hölle auf Erden: Mythos Tibet in der chinesischen Kunst und Propaganda, in: Dodin, Thierry / Räther, Heinz: Mythos Tibet: Wahrnehmungen, Projektionen, Phantasien. Köln 1997, S. 138 f.

428 Vgl. Colin Goldner: Dala Lama – Fall eines Gottkönigs. Aschaffenburg 2008, S. 25.

429 Ebenda, S. 26.

VII. Ist der Buddhismus eigentlich eine Psychologie und Psychotherapie?

VII.1 Wurzel der Psychotherapie?

Für viele Menschen im Westen ist der Buddhismus zwar eine Religion, sie sehen in Buddha aber in erster Linie einen Philosophen, Psychologen und Therapeuten, eine Mischung aus Sokrates und Freud.

Der Buddhismus ist sicher die Weltreligion mit dem mit Abstand größten philosophischen und psychologischen Gepräge. Nach Matthias Ennenbach soll er „eine Wurzel der modernen psychotherapeutischen Methoden" sein und liefere „ein umfassendes und integratives heilsames Verständnis menschlicher Probleme sowie auch die notwendigen Methoden und eine Vielzahl von konkreten zeitgemäßen Techniken zur Linderung beziehungsweise zur Überwindung unserer unterschiedlichsten Schwierigkeiten. Er kann als eine der ältesten und am intensivsten erprobten psychotherapeutischen Behandlungsmethoden angesehen werden."[430]

Psychotherapie, Heilung der Psyche, ist eine uralte Sache, als eine bewusste und methodische Disziplin ist sie aber eine relativ neue. Sie entwickelte sich ungefähr mit Beginn der Psychoanalyse, also um die Wende vom 19. zum 20. Jahrhundert. Uralt ist die Psy-

430 Ennenbach, Matthias: Buddhistische Psychotherapie. Oberstdorf 2011, S. 14.

chotherapie in dem Sinne, dass Menschen schon immer psychische Störungen zu heilen versuchten. Entweder indirekt bei der Heilung körperlicher Krankheiten oder direkt, wenn es galt, Besessene von bösen Geistern, Dämonen oder dem Teufel zu befreien.

Die Heiler der Steinzeit waren die Medizinmänner, Schamanen, Geisterheiler. Sie waren Priester, Arzt und Psychotherapeut in einer Person. Der Schamanismus ist aber ebenso wenig die Wurzel der modernen Psychotherapie wie der Buddhismus, sie entwickelte sich unabhängig von den Kenntnissen der schamanischen und buddhistischen Praktiken, die man aus heutiger Sicht als psychotherapeutisch bezeichnen kann.

Moderne Psychotherapie beansprucht, eine „Tätigkeit zur Feststellung, Heilung oder Linderung von Störungen mit Krankheitswert“ zu sein. Eine Tätigkeit die „mittels wissenschaftlich anerkannter psychotherapeutischer Verfahren vorgenommen“[431] wird. Dass hierbei viele Methoden entstanden, die uralten ähneln, ist kein Zufall, wären die alten völlig wirkungslos gewesen, hätten sie sich nicht über Jahrtausende gehalten. Jedoch wirkten die alten Methoden aus anderen Gründen als geglaubt, nicht wegen magischer Kräfte des Heilers, nicht wegen der Einwirkung von Geistern, Göttern oder Bodhisattvas.

Die bis heute in der Psychotherapie verwendeten psychotherapeutischen Heilungsmethoden der alten Medizinfrauen und -männer sind Zuwendung, Ritual, Suggestion und Erklärung der Krankheitsursache. Diese Elemente finden wir im Buddhismus, wie in jeder anderen Religion. Die Erklärungen der Krankheitsursachen sind im Buddhismus, wie auch in anderen Religionen, ziemlich verschieden von denen der modernen Psychotherapie. Ganz grob gesagt sind die Ursachen für psychische (wie physische) Krankheiten in den archaischen Religionen Geister oder Dämonen. In den feudalistischen Religionen, wie dem Buddhismus, sind die Ursachen für psychische Krankheiten vor allem psychische Eigenschaften, wie Gier, Zorn,

431 Zumindest nach dem Psychotherapeutengesetz der Bundesrepublik Deutschland, Paragraph 1, Abs. 3, Satz 1, zit. nach Wikipedia https://de.wikipedia.org/wiki/Psychotherapie (13.10.2015).

jede Art von Egoismus, genau wie im Christentum, ebenfalls eine feudalistische Religion.

So merkwürdig es auf den ersten Blick scheinen mag, auch völlig falsche Diagnosen können zur Heilung beitragen und zwar dann, wenn sie sich in das Weltbild eines Patienten fügen. Diagnosen mildern Ungewissheit, stellen Orientierung her, deshalb war und ist es wichtig, dass der Patient an den Heiler glaubt, dessen Weltbildhintergrund kennt und teilt. In jeder Gesellschaftsepoche finden sich Reste von älteren, so werden im Buddhismus bis heute böse Geister ausgetrieben, flieht in der katholischen Kirche bis heute der Teufel Weihwasser, Vaterunser und Kreuz. Das im Buddhismus beliebte Erzeugen „positiver Geisteszustände" ist nichts anderes als hypnotische Suggestion und wurde schon immer von Menschen praktiziert. Natürlich ist es manchmal hilfreich, Ereignisse positiv zu betrachten oder zu versuchen, sie nicht zu bewerten, wie im Zen. Nichtbewertung liegt sozusagen am Endpunkt der Logik durch Bewertungsänderungen die Psyche zu ändern. Aber auch diese Methode ist kein buddhistisches Alleinstellungsmerkmal, genauso wenig wie die Achtsamkeit.

Kurz: Psychotherapeutische Techniken, ob bewusst oder unbewusst verwendet, sind keine Erfindung des Buddhismus, sie sind viel älter als dieser und in allen Kulturen verbreitet. Seine mehr oder minder psychologischen Methoden, die der Konzentration, Suggestion und Visualisierung, wurden von allen indischen Sekten angewandt, ob überhaupt originär buddhistische entwickelt wurden, ist fraglich. Vor allem war ihr Zweck nicht die aktuelle Leidminderung, sondern die Karmatilgung. So gesehen interessierte den Buddhismus die Psychotherapie gar nicht, sein Interesse war ja, zumindest theoretisch, wesentlich „höher" angesiedelt.

Es darf auch bezweifelt werden, ob das mönchische zölibatäre Leben die psychische Gesundheit förderte. Seelische Schädigungen waren sicher nicht selten, denn ernsthaftes Bemühen um Trieberlöschung bedeutet praktisch Triebunterdrückung. Die sexuelle Enthaltsamkeit war immer das Grundproblem der Ordensdisziplin.[432] Der Sadismus der tibetischen und japanischen Mönche ist belegt, und wir dürfen davon ausgehen, dass er auch bei Mönchen in anderen buddhistischen Ländern zu finden war und ist, die menschliche Psyche macht bekanntlich nicht vor Landesgrenzen Halt.

Gegen ein „umfassendes und integratives heilsames Verständnis menschlicher Probleme" des Buddhismus, wie es uns Ennenbach weismachen will, spricht die besonders problematische Tendenz, Gefühle überhaupt als negativ zu betrachten, auch so menschliche wie die der Liebe und Trauer. Ananda, der Lieblingsschüler Buddhas, weinte bei dessen Tod, was als Zeichen von Gefühlsverhaftetheit gewertet wurde. Deshalb wurde der streng nach den Regeln lebende Kasyapa, der als vollendeter Arhat galt und nicht weinte, zum Führer des Ordens gewählt.[433]

In *Udana* VIII, 8 heißt es:

Die Kümmernisse, Wehklagen und Leiden,
Die stets erneut in dieser Welt erscheinen,
Sie sind nur da, solang wir etwas lieben.
Wenn man nichts liebt, hat man nichts zu beweinen,
Drum sind die glücklich nur und ohne Trauer,
Die hier auf Erden nicht an etwas hangen.
Wer frei von Trübsal, frei von Leid will werden,
Befreie sich von liebendem Verlangen.[434]

Für den Philosophen Gregor Paul „kann man mit guten Gründen behaupten, daß Liebeserfahrung mehr wert sei als jedes Ausscheiden aus dem Kreis der Wiedergeburten, auch wenn der Buddhismus eben diese Behauptung als Ausdruck des (Lebens)durstes ansieht".[435] Die vollständige Verneinung der Gefühle liegt in der Logik der Leidenstheorie, denn Gefühle bedeuten Anhaften und Anhaften erzeugt Leid. Je angenehmer Gefühle, desto mehr Verlangen, Abhängigkeit,

432 Gombrich, Richard: Der Theravada-Buddhismus, S. 120.
433 Siehe Zotz, Volker: Geschichte der buddhistischen Philosophie. Hamburg 1996, S. 61 ff.
434 Zit. nach Paul, Gregor: Philosophie in Japan. München 1993, S. 73.
435 Ebenda.

Anhaftung. Deshalb sagte Saritputta: „Eben darin, Bruder, besteht ja das Glück, daß es dort [im Nirvana] keine Gefühle mehr gibt.“[436] Dieses Wort ist auch noch paradox, denn Glück ist ein Gefühl, deshalb kann es dort, wo keine Gefühle zu spüren sind, auch kein Glück geben. Der „Vollendete“ wäre im Grunde nichts als eine bewusste Maschine, die teilnahmslos das Welttheater beobachtet.[437]

Wer es ernst nimmt, dass der Buddhismus, zumindest der kanonische, Gefühle prinzipiell negativ sieht, muss ihn, trotz der Beschwörung des Mitgefühls, als eine eiskalte Weltanschauung betrachten.

Das frühe Mahayana rehabilitierte insofern die Gefühle, als „es den Nachdruck auf ‘Umwandlung’ anstatt auf Beseitigung“ der Klesas, der Leidenschaften und Begierden legte, sie sollten in „Erleuchung umgewandelt“ werden. Für das spätere Mahayana ist sowieso alles dasselbe, die Leidenschaften, Begierden, „die Klesas sind Boddhi; das Bewußtsein ist Weisheit; Samsara ist Nirvana“[438] und Krieg ist Frieden und Leben ist Tod. Deshalb konnten mahayanische, „vollerleuchtete“ Zen-Meister des 20. Jahrhunderts die Japaner zum faschistischen Krieg anfeuern, und weil „es kein Ich gibt, das Leiden kann“, war es nur ein Zeichen von Unwissenheit, wenn Fabrikarbeiterinnen wegen ihre harten Arbeitsbedingungen streikten.[439] Die Umwandlung der Leidenschaften und Begierden in Erleuchtung ist ein Mythos, der besonders gerne von sogenannten tantrischen Meistern des Buddhismus und Hinduismus als Vorwand benutzt wurde und wird, um Frauen sexuell zu missbrauchen.[440]

436 Zit. nach Schumann, Hans Wolfgang: Handbuch Buddhismus. Kreuzlingen / München 2000, S. 120.

437 Dass es auch gesunde unangenehme Gefühle geben kann, wie das der Trauer, und manchmal auch der Wut kommt dem Buddhismus nicht in den Sinn.

438 Garma C. C. Chang: Mahamudra-Fibel. Einführung in den tibetischen Zen-Buddhismus. Wien 1979, S. 16.

439 Zum Verhalten der japanischen Buddhisten während des Faschismus siehe: Victoria, Brian A.: Zen, Nationalismus und Krieg: eine unheimliche Allianz. Berlin 1999.

440 Siehe Goldner, Colin: Dalai Lama – Fall eines Gottkönigs. Aschaffenburg 2008.

Die wissenschaftlich orientierte Psychotherapie entstand Anfang des 20. Jahrhunderts in westlichen, nichtbuddhistischen Ländern. Als Reaktion auf die westliche Psychotherapie entwickelten japanische Buddhisten am Buddhismus orientierte Therapien. Am bekanntesten ist die Morita-Therapie, andere Therapien heißen Naikan, Shadan und Seiza.[441] Eine Entwicklung solcher Therapien wäre gar nicht nötig gewesen, wenn der Buddhismus über ein so großes psychologisches Wissen und therapeutisches Instrumentarium verfügt hätte, wie heute behauptet wird.

Für die aus dem Geiste des Buddhismus entwickelten japanischen Psychotherapien ist allein der Kranke schuld an seinem Leiden. Hauptursache ist Undankbarkeit und Aufsässigkeit. Zentrale Methode aller dieser Therapien ist Isolation, die Patienten werden für mehrere Tage eingesperrt und erhalten u. a. die Aufgabe, darüber nachzudenken, welchen Menschen sie in ihrem Leben dankbar sein sollten. Meist erkennen sie, dass sie vor allem ihren Eltern Dank schulden. Brechen sie über diese Erkenntnis in Tränen aus, gelten sie oftmals als geheilt. Weitere Methoden sind absolute Bettruhe, Stilsitzen, Arbeit, Beobachten der Natur, Tagebuch schreiben und das Lesen von unverständlichen Texten, was, wie die Rezitation von Sutren, der Sammlung des Geistes dienen soll.[442] Allen diesen „buddhistischen“ Therapien fehlt es am wichtigsten und zentralen Instrument der westlichen Psychotherapie, dem erhellenden analytischen Gespräch über die Probleme des Leidenden.

Die Erfolge dieser Therapien sind dann auch bescheiden, so heißt es in Wikepedia über die Morita-Therapie, die „einzige“ die „international Bedeutung“ erlangt hat, „allerdings haben sich die veröffentlichten Behandlungsergebnisse von 1919 bis 1998 kontinuierlich verschlechtert“.[443]

---

441 Siehe Reynolds, David K.: Die stillen Therapien. Essen 1984; Rhyner, Bruno: Morita-Psychotherapie und Zen-Buddhismus. Zürich 1988.

442 Rhyner, Bruno: Morita-Psychotherapie und Zen-Buddhismus. Zürich 1988. S. 83.

443 https://de.wikipedia.org/wiki/Morita-Therapie.

VII.2 Der blinde Fleck der buddhistischen Psychologie

Für den Buddhismus sind alle psychischen Probleme, letztlich rein innermenschliche. Ursache ist dem Buddhismus so etwas wie ein psychischer Defekt, nämlich die Gier, der Egoismus, der andere psychische Defekte nach sich zieht, wie falsches Wollen und falsche Vorstellungen, die für das Mahayana sogar eine falsche Welt im wörtlichen Sinn schaffen.

Der zeitgenössische Lama Gonsar Tulku meint, es sei „zwar durchaus möglich, dass Andere die Umstände dafür herbeiführen, dass uns Schaden entsteht; aber die eigentliche Ursache dafür, dass uns Schaden durch andere zuteil werden kann, liegt in uns selbst“.[444] So sei die „Ursache für alles Unbehagen und Leid, das einem widerfährt, in sich selbst zu suchen, im eigenen Fehlwissen, in der Grundlage aller Verblendungen, sowie im Selbstschätzen, in der Selbstliebe, in der Ichbezogenheit, im Egoismus“.[445] An anderer Stelle: „In den Texten 'Schulung des Geistes' heißt es daher: 'Schiebe die Schuld für Alles auf Eines!' – und dieses Eine, das ist der Egoismus. Was die Wesen gegeneinander aufbringt, was ihnen das Leben unangenehm macht, das hat seine Wurzeln grundsätzlich in der Ichbezogenheit.“[446] Seltsam für eine Philosophie, die wie keine andere die gegenseitige Abhängigkeit von allem und jedem betont. Konsequenterweise ist für Gonsar auch ein missbrauchtes Kind selbst Schuld an dem Missbrauch, er ist nur die Konsequenz seines

444 Gonsar Tulku: Philosophische Grundlagen des Buddhismus 2. Die Philosophie des Buddhismus, Die drei Kernpunkte des Weges. Vorlesungen am Institut für Philosophie der Universität Frankfurt. Frankfurt am Main 2006, S. 55.

445 Gonsar Tulku: Philosophische Grundlagen des Buddhismus 3. Tod und Wiedergeburt, Die Leerheit der Dinge, Analytische und Konzentrative Meditation. Vorlesungen am Institut für Philosophie der Universität Frankfurt. Frankfurt am Main 2006, S. 65.

446 Gonsar Tulku: Philosophische Grundlagen des Buddhismus 4. Schutz suchen, Zuflucht nehmen. Vorlesungen am Institut für Philosophie der Universität Frankfurt. Frankfurt am Main 2006, S. 72.

Karmas, welches ja durch seine Selbstbezogenheit geschaffen wurde.[447]

Wie auch viele andere Religionen verfügt der Buddhismus nur über ein schwaches Sensorium für materielle Leidensursachen, wie die sozialen Verhältnisse. Dass sich hinter Zorn, Wut und auch Gier eine „Rebellion der Selbstachtung" verbergen kann, eine oftmals berechtigte und notwendige Auflehnung gegen Demütigung, Unterdrückung, Ausbeutung, bekommt der traditionelle Buddhismus und die mit ihm verbundene naive Psychologie überhaupt nicht in den Blick. Auflehnung gegen Demütigung und Ausbeutung wird als Selbstsucht denunziert, so wie bei uns Kritik an ungerechter Vermögensverteilung als Sozialneid.

Gier, Selbstsucht, Egoismus in früheren Leben sind für den Buddhismus allein schuld an einer leidvollen heutigen Situation. Dadurch wurde und ist der Buddhismus und mit ihm sein „tiefes psychotherapeutisches Wissen" ein Instrument der Erhaltung von unterdrückender, extrem ausbeuterischer und mitleidslos grausamer Herrschaft, wie es besonders deutlich die Mönchsdiktatur des alten Tibet belegt.

Naiv ist diese vollkommene Selbstlosigkeit predigende Psychologie, weil Egoismus eine natürliche und notwendige Eigenschaft aller fühlenden Lebewesen ist, nicht zufällig spricht der Volksmund von einem „gesunden Egoismus".

447 Siehe Gonsar Tulku: Philosophische Grundlagen des Buddhismus 2. Die Philosophie des Buddhismus, Die drei Kernpunkte des Weges. Vorlesungen am Institut für Philosophie der Universität Frankfurt. Frankfurt am Main 2006, S. 80-82.

VII.3 Buddhistische Weisheiten

Warum buddhistische Weisheiten, wie fast alle „Weltweisheiten“, weder besonders nützlich sind, um die großen Probleme unserer Zeit zu lösen, noch individuelle, liegt an ihrem verallgemeinernden Charakter.

Ratschläge wie alles loslassen, nichts bewerten, nicht selbstsüchtig sein, sind wertlos. Sie führen, wörtlich genommen, sofort zu Widersprüchen, was eben an der allgemeinen Form liegt. Das Problem mit ihnen ist sozusagen das Wörtchen *all*. Will ich „*Alles* Loslassen“ strikt befolgen, stellt sich bald die Frage, muss ich nicht auch das Loslassen loslassen? Will ich nicht selbstsüchtig handeln, kann ich fragen, ist es nicht selbstsüchtig, nicht selbstsüchtig handeln zu wollen? Und wie soll ich handeln, wenn ich nichts bewerte? Nach Instinkt und Intuition? Warum dann überhaupt Informationen über etwas sammeln, sie sind ja Bewertungen? Warum mich an moralischen Gebote orientieren, wenn mein Instinkt und meine Intuition sowieso immer wissen, was richtig ist?

Aber ist zum Beispiel der Rat, im Hier und Jetzt zu leben, nicht immer gültig? Der Konfuzianer Xunzi formulierte ihn so: „Denke nicht sehnsüchtig an Verflossenes, und sorge dich nicht um das, was kommen soll. Ergib dein Herz keinem Bedauern und Kummer. Kommt die rechte Zeit, dann handle!“[448] Dieser Rat ist so toll wie er trivial ist, jeder würde ihn gerne beherzigen, wenn er nur könnte. Damit wir nicht gezwungen sind, an die Vergangenheit zu denken, müssen wir unseren psychischen Haushalt einigermaßen aufgeräumt haben. Damit wir uns nicht wegen der Zukunft zu große Sorgen machen, dürfen uns keine allzu großen Gefahren drohen. Drohen sie und sorgen wir uns nicht, verhalten wir uns äußerst unklug.

Alle diese allgemeinen Weisheiten sind höchstens als zusätzliche Entscheidungshilfen nützlich. Wahrscheinlich gibt es deshalb im Volksmund zu vielen Weisheiten auch die gegenteiligen. So gesellt

448 Zit. nach Zotz, Volker: Konfuzius. Wiesbaden 2015, S. 11.

sich Gleich zu Gleich zwar gern, aber Gegensätze sind oft so faszinierend, dass sie sich anziehen.

Die einzig sinnvolle Antwort auf generalisierende Ratschläge, wie alles loszulassen oder nichts zu bewerten, lautet: Sie gehen nicht einmal logisch auf, geschweige praktisch. Wir kommen in vielen Fällen nicht darum herum, ein Problem zu analysieren und rational zu bewerten. Weisheit ist noch am ehesten die Fähigkeit, Aufgaben und Probleme einigermaßen realistisch einschätzen zu können und nach dieser Einsicht zu handeln.

VII.4 Genuss- und Lebensfeindlichkeit

Kann eine zutiefst lebensfeindliche Weltanschauung ein tiefes psychologisches Wissen enthalten und Antworten auf die großen Probleme unserer Zeit bieten? Intuitiv würden wir diese Frage verneinen.

Für den Philosophen Arthur Schopenhauer, einer der bekanntesten deutschen Anhänger des Buddhismus im 19. Jahrhundert, war das Ziel des Buddhismus die Tötung des Lebenswillens. Für den Pessimisten Schopenhauer Gipfelpunkt möglichen Philosophierens. Viele Äußerungen im Kanon geben Schopenhauer Recht. So behauptet Buddha in S.12.66, „wer auch immer von den Mönchen und Asketen das Liebliche und Angenehme in der Welt als vergänglich, dem Leiden unterworfen und unpersönlich betrachtet, als Unheil und Schrecken, ein solcher überwindet das Begehren.“[449]

Im Dhammapada gilt, ganz im Sinne genussfeindlicher Moralapostel, jedes Vergnügen und auch jede Form von Eitelkeit als sündhaft und um Sünden zu verhindern, soll der Körper als ein hässliches, ekliges, vermoderndes Monster betrachtet werden. Im Dhammapada wird nicht nur jede Lust, es wird sogar das Lachen verdammt.

Was soll das Lachen, was die Lust,
Wo alles ständig brennt und flammt?
In Finsternis seid ihr gehüllt!
Warum sucht ihr nicht nach dem Licht?

Schaut diesen Balg schön aufgeputzt,
Den Leib voll Löcher, wohl gefügt,
Den siechen, wunschesschwangeren,
Der Dauer und Bestand nicht hat.

Wer diese grauen Knochen sieht,
Die man dort hingeworfen hat,
Den Kürbissen zur Herbstzeit gleich,
Wie kann wohl der noch Lust verspür’n? (Dhp 146, 147, 149[450])

---

449 Zit. nach http://www.palikanon.com/samyutta/sam12_70.html#s12_66.
450 http//www.palikanon.com/buddhbib/01wrtbuddhas/02wortbuddhas.htm.

Eine Übung der Dursterlöschung besteht darin, sich „häufig vorzustellen“, wie widerlich die Nahrung ist, denn „dessen Geist schreckt zurück von der Geschmacksgier, wendet sich weg, kehrt sich ab, fühlt sich nicht dazu hingezogen; und Gleichmut oder Ekel stellen sich ein“.[451] Und „wer unter den Mönchen im Geiste häufig von der Vorstellung des Todes erfüllt ist, dessen Geist schreckt zurück vor der Lebenslust“.[452] Wer sich dagegen „des Körperlichen erfreut oder der Gefühle, der Wahrnehmungen, der Geistformationen oder des Bewußtseins, der erfreut sich des Leidens; und wer sich des Leidens erfreut, der wird von Leiden nicht erlöst“.[453]

Genuss- und Lebensfeindlichkeit liegen genauso in der Logik einer Leidens- und Erlösungsreligion wie die Gefühlsfeindlichkeit, stehen aber dem verbreiteten heutigen westlichen Verständnis des Buddhismus als einer Therapie- und Wellnessphilosophie diametral entgegen.

451 A.VII. 45 zit. nach http://www.palikanon.com/buddhbib/08wegerlos/weg_erlos14.htm.

452 A.VII, 46 zit. nach http://www.palikanon.com/buddhbib/08wegerlos/weg_erlos09.htm.

453 S.22.29 zit. nach http://www.palikanon.com/buddhbib/01wrtbuddhas/02wortbuddhas.htm.

VII.5 Sinn der Meditation

Meditierende erhoffen sich Ruhe und Gelassenheit, Energie, Ausdauer, Weisheit und manche auch religiöse Erfahrungen, vielleicht sogar eine Erleuchtung, die sie von allen Leiden befreit. Der Buddhismus scheint die Religion zu sein, welche die effektivsten Methoden entwickelte um diese Ziele zu erreichen, er gilt nicht nur als Leidensreligion, sondern auch als Meditationsreligion schlechthin.

Das Bild einer Meditationsreligion bedarf für die Religionswissenschaftler Freiberger und Kleine einer starken Korrektur. Sie nehmen an, dass in der Geschichte des Buddhismus „nur eine Minderheit der Mönche und Nonnen – von Laien ganz zu schweigen – Meditation regelmäßig und intensiv praktiziert hat“.[454] Erst als sich im 19. und 20. Jahrhundert der Westen für Meditationstechniken interessierte, erwachte für sie auch in Asien ein stärkeres Interesse.

Ein weiteres Missverständnis ist die Vorstellung, Meditation wäre im Osten immer als eine Schulung zur Vervollkommnung, Erleuchtung und Ähnlichem betrieben worden. Nicht einmal für die wenigen Praktizierenden waren das Sinn und Zweck der Meditation. Sie wurde vielmehr als ein Ritual unter vielen Ritualen verstanden. Ein Ritual, bei dem man beispielsweise die Seinsweise eines Buddhas imitierte. Im fehlerfrei eingenommenen Meditationssitz ist man deshalb ein vollkommener Buddha, behauptet zumindest das Soto-Zen.

Rituale verleihen Macht über die Gläubigen. Der Ritualpriester scheint mit höheren Wesen in Verbindung zu stehen und sie zu beeinflussen. In manchen buddhistischen (und hinduistischen) Schulen wird behauptet, Meditation verleihe übermenschliche Kräfte (*siddhis*), so soll sich eine Person „vervielfältigen und wieder vereinen, sich unsichtbar machen, durch feste Materie hindurchgehen, als sei diese aus Luft, auf dem Wasser wandeln, im Lotussitz durch die Luft fliegen und mit der Hand die Sonne und den Mond berühren oder bis in die Bhramawelt hinaufreichen. Die Person kann mit dem ‘himm-

454 Freiberger, Oliver / Kleine, Christoph: Buddhismus. Göttingen 2011, S. 233.

lischen Ohr' Geräusche selbst ferner Welten wahrnehmen und kann Gedanken lesen".[455] Diese für die meisten Westler unglaubwürdigen Behauptungen trugen sicher zur Verbreitung des Buddhismus in vormodernen Zeiten bei.

Freiberger und Kleine meinen sogar, dass die klassischen Meditationsmanuale nicht als Anleitungen für eine entsprechende Praxis zu verstehen sind, sondern, dass man sie, wie Sutras und andere heilige Texte, als Ritualobjekte benutzte, sie „verehrte, kopierte und rezitierte". Die Verfasser solcher Anleitungen hätten nicht einmal den Anspruch erhoben, selbst die beschriebenen Erfahrungen gemacht zu haben.

Buddhisten begannen erst spät, „persönliche meditative Erfahrungen für sich in Anspruch zu nehmen und zu beschreiben".[456] So erfahren wir in den klassischen Zen-Texten nichts über die Inhalte von Erleuchtungserfahrungen. Der berühmteste Bericht, der von Buddhas Visionen unter dem Boddhibaum, sollte seine Lehren als durch Erfahrung authentifiziert legitimieren. Die Kernlehren des Buddhismus können allerdings nicht auf Meditationserfahrungen beruhen, dafür sind sie viel zu theoretisch und häufig greifen sie auch auf vorbuddhistische Lehren zurück, wie die *skhanda*-Gliederung oder die Wiedergeburtskette.

Der rituelle Charakter der Meditation wird besonders im esoterischen oder tantrischen Buddhismus deutlich. Seine Meditationspraktiken haben in vorbuddhistischer Zeit ihre Wurzeln und in ihnen geht es darum, „einen Buddha, Boddhisattva oder Gott zu einem Festmahl einzuladen". Der Meditierende ist der Gastgeber und die jeweilige Gottheit der Gast. Der Gastgeber führt verschiedene Rituale durch, wie die der Reinigung des Körpers und des Gastraumes, das Sprechen von Mantras, das Formen von Mudras und er bereitet Opfergaben vor. Der visualisierte Gast wird mit Musik und einem Festmahl begrüßt, erhält die verschiedenen Opfer, wobei sich

455 Freiberger, Oliver / Kleine, Christoph: Buddhismus. Göttingen 2011, S. 237.
456 Ebenda, S. 234.

Gastgeber und Gast immer näher kommen, um sich schließlich zu vereinen.

Einem übernatürlichen Wesen etwas zu opfern, um von ihm etwas zu erhalten, dürfte einer der ältesten religiösen Bräuche überhaupt sein und in der Erfahrung wurzeln, dass andere uns etwas geben, wenn wir ihnen etwas geben, dass Geschenke zu Gegengeschenken verpflichten. Jemanden mit Geschenken zu überhäufen, mit Musik und Essen zu bewirten, um sich mit ihm zu vereinigen, ist auch noch in unserer heutigen Zeit und Lebenswelt nicht ganz unüblich.

Die alten religiösen Bräuche übertragen die Kommunikationsformen zwischen Mensch und Mensch auf Mensch und übernatürliches Wesen. Rituale, und die aus ihnen sich entwickelnden Meditationen, haben also ihren Ursprung in diesen zwischenmenschlichen Praktiken. Ich will damit nicht behaupten, dass Meditation adäquat nur als Ritual verstanden werden kann, noch dazu als eines, welches eine Verbindung zu Übernatürlichem herstellt. Meditation lässt sich auch als eine hilfreiche psychosomatische Übung betrachten, die, regelmäßig verrichtet, tatsächlich Körper und Psyche formt.

Buddhistische Laienanhänger meditierten übrigens überhaupt nicht. Der erste bekannte meditierende Laie war der Ceylonese Anagarika Dharmapala (1864-1933). Er erlernte die Meditation mit Hilfe eines alten Textes und meditierte zu Hause. Als Reaktion auf die christliche Missionierung Ceylons durch die Engländer schuf er eine Bewegung der Laienmeditation, wie auch einen Status zwischen Mönch und Laienanhänger. Sein Name ist ein selbstgegebener Titel: Anagarika bedeutet Hausloser, Dharmapala, Schützer des Dhamma.[457]

457 Siehe Gombrich, Richard: Der Theravada-Buddhismus. Stuttgart / Berlin / Köln 1997 [1988], S. 194, 195.

VII.6 Warum eigentlich die Gier?

Leiden ist ein psychologischer Begriff und es ist, wie schon gesagt, höchst erstaunlich, dass die Vier Edlen Wahrheiten, der Basistext einer 2500 Jahre alten Religion, vornehmlich mit psychologischen Begriffen operiert.

Die Frage, warum wir so viel leiden müssen, warum die Welt so eingerichtet ist, dass sie vor allem Mühsal und Plage bedeutet, beschäftigt die Menschen wahrscheinlich schon, seitdem sie überhaupt Fragen stellen können. Viele Völker entwickelten Erklärungen die sie, in erzählende Formen, in sogenannte Mythen, gossen.

Im Buddhismus entwickelte sich das Trio Gier, Hass, Nichtwissen zur Leidens-Ursachen-Formel, ursprünglich war allein die Gier der letzte Grund allen Leidens. Warum sind wir eigentlich gierig? Die Antwort sollte die Wiedergeburtskette liefern, aber sie beschreibt nur die Drehung des Durstrades, fragt nicht, warum es dieses Rad überhaupt gibt. Die Unwissenheit, die nach der Wiedergeburtskette die Wesen in die Existenz ruft, ist, wie schon Oldenberg bemerkte, selbst ein Zustand existierender Wesen. Folglich müsste es etwas gegeben haben, welches mit Nichtwissen behaftete Wesen verursacht hat.

„Indem man das Dasein nichtwissender Wesen auf das Nichtwissen früherer Wesen und so weiter ins Unabsehbare zurückführte, begnügte man sich eben mit der Vorstellung dieses von Ewigkeiten her sich vollziehenden Kreislaufes als einer Tatsache, die nicht begründet werden kann oder um deren Begründung es sich für das religiöse Denken nicht handelt."

Im Milindapanha heißt es nach Oldenberg, ein „vorderes Ende des Weges [sei] nicht zu erkennen; wie der in sich zurückkehrende Wechsel von Samen und Pflanze, von Ei und Huhn, so ist der Kreislauf der Existenzen ein unabsehbarer." [458]

Manchmal wird behauptet, der Buddhismus sei frei von Schuld- und Sündedenken, im Gegensatz etwa zur christlichen Religion. Das

458 Oldenberg, Hermann: Buddha. München 1961 [1881], S. 227.

ist einfach falsch, auch im Buddhismus sündigen die Menschen, kämpfen sie mit Schuldgefühlen und werden Sühneopfer von ihnen verlangt.

Das buddhistische Karmaverständnis ist ein moralisches und Moral gibt es nicht ohne Schuld und Sünde, denn sie ist böse Tat. Das schlechte Karma, verursacht durch böse Taten, wobei schon der böse Wille genügt, muss bis auf den letzten Rest abgearbeitet werden, was nichts anderes als eine Sühneleistung darstellt. Im Lehrgedicht *Bodhicaryavatara* des Mahayana-Mönchs Santiveda (8. Jahrhundert) heißt das zweite Kapitel „Sündenbekenntnis", welches er in 39 Versen ablegt.[459] Gerade im Mahayana wird betont, dass jeder selbst schuld an seinem Leiden ist, wie wir auch den zitierten Ausführungen von Gonsar Tulku entnehmen konnten.

Viele Völker entwickelten Erklärungen für die Ursache des Leidens, die sie in mythische Geschichten gossen. In der christlichen und jüdischen Welt ist der bekannteste Leidenserklärungsmythos die Sündenfallgeschichte, welche mit der Vertreibung aus dem Paradies, dem Ort der Leidfreiheit, endet. Ihre Moral kann man mit dem Satz auf den Punkt bringen: Der Mensch muss leiden, weil er ungehorsam (=böse) war. Ungehorsam, gegenüber Ahnen, Geister, Götter, Gott, findet sich vermutlich in allen mythischen Erzählungen als Leidensgrund.

Märchen- und Mythenforscher meinen, die Hauptmotive mythischer Geschichten sind unbewusste Nacherzählungen der Erlebnisse eines Menschen von der Geburt bis zur Adoleszenz, dem Erwachsenenalter. Wenn das richtig ist, dann bietet sich eine einfache Erklärung für die verbreitete Vorstellung an, dass das Leiden im Ungehorsam seinen letzten Grund hat. Es ist eine häufige Erfahrung eines Kindes, schon des Kleinkindes, dass Ungehorsam schmerzhafte Konsequenzen nach sich zieht und wenn es nur eine Bestrafung durch Aufmerksamkeitsentzug ist. Leid als Folge des Ungehorsams, der Übertretung von Geboten (des Dharmas), ist natürlich auch eine

459 Santideva: Eintritt in das Leben zur Erleuchtung (Bodhicaryavatara). München 1989, S. 31-36.

Erfahrung des Erwachsenenlebens. Durch die moralische Sozialisation wird der mehr oder minder bewusste Glaube, dass Leid die gerechte Strafe für Ungehorsam ist, so verstärkt, dass eine andere Deutungsmöglichkeit Angst erzeugt und keine anderen Deutungen mehr zulässt. Schuldbekenntnisse wirken entlastend, stimmen sie ja Richter milder, wie sie schon die Eltern milder stimmten. Kein Zufall also, dass die Rezitation der Ordensregeln, die Patimokkha, immer mit Sündenbekenntnissen verbunden war.

Je hierarchischer Gesellschaften aufgebaut sind, desto wichtiger wird das Gehorsamsgebot, in den entwickelten feudalistischen Gesellschaften, wird sie zum obersten Gebot. Der Buddhismus spricht zwar nicht von Ungehorsam, sondern von Gier und Egoismus, sie ziehen aber sehr häufig unerlaubtes, ungehorsames Verhalten nach sich. Denn vieles, was wir begehren, steht uns, aus der Sicht anderer, nicht zu. Schon das Begehren des Kindes, ob nach Nahrung oder Zuwendung, wird von den Erziehungspersonen häufig als ein Akt des Ungehorsams behandelt, so wenn das Begehren zur Unzeit geäußert wird oder wenn, in den Augen der Erziehungspersonen, zu viel begehrt wird. Gier und sein negatives Pendant, der Zorn, werden also sehr früh mit Angst und schlechtem Gewissen verbunden.

Gier und Hass bedrohen Herrschaft und Ordnung, sind Quelle ständiger Konflikte und deshalb stark tabuisierte Gefühle. Die Idee lag nahe, Konflikte durch Abschaffung des Begehrens zu vermeiden. Allein die Vorstellung konfliktfreier Verhältnisse musste in Gesellschaften ungemein erleichternd wirken, in denen Streitigkeiten wesentlich schneller und häufiger gewaltsame Folgen nach sich zogen als heute. Kein Zufall also, dass die buddhistischen Verhaltensregeln, einschließlich der über 200 Ordensregeln, auffallend stark von Konfliktangst geprägt sind.

VII.7 Warum wir wirklich leiden

Aus bio-logischer Sicht müssen zwei Bedingungen für Schmerz und Leid gegeben sein: Begrenzte Ressourcen und fühlende Wesen, die auf diese Ressourcen angewiesen sind. Grob gesagt sind Ressourcen alle Güter, die wir zum Überleben, wie auch zum guten Leben, brauchen können. Weil diese Güter begrenzt sind, befinden sich die fühlenden Wesen in einem ständigen Kampf um sie. Ressourcenknappheit herrschte schon lange, bevor es Menschen gab, denn geriet eine Spezies in ein Ökosystem mit Ressourcenüberfluss, vermehrte sie sich so stark, dass bald wieder Knappheit herrschte.

Warum gibt es fühlende Wesen? Alle biologischen Systeme auf unserem Planeten haben eine zirka vier Milliarden Jahre lange Geschichte der Entwicklung, der Evolution, hinter sich. Elektrochemische Fasern, Nerven, welche Gefühle erzeugen, sind, wie andere körperliche Eigenschaften auch, höchstwahrscheinlich durch zufällige Genveränderungen, Mutationen entstanden. Auf jeden Fall haben sie sich für das Überleben ihrer Träger als äußerst nützlich erwiesen, sonst würden heute keine fühlenden, und keine solche Vielfalt an fühlenden Wesen, existieren. Gefühle sind nützlich, weil sie vor Gefahren warnen und Fress- und Fortpflanzungsobjekte signalisieren. Vor gefährlichen Objekten, so vor Fressfeinden, warnen sie mit unangenehmen Gefühlen, mit Angst und Aggression, auf nützliche Objekte zeigen sie mit den zwiespältigen Gefühlen des Verlangens und Begehrens, der Gier. Zwiespältig, bittersüß, sind diese Gefühle, weil unangenehm und angenehm gleichzeitig, weil Zustände der Bedürftigkeit und des Versprechens: Wenn du die überlebenswichtigen Objekte erhältst, wirst du mit großartigen Lust- und Zufriedenheitsgefühlen belohnt. Gefühle sind also ein äußerst nützlicher Kompass im Dschungel des Überlebenskampfes.

Begehren und seine extremere Form, die Gier, sind natürliche Eigenschaften empfindungsfähigen Lebens, buddhistisch gesprochen, sie sind die Natur der fühlenden Wesen. Nur wo Begehren ist, ist überhaupt fühlendes Leben. Das Begehren vollständig abtöten zu wollen, bedeutet deshalb, einen dauernden Krieg gegen sich selbst, gegen seine biologische Programmierung zu führen. Dieser Krieg kann nur in einer Niederlage enden.

Natürlich können Begehren und Gier auf Abwege geraten, kann ihre übermäßige Befriedigung schädlich bis tödlich sein. Drogensucht ist das markanteste Beispiel für den Verlust der Mitte im Umgang mit diesen Gefühlen. Aber die Auslöschung des Begehrens, wie es der Buddhismus und andere indische Religionen zum Programm erhoben haben, ist nur um den Preis der Auslöschung des Lebens zu haben. Ohne Begehren würde uns das Sensorium für lebensgefährliche Gefahren und überlebenswichtige Bedürfnisbefriedigung fehlen.

Aus der (fiktiven) Perspektive der Natur leiden wir also, weil Leid unsere Überlebenschancen erhöht. Angst, Unruhe, Sorge, Schmerz, aber auch Freude, Glück, Lust, das ganze Repertoire unserer Gefühle, dient aus dieser Perspektive nur unserem Überleben, nicht der Lust, dem Glück, der Zufriedenheit. Sie sind nur die Lockmittel, die uns motivieren sollen, morgens aus dem Bett zu kommen, um für Nahrung und Nachwuchs zu sorgen. Wir haben Angst, sind unruhig, sorgen uns, dass unsere Wünsche nicht erfüllt werden. Unsere Gier verdanken wir also keinem sündhaften Egoismus, sondern unserem Überlebenswillen.

Nur wem der Überlebenswille völlig abhanden gekommen ist, ist frei von jeder bewussten Form der Selbstsucht. Selbstsucht ist vollkommen unabhängig von einem Glauben an ein Selbst. Menschen, die in relativ gesicherten Verhältnissen leben, wie oft auch Mönche und Nonnen, können mit verminderten Gefahrensensoren auskommen, es fällt ihnen deshalb leichter, gelassener als der Durchschnitt durchs Leben zu gehen, aber nicht deswegen, weil sie an kein Selbst glauben.

Die überlebenswichtige Funktion unserer Gefühle war dem Buddhismus, wie auch den anderen Asketenbewegungen anscheinend nicht bewusst. Vielleicht ahnte Buddha, dass fühlendes Leben ohne Durst unmöglich ist und weigerte sich deshalb, Nirvana auf überzeugende Weise zu bestimmen.

Die Leidenstheorie ist nicht nur unzulänglich, weil sie auf die Abschaffung der Gefühle hinausläuft, sie ist es auch, weil sie nicht um den wirklichen Ursprung des Leidens, der Gefühle überhaupt, weiß: den Überlebenskampf, in den fühlende Wesen gestellt sind.

VII.8 Der Wellnessbuddhismus

Der Westen eignete sich vor allem die Seiten der asiatischen Religionen an, welche er für die körperliche und seelische Gesundheit förderlich hielt. Vom Hinduismus das Yoga, vom Daoismus Tai Chi und Qui Qong, vom Buddhismus die meditative Entspannung.

Der westliche Buddhismus ist vor allem ein Laienbuddhismus, wie er in dieser Form in den buddhistischen Ländern bis ins 20. Jahrhundert nicht üblich war. Vor dem 20. Jahrhundert beschäftigten sich nur wenige und nur gebildete asiatische Laienbuddhisten mit buddhistischer Theorie und die heute weit verbreitete Praxis der Meditation war unter ihnen völlig unüblich. Dank der westlichen Meditationsmode mühen sich heute buddhistische Laien in östlichen Ländern mit dem Lotussitz ab und wegen des westlichen Yogakults Mittelstandsinder mit Yoga-Asanas.

Das religiöse Leben der Gläubigen in den buddhistischen Ländern unterschied und unterscheidet sich nicht von dem der Gläubigen anderer Religionen, sie beten, spenden, besuchen den Tempel, nehmen an religiösen Festen teil und versuchen die ethischen Gebote ihres Glaubens einigermaßen einzuhalten. Der westliche Laienbuddhist meditiert, übt sich in Achtsamkeit, besucht Meditations-Retreats, versucht vegetarisch zu essen und mancher hofft, wie die traditionell Gläubigen, auf eine gute Wiedergeburt. Im Mittelpunkt seines Interesses steht aber sein Wohlbefinden im Hier und Heute. Der westliche Wellnessbuddhist ist im Grunde ein Epikureer und dagegen ist im Prinzip nichts einzuwenden.

VII.9 Achtsamkeit

Der Buddhismus genießt seit einigen Jahrzehnten besonders bei Menschen in sozialen Berufen, insbesondere bei Psychotherapeuten, große Wertschätzung, den Grund kann man mit einem Wort benennen: Achtsamkeit.

Richard Gombrich meint, die Achtsamkeit war „der markanteste Beitrag des Buddhismus zur soteriologischen Praxis der Inder (oder der Welt)“.[460] Dass Achtsamkeit allein der Buddhismus pflegte, darf bezweifelt werden. Unter anderen Namen findet sie sich in antiken Lebenskunstphilosophien und im Christentum, besonders ausdrücklich im Hesyachismus, einer mystischen Tradition der Ostkirche. Aber vermutlich erreichte in keiner dieser Traditionen die Achtsamkeit einen so hohen Stellenwert wie im Buddhismus. Eine Sutte trägt sie sogar im Titel, das Satipatthana-Sutta, das Achtsamkeits- oder Gegenwärtigkeitssutta.

In dieser Sutte werden Konzentrations- und Hellblicks-Übungen beschrieben, „so daß diese Sutte von den südasiatischen Buddhisten mit Recht als der wichtigste Text im ganzen Sutta-Pitaka betrachtet wird und als die Quintessenz der gesamten Meditationspraxis bezeichnet werden kann“.[461]

Die Sutte ist eine Meditationsanweisung, in welcher die Mönche aufgefordert werden, achtsam Körper, Gefühle, Bewusstsein und die sogenannten Geistobjekte wahrzunehmen. Mit den Geistobjekten sind hier fünf buddhistische Lehren gemeint, von den sogenannten fünf Hemmnissen, wie Sinnenlust und Unkonzentriertheit über die Skhandatheorie bis hin zu den 4 Edlen Wahrheiten. Mit wiederholten Achtsamkeitsübungen sollen Gefühle und Gedanken beherrscht und die Konzentrationsfähigkeit soll so gesteigert werden, dass sie sich ganz auf die Lehre, den *dharma,* ausrichten kann.[462] Ursprünglich diente Achtsamkeit also keinem diesseitigen therapeutischen

460 Gombrich, Richard: Der Theravada-Buddhismus. Stuttgart / Berlin / Köln 1997 [1988], S. 86.

461 http://www.palikanon.com/buddhbib/08wegerlos/weg_erlos15.htm.

462 Siehe Schneider, Ulrich: Der Buddhismus. Darmstadt 1997, S. 82/83.

Zweck, wie jede Übung des 8-fachen Pfades war auch sie ganz auf die Erlösung gerichtet.

Dass Achtsamkeit einen therapeutischen Wert besitzt, ist inzwischen durch zahlreiche Studien belegt, die bekanntesten wurden von dem Mediziner Jon Kabat-Zinn durchgeführt. Basierend auf der buddhistischen Meditation, entwickelte er ein Achtsamkeitslernprogramm, welches besonders von Stress und chronischen Schmerzen geplagten Menschen helfen soll, das sogenannte MBSR, Mindfulness-Based Stress Reduction.[463]

Achtsamkeit ist maximale sinnliche und psychische Ausschöpfung einer Situation, ist ganzes Dasein und das Gegenteil von Suggestion. Man kann sie sogar als eine emanzipatorische Praxis bezeichnen, bedeutet sie ja, bewusst zu sein.

Dass die Bekanntschaft des Westens mit dem Buddhismus die Aufmerksamkeit auf die Achtsamkeit lenkte, ist sicher kein Beitrag zur Erlösung (von wem auch immer), aber ein wichtiger und wertvoller für ein gutes Leben, für die Disziplin der Lebenskunst.

Westliche Psychotherapeuten ergänzten die Achtsamkeit mit dem für das psychische Wohlbefinden fundamentalen Prinzip der Akzeptanz der Gefühle und Bewertungen und der individuellen Analyse des Leidens.

Akzeptanz, Annahme unserer psychischen Natur, unserer Gefühle und Gedanken, sind dem Buddhismus ursprünglich fremd, manchen Buddhisten noch heute. Das zeigt die Antwort Gonsar Tulkus auf die Frage, wie wir mit Ärger und Wut umgehen sollen: Er rät nicht, zuerst einmal seine Gefühle genau wahrzunehmen und zu akzeptieren, nein, man sollte „möglichst rasch zu erkennen versuchen, dass man verkehrt gehandelt hat; und man sollte auf der Grundlage dieser Einsicht tiefe Reue gegenüber diesem Fehlverhalten erzeugen. Immer wieder sollte man sich dessen bewusst werden, dass Ärger und Wut Fehler des Geistes sind. Man sollte in diesen Fehlern nichts Aufbauendes oder Heilsames sehen; vielmehr sollte man sich dessen bewusst sein, dass diese unheilsamen Zustände des Geistes

463 Siehe Kabat-Zinn, Jon: Gesund durch Meditation. Frankfurt am Main 2006.

den Geist stören und sein heilsames Potential zerstören, weshalb sie Fehler sind, die man möglichst rasch aus seinem Geist entfernen sollte."[464]

Achtsamkeit ist natürlich zu wenig, um richtig und gut im moralischen Sinne zu handeln, denn wir können natürlich auch böse Dinge sehr achtsam ausführen. Davor soll die Sittlichkeitsschulung schützen, die wiederum Achtsamkeit erfordert, denn fürsorglicher Umgang mit sich und anderen setzt Achtsamkeit und Annahme voraus, sie sind so etwas wie das praktische Fundament der Ethik. Allerdings wird die Sittlichkeitschulung in manchen Mahayanaschulen stark vernachlässigt. Trotz dieses Einwandes darf man, in Abwandlung von Richard Gombrichs oben zitiertem Wort, die Achtsamkeit als den markantesten Beitrag des Buddhismus zur modernen Therapie- und Lebenskunstpraxis bezeichnen.

Die Dreiteilung des buddhistischen Weges in Wissen, Sittlichkeit und Sammlung stellt auch eine zeitlose Gliederung der Lebenskunst dar. Dass wir ein anderes als das buddhistische Wissen benötigen und kein so überspanntes Ziel verfolgen sollten, ist selbstverständlich. Seine moralischen Kerngebote unterscheiden sich nicht von denen anderer Weltanschauungen, wie bei diesen liegt das Problem „nur" in ihrer Befolgung. Lernen können wir vom Sammlungsbereich, von der Meditations-, Konzentrations- und Achtsamkeitspraxis.

Für ein gutes Leben sind einige Tugenden hilfreich, weit oben stehen Gelassenheit und Achtsamkeit, genau sie, aber auch andere, können wir mit seinen Sammlungsschulungen fördern.

464 Gonsar Tulku: Philosophische Grundlagen des Buddhismus 4. Schutz suchen, Zuflucht nehmen. Vorlesungen am Institut für Philosophie der Universität Frankfurt. Frankfurt am Main 2006, S. 74.

VIII. Fazit

Der Buddhismus, die einzige indische Religion, die sich über Indien hinaus verbreitete, war ursprünglich eine elitäre, lebens- und weltverneinende Asketenbewegung. Sie entwickelte sich auf der unteren Ebene zu einer Volksreligion, mit dem für eine solche Religion üblichen Aberglauben und Riten, einschließlich kindischer Paradiesversprechen.

Auf der oberen Ebene, der philosophischen, schuf sie unplausible Konstruktionen aus den Theorieelementen *Abhängiges Bestehen, Leerheit* und *Geist*. Keines dieser Elemente, und auch keine ihrer Kombinationen, kann auch nur ansatzweise überzeugend erklären, warum der buddhistische Weg von allem Leid erlösen soll.

Wir können den Buddhismus als eine völlig abstruse Weltdeutung bezeichnen, und das nicht nur wegen seiner grotesken, abergläubischen Elemente, sondern auch wegen seiner Kernaussagen, der unplausiblen philosophischen Konstruktionen.

Um diese in ihrer Eigentümlichkeit (um nicht zu sagen Absurdität) deutlich werden zu lassen, kontrastiere ich sie mit den ebenfalls sehr eigentümlichen Kernaussagen zweier uns bekannter Religionen, des Christentums und des Islams.

Das Christentum lehrt, dass es nur einen Gott gibt und dass sich dieser als ein jüdischer Zimmermannssohn inkarnierte, um sich von denen töten zu lassen, die seine Gebote übertreten haben, damit er den Übertretern, und nun auch Gottesmördern, vergeben kann. Wer das glaubt und seine Gebote befolgt, wird vielleicht mit dem Aufenthalt in einem ewigen Paradies belohnt, wer das nicht glaubt, wird vielleicht ewig gefoltert.

Der Islam lehrt, dass es nur einen Gott gibt und dass ein arabischer Kamelhändler sein letzter Prophet, sein letztes Medium, war. Wer das glaubt und den Geboten dieses Gottes folgt, die er dem Medium (über ein anderes Medium) hat mitteilen lassen, wird vielleicht mit einem ewigen Paradies belohnt, wer das nicht glaubt, wird wahrscheinlich ewig gefoltert.

Der Hinayana-Buddhismus lehrt, dass irgendetwas, aber keine Seele, für immer erlöst wird und ewig in einem unsagbaren Zustand in einer unsagbaren Sphäre existieren wird, wenn es dem Menschen gelingt, alles Begehren abzutöten.

Die Leerheitsrichtung des Mahayana-Buddhismus lehrt, dass alles leer von einem Kern ist und nicht nur alle Wesen, sondern alle Dinge vergängliche Bündel von ewig Seiendem sind. Wer das wirklich versteht und aufhört, Kerne in Dinge hineinzudenken, wird für immer (auf eine unverständliche) Weise erlöst werden.

Die Geistrichtung des Mahayana-Buddhismus lehrt, dass alles leer von einem Kern ist und nicht nur der Mensch, sondern alle Dinge vergängliche Bündel von ewigem Geist sind. Wer das wirklich versteht und aufhört, Kerne in Dinge hineinzudenken, wird für immer erlöst werden.

Völlig offen bleibt die Frage, warum sich überhaupt jemand um Erlösung bemühen soll, wenn das, was erlöst werden soll, sich sowieso auflöst, wie alles andere auch? Sollte es unzählige Wiedergeburten geben, was gerade unter buddhistischen Prämissen höchst unwahrscheinlich ist, warum nicht alles daran setzen, für gute Lebensverhältnisse zu sorgen, um diese Leben soweit wie möglich zu genießen?

Wegen der Unklarheit, was erlöst wird und wie und wo das existieren soll, hat schon mancher Buddhas Lehre den Rücken gekehrt. So ein deutscher Pionier des Buddhismus, der Indologe, Autor und Übersetzer vieler buddhistischer Schriften, Karl Seidenstücker (1876-1936). Nach Jahrzehnten missionarischer Tätigkeit für diese Religion konvertierte er Mitte der 1920er Jahre zum Katholizismus. Ein Spezialist der Mahayana-Philosophie, Paul Williams (geb. 1950), Professor für indische und tibetanische Philosophie an der

Universität Bristol und langjähriger Buddhist, trat, wegen des unklaren und unattraktiven Nirvanas, ebenfalls zum Katholizismus über. Auch bei ihm war der Wunsch der Vater des Gedankens, denn weder für das buddhistische Nirvana noch für die Existenz eines christlichen Himmels ist das geringste Indiz in dieser Welt zu finden.

Alle Religionen, und die mit ihnen verschwisterten Weisheitslehren, vernebeln die Wirklichkeit, indem sie unendlich mehr in diese hineininterpretieren, als diese hergibt, indem sie Ziele und Möglichkeiten vorgaukeln, für die nichts außer Wünsche und Ängste sprechen.

Der verständliche Wunsch nach einem ewigen glücklichen Leben, die Angst vor Schmerzen und Leiden, die Unwissenheit über die „Natur“ des Universums haben die religiösen, philosophischen und psychischen Monster der Menschheitsgeschichte hervorgebracht, die Geister, Götter und Dämonen, Mokshas, Nirvanas, Paradiesgärten, die Ideen Platons und das Begehren als Inkarnation des Bösen.

Allerdings verbesserten diese Ausgeburten der Angst und Zuflucht weder die materielle noch die psychische Situation der Menschen, sie verfestigten nur geistige Unmündigkeit und gesellschaftliche Rückständigkeit. So fehlen dem traditionellen Buddhismus zwei sehr wichtige Mittel zur Leidensminderung, das erhellende analytische Gespräch und der Blick für die Veränderung von leidvollen äußeren Verhältnissen.

Die buddhistischen Philosophien und Heilsversprechen darf man getrost vergessen, aber wer nicht nach dem Motto denkt, es kann nicht sein, was nicht sein darf, damit auch keinen unbegründeten und überfordernden Idealen nachstrebt, der findet in der buddhistischen Meditations- und Achtsamkeitspraxis tatsächlich einiges Hilfreiches.

Sie hilft, bewusster, aufrechter und gelassener durchs Leben zu gehen, schützt aber, zum Glück, nicht vor Unruhe, Sorge, Angst, vor Leid in jeder Form. Sie beendet nicht das Auf und Ab und Hin und Her des Lebens, aber sie hilft, die Kurven sanfter ausfallen zu lassen.

Auch wenn der Dalai Lama gerne das Gegenteil versichert, gleichgültig welchen Weg und auf welche Weise man ihn geht, das „Stadium der vollständigen und vollkommenen Buddhaschaft“[465] erreicht niemand, einfach, weil es so etwas nicht gibt und aufgrund der Verfasstheit des Universums, soweit wir das redlich sagen können, nicht geben kann.

Westliche Buddhisten haben schon seit einiger Zeit erkannt, dass es nötig ist, die Ansprüche an den Buddhismus herunterzuschrauben, weder im Diesseits völlige Leidfreiheit anzustreben, noch ein Nirvana zu versprechen. Der amerikanischen Zen-Meisterin Charlotte Joko Beck (1917-2011) ging es ‘nur’ darum, vom „Ufer des relativen Unglücklichseins“ zum „Ufer des relativen Glücklichseins“ zu gelangen. Das ist ein vernünftiges Ziel, denn wer absolutes Glücklichsein anstrebt, wird absolut sicher enttäuscht werden.

465 Siehe sein Vorwort zu Brück, Michael von: Weisheit der Leere. Wichtige Sutra-Texte des Mahayana-Buddhismus. München 2000, S. 11.

Literaturverzeichnis

Arifuku, Kogaku: Deutsche Philosophie und Zen / Buddhismus: komparative Studien. Berlin 1999.

Batchelor, Stephen: Buddhismus für Ungläubige. Frankfurt am Main 1998.

Binder, Alfred: Mythos Zen. Aschaffenburg 2009.

Binder, Alfred: Religion. Aschaffenburg 2014.

Rhyner, Bruno: Moriat-Psychotherapie und Zen-Buddhismus. Zürich 1988.

Brück, Michael von: Weisheit der Leere. Wichtige Sutra-Texte des Mahayana-Buddhismus. München 2000.

Bronkhorst, Johannes: Die buddhistische Lehre. In: Bechert, Heinz u.a. (Hrsg.): Der Buddhismus I. Der indische Buddhismus und seine Verzweigungen, Stuttgart 2000.

Bukkyo Dendo Kyokai (Gesellschaft zur Förderung des Buddhismus): Die Lehre Buddhas.Tokyo, 1984.

Bunge, Mario / Mahner, Martin: Über die Natur der Dinge. Stuttgart 2004.

Buri, Fritz: Der Buddha-Christus als der Herr des wahren Selbst: die Religionsphilosophie der Kyoto-Schule und das Christentum. Bern 1982.

Das Diamant-Sutra – Vajra-Prajnaparamita-Sutra. Hrsg. vom International Zen-Temple, Berliner Zentrum für koreanischen Seon-Buddhismus. Berlin 2008.

Das Kegon-Sutra. Band I. Aus dem Chinesischen von Torakazu Doi. Frankfurt am Main 2008.

Deshimaru, Taisen: Die Praxis der Konzentration: Zen u. Alltagsleben. Freiburg 1986.

Dogen Zenji: Shobogenzo. Bd. 1, Zürich 1989.

Egidy, Holm von: Beobachtung der Wirklichkeit. Differenztheorie und die zwei Wirklichkeiten in der buddhistischen Madhyamika-Philosophie. Heidelberg 2004.

Ennenbach, Matthias: Buddhistische Psychotherapie. Oberstdorf 2011.

Ettinger, Albert: Kampf um Tibet: Geschichte, Hintergründe und Perspektiven eines internationalen Konflikts. Frankfurt am Main 2015.

Ettinger, Albert: Freies Tibet? Staat, Gesellschaft und Ideologie im real existierenden Lamaismus. Frankfurt am Main 2014.

Essler, Wilhelm K. / Mamat Ulrich: Die Philosophie des Buddhismus. Darmstadt 2006.

Fernando, Antony: Zu den Quellen des Buddhismus: eine Einführung für Christen. Mainz 1987.

Fick, Richard: Die sociale Gliederung im nordöstlichen Indien zu Buddha's Zeit. Kiel 1897.

Fischer, Peter: Philosophie der Religion. Göttingen 2007.

Freiberger, Oliver: Der Askesediskurs in der Religionsgeschichte. Eine vergleichende Untersuchung brahmanischer und frühchristlicher Texte. Wiesbaden 2009.

Freiberger, Oliver / Kleine, Christoph: Buddhismus. Göttingen 2011.

Garma C. C. Chang: Mahamudra-Fibel. Einführung in den tibetischen Zen-Buddhismus. Wien 1979.

Gergin, Ulas: Das Konzept der Leerheit in der buddhistischen Erkenntnistheorie im Fünften Buch des uigurischen Goldglanzsutra (Altun Yaruk Sudur). Frankfurt am Main 2013.

Glasenapp, Helmuth von: Nachwort, in: Oldenberg, Hermann: Buddha. München 1961 [1881].

Goldner, Colin: Dalai Lama – Fall eines Gottkönigs. Zweite, erweiterte Auflage, Aschaffenburg 2008.

Gombrich, Richard: Der Theravada-Buddhismus. Stuttgart / Berlin / Köln 1997.

Gonsar Tulku: Philosophische Grundlagen des Buddhismus 1. Die Vier Edlen Wahrheiten, Karman-Klesa-Avidya. Vorlesungen am Institut für Philosophie der Universität Frankfurt. Frankfurt am Main 2006.

Gonsar Tulku: Philosophische Grundlagen des Buddhismus 2. Die Philosophie des Buddhismus, Die drei Kernpunkte des Weges. Vorlesungen am Institut für Philosophie der Universität Frankfurt. Frankfurt am Main 2006.

Gonsar Tulku: Philosophische Grundlagen des Buddhismus 3. Tod und Wiedergeburt, Die Leerheit der Dinge, Analytische und Konzentrative Meditation. Vorlesungen am Institut für Philosophie der Universität Frankfurt. Frankfurt am Main 2006.

Gonsar Tulku: Philosophische Grundlagen des Buddhismus 4. Schutz suchen, Zuflucht nehmen. Vorlesungen am Institut für Philosophie der Universität Frankfurt. Frankfurt am Main 2006.

Goppold, Andreas: Die Logik der Lehre von der Leere: Die Shunyata des Nagarjuna. 1994. Abschnitt 4.3 (zitiert nach http://www.noologie.de/shunya01.htm)

Grimm, Georg: Die Lehre des Buddho. Freiburg 1988 [1915].

Kabat-Zinn, Jon: Gesund durch Meditation. Frankfurt am Main 2006.

Kellerer, Christian: Die Befreiung des abendländischen Denkens. Frankfurt am Main 1996.

Klimkeit, Hans-Joachim: Die Heilsgestalten des Buddhismus. . In: Bechert, Heinz u.a. (Hrsg): Der Buddhismus I. Der indische Buddhismus und seine Verzweigungen, Stuttgart 2000.

Krack, Rainer: Kulturschock Indien. Fernwald 2007.

Krauskopf, Georg: Die Heilslehre des Buddha. Stammbach, 3. Auflage 1953 (zitiert nach: http://www.palikanon.com)

Lamotte, Etienne: Der Buddha, Seine Lehre und Seine Gemeinde, in: Bechert, Heinz / Gombrich, Richard (Hrsg.): Der Buddhismus. München 1984.

Lexikon der östlichen Weisheitslehren. Hrsg von Fischer-Schreiber, Ingrid; Ehrhard, Franz-Karl u.a.. Bern / München / Wien 1986.

Lingwood, Dennis: Das Buddha-Wort. Bern / München / Wien 1992.

Loy, David: Nondualität. Frankfurt am Main 1988.

Marks, Stephan: Scham – die tabuisierte Emotion. Düsseldorf 2007.

Möller, Hans-Georg: In der Mitte des Kreises. Daoistisches Denken. Frankfurt am Main 2010.

Nagarjuna: Die Lehre von der Mitte. Chinesisch-Deutsch. Übersetzt von Lutz Geldsetzer. Hamburg 2010.

Nagarjuna: Bodhicittavivarana – Erläuterung des Erleuchtungsgeistes. Frankfurt am Main 2015.

Nyanatolika: Buddhistisches Wörterbuch (zitiert nach http://www.palikanon.com).

Oldenberg, Hermann: Buddha. München 1961 [1881].

Paul, Gregor: Philosophie in Japan. München 1993.

Propp, Vladimir: Die historischen Wurzeln des Zaubermärchens. München, Wien 1987 [1946].

Radke, Rebekka: Worte nach der Meditation. Die historische Buddhismus-Kritik von Tominaga Nakamoto (1715-46), Frankfurt am Main 2003.

Regamey, Constantin: Der Buddhismus Indiens. Würzburg 1964 [1951].

Reynolds, David K.: Die stillen Therapien. Essen 1993.

Roth, Gerhard: Persönlichkeit, Entscheidung und Verhalten. Stuttgart 2007.

Santideva: Eintritt in das Leben zur Erleuchtung (Bodhicaryavatara). München 1989.

Scheel, Theodor: Das Nicht-Selbst. Stammbach/Herrnschrot o.J.

Schlensog, Stephan: Der Hinduismus. Glaube, Geschichte, Ethos. München / Zürich 2006.

Schmidbauer, Wolfgang: Vom Umgang mit der Seele. Therapie zwischen Magie und Wissenschaft. München 1998.

Schneider, Ulrich: Der Buddhismus. Darmstadt 1997.

Schumann, Hans Wolfgang: Der historische Buddha. München 1995.

Schumann, Hans Wolfgang: Handbuch Buddhismus. Kreuzlingen / München 2000.

Yoke Meei Choong: Zum Problem der Leerheit (sunyata) in der Prajnaparamita. Frankfurt am Main 2006.

Zimmer, Heinrich: Philosophie und Religion Indiens. Frankfurt am Main 1961.

Zumwinkel, Kay (Mettiko Bhikkhu): Ich weiß nicht, dass ich nicht weiß! Unerleuchtete Gedanken zur bedingten Entstehung. pdf-Datei: http://www.wat-lao.org/PDFs/Bibliothek/Bhikkhu%20Mettiko/Mettiko%20Bhikkhu%20-%20Ich%20weiss%20nicht%20dass%20ich%20nicht%20weiss.pdf

Zotz, Volker: Geschichte der buddhistischen Philosophie. Hamburg 1996.

Zotz, Volker: Konfuzius.Wiesbaden 2015.

Alfred Binder

Mythos Zen

277 Seiten, kartoniert, Euro 18.-
ISBN 978-3-86569-057-9

Weltweit sind zurzeit ca. 4.000 Bücher über den Zen-Buddhismus erhältlich. Mythos Zen ist seine erste umfassende Analyse, die sowohl Lehre wie Praxis unter philosophischen, ethischen, historischen und psychologischen Gesichtspunkten kritisch beleuchtet. Sie entzaubert eine Welt- und Lebensanschauung, welche in den vergangenen Jahrzehnten viele Intellektuelle und Künstler faszinierte, die New-Age-Bewegung stark beeinflusste und die christlichen Kirchen „spirituell" anregte.

Zen gilt vielen, die sich mit östlichen Religionen beschäftigen, als die „erhabenste Lehre". Seinem Anspruch nach soll es weder eine Religion noch eine Philosophie sein, sondern eine Lehre ohne Lehrinhalt. Zen verspricht nicht nur eine völlige psychische Verwandlung, sondern eine Erleuchtung, die vollkommene Einsicht in die Natur des Universums gewähren soll.

Ausführlich wird dargestellt, dass die populären Behauptungen falsch sind, Zen übersteige die Logik und sei mit dem gewöhnlichen Verstand nicht begreifbar. Auch zeigen die geschichtlichen Fakten die Schwierigkeiten des Zen mit ethischen Prinzipien; dies manifestierte sich besonders im bisher größten historischen „Ausrutscher", der innigen Kooperation der Institution Zen mit dem japanischen Faschismus und die Verwandlung der zen-buddhistischen Philosophie in eine den Faschismus legitimierende Ideologie.

Zwar bedeutet das japanische Zen in der Theorie einen Rückfall in schlechte Metaphysik und in der Praxis oft Militarismus, trotzdem kann Zen, jenseits von Mystik und Metaphysik, für den Einzelnen sehr wohl eine therapeutische Funktion haben. Der Autor arbeitet diese genau heraus und zeigt damit den „ursprünglichen Sinn" dieser Praxis auf.

Alfred Binder

Religion

Eine kurze Kritik

Reihe *Kritikpunkt.e*

171 Seiten, kartoniert, Euro 10.-
ISBN 978-3-86569-120-0

Diese Einführung in die Religionskritik kreist um die Frage, ob Religion – der Glaube an übernatürliche Welten – wahr sein kann. Alfred Binder setzt sich mit den gängigsten Argumenten auseinander, die für ihre Wahrheit sprechen sollen: Religion gibt es überall, ohne sie sei ethisches Verhalten nicht möglich, allein der Glaube vermittle Sinn im Leben, nur durch einen Jenseitsbezug ließen sich die letzten Fragen des Seins beantworten. Ohne sich in religionsgeschichtlichen Details zu verlieren, zeigt er, warum es für viele Gläubige schwierig ist, sich von religiöser Weltdeutung und religiösem Welterleben zu lösen.

Alfred Binder

Jahwe, Jesus und Allah

Eine kurze Kritik der monotheistischen Götter

Reihe *Kritikpunkt.e*

165 Seiten, kartoniert, Euro 10.-
ISBN 978-3-86569-121-7

Dieser Band der Reihe *Kritikpunkt.e* setzt sich mit den drei „abrahamitischen" Religionen auseinander, Religionen unseres Lebensalltags, Religionen mit Milliarden von Anhängern: Judentum, Christentum und Islam. Das Buch beleuchtet die meist verschwiegenen dunklen Seiten der Götter dieser Religionen: Jahwe, Jesus und Allah. Eine aufmerksame Lektüre „ihrer" Schriften lässt verstehen, warum Intoleranz ein prägender Zug „ihrer" Religionen ist. Die „Heiligen Schriften" machen auch klar, dass Bestimmung, Sinn und Zweck des Menschen für diese Götter allein in Unterwerfung und Gehorsam liegen. Der Autor geht aber vor allem der Frage nach, was für die Wahrheit dieser Religionen sprechen könnte. Er untersucht auf verständliche Weise ihre Lehren und zeigt, warum diese noch immer viele Menschen ansprechen und manche sogar in psychische Abhängigkeiten führen.

Alibri Verlag, Postfach 100 361, 63703 Aschaffenburg
Fon (06021) 581 734, www.alibri.de

Anton Grabner-Haider / Franz M. Wuketits

Erotik und Religion

ISBN 978-3-8669-185-9, 165 Seiten, kartoniert, Euro 14.-

Der interdisziplinär angelegte Sammelband beschäftigt sich mit dem spannungsreichen Verhältnis von Religion und Sexualität. Während in den Mythen der frühen Kulturen die Erfahrung des Heiligen sich mit der Erfahrung der Sexualität traf, fand bei den abrahamitischen Religionen ein Prozess der „Enterotisierung" statt. Diese Entwicklung ist im Bereich von Christentum und Islam bis heute vorherrschend. Die vier Beiträge beleuchten unterschiedliche Aspekte des Phänomens aus der Perspektive von Biologie und Religionsphilosophie.

Colin Goldner

Dalai Lama – Fall eines Gottkönigs

Zweite, überarbeitete und erweiterte Auflage

ISBN 3-86569-021-1, 735 Seiten, Fotos, kartoniert, Euro 34.-

Der Dalai Lama genießt als Friedensnobelpreisträger weltweit höchstes Ansehen. Colin Goldner wirft einen Blick hinter die Fassade. Er zeichnet das Leben des 14. Dalai Lama nach, von dessen „Entdeckung" über den Einmarsch der Chinesen in Tibet und seine Flucht nach Indien bis zum Aufstieg zur Kultfigur der Esoterikszene. Dabei zeigt sich: Der tibetische Buddhismus zeichnet sich aus durch Dämonenglauben, den Missbrauch kleiner Kinder und frauenverachtende tantrische Rituale.

Ali Dashti

23 Jahre. Die Karriere des Propheten Muhammad

Dritte, überarbeitete Auflage

ISBN 3-86569-080-7, 344 Seiten, kartoniert, Euro 18,50

23 Jahre dauerte das Prophetentum von Muhammad, dem Begründer des Islam. Ali Dashti (1896-1981) beschreibt die Entstehung des Islam, analysiert die widersprüchlichen Vorschriften des Korans und verfolgt die Entwicklung des Religionsgründers. Im Mittelpunkt von Dashtis Kritik steht die Verstrickung von Religion und politischer Macht, die sich bereits in den ersten Jahren erkennen lässt.

Franz Buggle

Denn sie wissen nicht, was sie glauben

Oder warum man redlicherweise nicht mehr Christ sein kann

Eine Streitschrift

ISBN 978-3-86569-077-7, 463 Seiten, kartoniert, Euro 24.-

Franz Buggle stellt die Frage, ob jemand gleichzeitig auf dem Fundament der Bibel Christ sein und intellektuell redlich bleiben, konsequent denken, human handeln kann – und antwortet mit Nein. Der Psychologieprofessor weist im „Buch der Bücher" nicht nur zahlreiche inhumane Stellen nach, sondern setzt sich auch kritisch mit den Folgen biblischer Vorstellungen für die ethische Orientierung des Einzelnen auseinander.